TNYグループ 編

堤雄史／永田貴久／藤本抄越理 著

バングラデシュ法務

外資規制 許認可 労務 税務 から
紛争対応 までの 完全ガイドブック

民事法研究会

はしがき

は し が き

　本書は、13か国・15拠点（2024年8月時点）を有するTNYグループのうちTNY LEGAL Bangladesh Limitedの業務を行っている弁護士らにより、現地メンバーの協力も得ながら、実際にバングラデシュ法務を取り扱う経験を通じて得た知見を活かし、ビジネスに関する法制度および実務上の留意点等について概説したものであり、『マレーシア法務』、『メキシコ法務』に続く3冊目のビジネス法務解説書となります。

　バングラデシュは、2023年5月時点で338社の日系企業が進出しており、世界第8位の1億7,159万人の人口を擁しています。また、現在もバングラデシュは毎年人口が増えており、英語力も比較的高く、平均年齢は27.6歳と若く、バングラデシュ国内の市場も大きくなっています。さらに、世界一の人口を擁するインドと地理的に隣り合っています。

　また、日本政府は多額のODAをバングラデシュに供与しており、日系企業が「マタバリ超々臨界圧石炭火力プロジェクト」、「ダッカ都市交通整備事業（MRT）」、「ハズラット・シャージャラール国際空港拡張事業」、「ジャムナ鉄道専用橋建設事業」や「バングラデシュ経済特区（BSEZ）」の建設・運営を主導しています。さらに、IMFはバングラデシュの2022／2023年度の実質GDP成長率を前年度比6.0％と発表し、2023／2024年度（2023年7月〜2024年6月）の実質GDP成長率は5.7％と予測しています。2026年には後発開発途上国（LDC）からの卒業を予定し、日本との間では2022年12月、日本・バングラデシュ経済連携協定（EPA）に係る共同研究会が設立されました。

　このように、世界第8位の人口を有し、平均年齢が若いことから市場としての成長が見込まれること、成長率が高いこと、日系企業が運営する経済特区が整備されたこと、歴史的経緯から親日的であること等を背景として、今後も日系企業の多くの進出が見込まれます。

　しかし、公用語がベンガル語であり、かつ、イスラム教が国教であるため日本と文化的・習慣的に異なる面が多く存在します。また、会社法や労働法等の基本となる法令の内容も日本と異なる制度が多数存在します。さらに、

1

バングラデシュの弁護士登録試験の難易度が日本と比較するとそれほど難しくないことから、能力差が大きく、現地弁護士に法令の詳細について質問してもわからないこともあります。バングラデシュ法務について日本語で詳述する書籍はほぼ存在せず、バングラデシュに進出を検討している多くの日系企業からバングラデシュ法制度の理解に苦労しているとの声を聞きます。

われわれは、2020年4月に日本人弁護士として初めて法務サービス会社（TNY LEGAL Bangladesh Limited）をダッカに設立し、現地に日本人を常駐させ、バングラデシュ人弁護士とともに現地日系企業の法務問題を数多く取り扱ってきました。現時点（2024年10月時点）においてもバングラデシュに日本人を常駐させている日系の法律事務所は当事務所のみです。バングラデシュに進出している日系企業はタイ等と比較すると少ないため、よりコミュニケーションが密であり、業務のみならず、現地の日本人会、ダッカ日本商工会、JBCCI（Japan Bangladesh Chamber of Commerce and Industry）においても当事務所常駐者が積極的に参加し、これらの活動を通じても現地企業が直面している実務上の問題を知る機会が多く、実際にバングラデシュに拠点を有し、多数のバングラデシュ法務案件を取り扱った経験を活かし、バングラデシュの法律のうち、民間企業のニーズの高い分野についてこれまで集積した情報を1冊の本にまとめることにより、日本企業のバングラデシュ進出やバングラデシュでの企業活動の一助となり、日本とバングラデシュとの架け橋になれればとの思いから本書を出版するに至りました。

本書の特徴としては、まず、バングラデシュでビジネスを行ううえで把握すべき法律（会社法、労働法、不動産法、知的財産法、税法など）を近年の改正法を踏まえて網羅的に説明しています。そして、すべての会社に影響する会社法および労働法は詳細に解説を記載しており、その中でも特に労働法については、日系企業も輸出加工区（EPZ）に進出している企業が一定数存在することから、EPZ労働法についても説明しています。

また、外資規制や事業を始めるにあたり必要となる許認可等のライセンス、注意すべきガイドラインなど新しくバングラデシュに進出する際の留意点や進出方法についても詳細に記載しています。

さらに、本書では、外資奨励および外資規制という項目を設け、新規に進

出する際に確認が重要な外資規制についても解説しています。これにより、これからバングラデシュで新規事業を始めようとする場合に、バングラデシュでの新規事業の容易性や可能性などを予測することができます。

本書は、企業の経営者や法務担当者、これらの方々に助言をする立場にある各種の専門家・実務家、さらにはバングラデシュに関心ある方などを読者として想定しています。TNYグループでは、本書についてのご批判を含めて、バングラデシュ法務に関するご意見を広く募集しております。また、全国各地、あるいはオンラインでの各種セミナーのご依頼も積極的に受け付けております。下記までお気軽にお問い合わせください。

TNYグループ

Email: info@tnygroup.biz

http://www.tnygroup.biz/

最後になりますが、本書の出版にあたっては、株式会社民事法研究会編集部・南伸太郎氏および椚友輔氏に、編集・校正の全般にわたって大変細やかなご指導をいただきました。本書でわかりづらい点があれば筆者一同の責任ですが、読みやすい点があるとすれば両氏のおかげです。ここに記して謝意を表します。

2024年10月

執筆者一同

目　次

『バングラデシュ法務』

◎目　　次◎

第1章　概　況

第1　地理および人口 ･･ 2

第2　民族、言語、宗教、教育 ･･････････････････････････････ 2

第3　歴史、国旗 ･･･ 3

第4　政　治 ･･･ 4

第5　通　貨 ･･･ 6

第6　金融制度 ･･･ 7

　1　概　要 ･･･ 7

　2　中央銀行（バングラデシュ銀行：Bangladesh Bank）････ 7

　3　民間銀行 ･･･ 7

　4　ノンバンク ･･･ 9

　5　株式市場 ･･･ 9

第7　経済指標および産業 ･･･････････････････････････････････ 10

第8　主な協定加盟状況 ･･････････････････････････････････････ 11

第9　日本とバングラデシュの関係 ･･･････････････････････ 11

第10　法体系 ･･･ 12

第2章　進出形態と法人設立

第1　進出形態 ･･･ 16

第2　設立・開設手続 ･･･ 18

　1　現地法人／子会社の設立手続 ･･･････････････････････ 18

⑴　会社名登録·······················18

⑵　会社法に則った定款の作成·······18

⑶　銀行の仮口座開設···············19

⑷　商業登記所（RJSC）への登記·····19

⑸　営業許可証（Trade License）の取得·······19

⑹　納税者識別番号（TIN）の取得·····19

⑺　付加価値税（VAT）の事業者登録証の取得·······19

⑻　投資開発庁（BIDA）への登録（必要な場合）·······19

⑼　銀行口座の開設·················20

⑽　輸入許可証（IRC）・輸出許可証（ERC）の取得（必要な
場合）·····························20

2　支店・駐在員事務所／連絡事務所の開設手続·····20

⑴　投資開発庁（BIDA）への登録·····20

⑵　銀行口座開設···················21

⑶　納税者識別番号（TIN）の取得·····21

⑷　付加価値税（VAT）の事業者登録証の取得·······21

⑸　営業許可証の取得（必要な場合）···21

3　プロジェクトオフィスの開設手続·····21

4　経済特区（EZ）／輸出加工区（EPZ）への進出手続·······22

第 3 章　会社の運営等

第1　はじめに·······················24

第2　会社設立·······················24

1　会社の分類·······················24

2　会社の登記·······················25

⑴　現地法人の登記·················25

⑵　外国会社（支店、駐在員事務所等）の登記·······25

目　次

　　(3)　禁止される商号および商号の変更 ………………………………… 26

第3　定　款 ………………………………………………………………… 26

　1　基本定款 ……………………………………………………………… 26

　　(1)　株式有限責任会社 ………………………………………………… 26

　　(2)　基本定款の変更 …………………………………………………… 26

　2　付属定款 ……………………………………………………………… 27

　　(1)　非公開会社から公開会社への転換 ……………………………… 27

　　(2)　公開会社から非公開会社への転換 ……………………………… 27

第4　株　主 ………………………………………………………………… 27

　1　株主名簿 ……………………………………………………………… 28

　2　株主の目録 …………………………………………………………… 28

　3　株主が法定人数に満たない場合の事業運営 ……………………… 28

　4　少数株主の権利侵害に対する保護 ………………………………… 28

第5　株主総会 ……………………………………………………………… 29

　1　株主総会の種類 ……………………………………………………… 29

　　(1)　定時株主総会 ……………………………………………………… 29

　　(2)　創立総会 …………………………………………………………… 29

　　(3)　臨時株主総会 ……………………………………………………… 30

　2　株主総会の招集と決議 ……………………………………………… 30

　　(1)　株主総会の招集の通知 …………………………………………… 30

　　(2)　定足数 ……………………………………………………………… 30

　　(3)　決議の内容および要件 …………………………………………… 30

第6　株　式 ………………………………………………………………… 31

　1　割当て ………………………………………………………………… 31

　2　株式の発行 …………………………………………………………… 31

　3　株式の譲渡 …………………………………………………………… 32

　4　減　資 ………………………………………………………………… 32

第7　会計帳簿、財務書類 ………………………………………………… 33

　1　会計帳簿 ……………………………………………………………… 33

　2　賃借対照表および損益計算書 ……………………………………… 33

3	賃借対照表および損益計算書の形式と内容 ……………… 34
4	子会社の賃借対照表の添付書類 ……………………………… 34
5	取締役会の報告書 ……………………………………………… 35

第8 役 員 …………………………………………………………… 35

1	取締役 ……………………………………………………………… 35
(1)	取締役の人数 …………………………………………………… 35
(2)	取締役の任命 …………………………………………………… 35
(3)	取締役の解任 …………………………………………………… 36
(4)	取締役会 ………………………………………………………… 36
(5)	取締役に対する制限 …………………………………………… 36

(ア) 売買・商品供給契約等の締結／36

(イ) 利益相反取引に関する情報開示／36

2	監査人 ……………………………………………………………… 37
(1)	監査人の選任と報酬 …………………………………………… 37
(2)	監査人の適格要件 ……………………………………………… 38
(3)	監査人の権限および責務 ……………………………………… 38
(4)	会社の支店の監査 ……………………………………………… 39
3	マネージングディレクター ……………………………………… 39
4	マネージングエージェント ……………………………………… 39
(1)	マネージングエージェントの報酬 …………………………… 39
(2)	マネージングエージェントの権限に対する制限 ………… 40

第9 清 算 …………………………………………………………… 40

1	清算の方法 ………………………………………………………… 40
2	株主の清算出資者としての責任 ………………………………… 40
3	裁判所による清算 ………………………………………………… 42
(1)	裁判所による清算開始 ………………………………………… 42
(2)	裁判所の権限 …………………………………………………… 42

(ア) 審理における権限／42

(イ) 裁判所の通常の権限／42

(ウ) 裁判所の特別な権限／43

7

目　次

　　(3)　商業登記所による清算命令の写しの保管 ················43
　　(4)　公式清算人 ··43
　　　(ア)　公式清算人の権限／43
　　　(イ)　公式清算人の義務／44
　4　任意清算 ··45
　　(1)　任意清算の手続 ···45
　　(2)　弁済能力の宣誓 ···46
　5　株主による任意清算 ··46
　　(1)　清算人の選任 ··46
　　(2)　清算人による年度末株主総会の招集義務 ···············46
　　(3)　最終株主総会および解散 ·······································46
　6　債権者による任意清算 ···47
　　(1)　債権者集会 ···47
　　(2)　清算人の選任 ··47
　　(3)　清算人の報酬および取締役の権限の停止 ···············48
　　(4)　清算人による年度末株主総会の招集義務 ···············48
　　(5)　最終会議および解散 ··48
　7　裁判所の監督の対象となる清算 ·································48

第 4 章　外資奨励および外資規制

第1　投資促進機関 ··50
　1　概　要 ··50
　　(1)　バングラデシュ投資開発庁（BIDA）·······················50
　　(2)　バングラデシュ経済特区庁（BEZA）·······················50
　　(3)　バングラデシュ輸出加工区庁（BEPZA）··················51
　　(4)　官民連携協会（PPP）···51
　　(5)　バングラデシュハイテクパーク庁（BHTPA）············51

8

| 第2 | 外資奨励 | 52 |

1 所得税法に基づく免税措置 52
 ⑴ 対象事業 52
 ⑵ 免税措置 53
  ㋐ 5年間の免税措置／53
  ㋑ 10年間の免税措置／53
2 経済特区庁（BEZA）による主要なインセンティブ 54
 ⑴ ディベロッパーに対するインセンティブ 54
 ⑵ 投資家に対するインセンティブ 55
3 輸出加工区庁（BEPZA）によるインセンティブ 56
 ⑴ 法人税の免税措置 56
 ⑵ その他の優遇措置 57
 ⑶ 便宜供与 58
4 その他の優遇措置——ソフトウェア会社 58

第3 外資規制 58
1 概　要 58
 ⑴ 禁止業種 59
 ⑵ 規制業種 59
2 特定の業種に対する規制 59
 ⑴ 出資比率 59
 ⑵ 資本金 59

第5章　不動産の取得

第1 不動産法制 62
1 適用法令 62
2 不動産に対する権利の概要 62
3 フリーホールド（Freehold） 62

9

目　次

　　4　リースホールド（Leasehold）……………………………………63

　　　⑴　賃貸人の権利および義務………………………………………63

　　　⑵　賃借人の権利および義務………………………………………63

　　5　抵当権…………………………………………………………………65

　　　⑴　抵当権の種類……………………………………………………65

　　　⑵　抵当権設定の登録………………………………………………66

　　6　外国人・外国企業による不動産の取得…………………………67

第2　管轄行政機関……………………………………………………………67

　　1　概　要…………………………………………………………………67

　　2　権利台帳の作成………………………………………………………68

　　3　土地譲渡証書の登録…………………………………………………68

　　4　権利台帳の更新………………………………………………………68

第3　不動産の譲渡……………………………………………………………69

　　1　譲受人に移転される権利……………………………………………69

　　2　不動産の譲渡手続……………………………………………………69

　　3　不動産の譲渡方法……………………………………………………70

第4　不動産に関連する主な税金および費用………………………………71

　　1　税　金…………………………………………………………………71

　　　⑴　印紙税（Stamp Duty）…………………………………………71

　　　⑵　付加価値税（VAT）……………………………………………72

　　　⑶　源泉徴収税（Source Tax）……………………………………72

　　　⑷　地方税（Local Government Tax）……………………………74

　　2　登記手数料……………………………………………………………74

第6章　労働者の雇用

第1　はじめに…………………………………………………………………76

第2　労働法およびEPZ労働法の規定………………………………………76

目　次

1　概　要···76
2　適用範囲··77
　⑴　労働者の区分···78
　⑵　派遣会社···78
　　㋐　登録および免許／79
　　㋑　会社に派遣された労働者、賃金、設備／79
3　労働者の雇用··80
　⑴　就業規則（Service Rule）···80
　⑵　試用期間···81
　⑶　労働者の雇用に必要な書類···81
　　㋐　雇用契約書と写真付き身分証明書／81
　　㋑　サービスブック／82
　　㋒　雇用登録／82
　　㋓　チケット・カード／83
　⑷　青少年の労働···83
4　退職、解雇··83
　⑴　一時解雇（Lay-off）···84
　⑵　整理解雇（Retrenchment）···85
　⑶　就労不能による解雇（Discharge）···································85
　⑷　不正行為や違法行為による解雇···85
　⑸　使用者の都合による解雇··88
　　㋐　無期雇用労働者の雇用を終了する場合／88
　　㋑　有期雇用労働者の雇用を終了する場合（業務の完了、停
　　　　止、廃止、中止によるものでない）／88
　　㋒　EPZ労働法が適用される場合／88
　⑹　労働者の自己都合による退職··89
　　㋐　無期雇用労働者の退職の場合／89
　　㋑　有期雇用労働者の退職の場合／89
　　㋒　通知なしの退職の場合／89
　　㋓　労働者の欠勤による退職の場合／89

11

目　次

　　　㈥　EPZ労働法が適用される場合／89

　⑺　定年退職……………………………………………………90

　⑻　業務停止……………………………………………………90

　⑼　事業所の閉鎖………………………………………………91

　⑽　死亡給付金…………………………………………………91

　⑾　解雇に対する異議申立て…………………………………92

5　出産給付金………………………………………………………94

6　職場環境…………………………………………………………95

　⑴　職場の健康、衛生、安全…………………………………95

　⑵　医療サービス………………………………………………95

　⑶　保険加入……………………………………………………96

7　労働時間…………………………………………………………96

8　休日・休暇………………………………………………………97

　⑴　週　休………………………………………………………97

　⑵　各施設の定義………………………………………………98

　　　㈠　店　舗／98

　　　㈡　商業施設／98

　　　㈢　工業施設／98

　⑶　店舗の休業…………………………………………………99

　⑷　休暇の申請………………………………………………100

　⑸　臨時休暇（Casual Leave）………………………………100

　⑹　病気休暇（Sick Leave）…………………………………100

　⑺　年次有給休暇（Annual Leave ／ Earned Leave）……101

　　　㈠　労働法が適用される場合／101

　　　㈡　EPZ労働法が適用される場合／101

　⑻　祝祭休暇…………………………………………………102

9　賃金支払い……………………………………………………102

　⑴　賃金控除…………………………………………………103

　　　㈠　労働法が適用される場合／103

　　　㈡　EPZ労働法が適用される場合／104

⑵　賃金委員会···104

10　賞　与···108

11　労働者災害補償···108

⑴　労災の対象範囲···108

⑵　補償金額···110

12　労働組合···110

⑴　労働組合の設立···111

⑵　労働組合の登録···112

⑶　使用者による不当な労働慣行·····················113

⑷　労働者による不当な労働慣行·····················114

⑸　団体交渉代理人···116

　㋐　労働法が適用される場合／116

　㋑　EPZ労働法が適用される場合／116

⑹　参加委員会···117

　㋐　労働法が適用される場合／117

　㋑　EPZ労働法が適用される場合／118

13　労働争議···119

⑴　労働争議の解決···119

　㋐　労働法が適用される場合／119

　　(A)　合意もしくは不成立の場合／120

　　(B)　調停を経て合意に至った場合／120

　　(C)　調停人が要請を受けて30日間に合意に至らなかった場合／120

　　　(a)　当事者が仲裁に付託することを合意した場合／120

　　　(b)　調停による和解が成立せず、仲裁人に付託することにも当事者が合意しなかった場合／121

　㋑　EPZ労働法が適用される場合／121

　　(A)　合意もしくは不成立の場合／122

　　(B)　調停を経て合意に至った場合／122

　　(C)　ストライキまたはロックアウトの通知に記載した期間内に、調停による合意に至らなかった場合／122

13

目　次

　　　　(a)　当事者が仲裁に付託することを合意した場合／122

　　　　(b)　調停による和解が成立せず、仲裁人に付託すること
　　　　　　にも当事者が合意しなかった場合／122

　　(2)　ストライキおよびロックアウト ……………………………………123

　　　(ア)　事前通知の義務／123

　　　(イ)　政府による禁止／124

　　　(ウ)　一定期間の禁止／124

　　　(エ)　違法なストライキおよびロックアウト／124

　　(3)　労働争議の訴訟 ……………………………………………………125

　　　(ア)　労働裁判所／EPZ労働裁判所／125

　　　(イ)　労働上訴審判所／126

　14　労働者企業利益参加基金 ……………………………………………126

　　(1)　労働者企業利益参加基金および労働者福祉基金（労働法）………126

　　(2)　使用者―バイヤー―労働者参加基金（EPZ労働法）……………128

　　(3)　積立基金 ……………………………………………………………128

　　　(ア)　労働法が適用される場合／128

　　　(イ)　EPZ労働法が適用される場合／129

第3　労働者の雇用および給与支払いの実務 ………………………………129

　1　労働者の雇用 …………………………………………………………129

　　(1)　外国人駐在員の雇用 ………………………………………………129

　　　(ア)　雇用の要件／129

　　　(イ)　ビザおよびワークパーミットの申請手続／130

　　　(ウ)　ビザおよびワークパーミットの更新手続／130

　　　(エ)　その他の事項／131

　　(2)　現地人材の雇用――平均賃金 ……………………………………131

　2　給与収入に対する課税 ………………………………………………132

　　(1)　給与からの収入 ……………………………………………………132

　　(2)　使用者の責務 ………………………………………………………133

　　　(ア)　税金の計算および控除／133

　　　(イ)　給与の支払い／133

14

目　次

　　(ウ)　源泉徴収税の提出／133
　3　長期の給与インセンティブ ·· 134
　　(1)　積立基金 ·· 134
　　(2)　登録積立基金 ·· 134
　　(3)　退職金積立基金 ·· 135
　　(4)　労働者企業利益参加基金 ·· 135
　4　給与に関する使用者のコンプライアンス ·· 135
　　(1)　給与に関する申告 ·· 135
　　(2)　特別な手当 ·· 136

第7章　知的財産権の登録・保護

第1　はじめに ·· 138
第2　商標法 ·· 139
　1　概　論 ·· 139
　　(1)　概　要 ·· 139
　　(2)　商標の定義等 ·· 140
　2　商標登録 ·· 140
　　(1)　概　要 ·· 140
　　(2)　商標登録の要件 ·· 141
　　　(ア)　必須項目／141
　　　(イ)　登録禁止の事項／141
　　　(ウ)　同一または誤認を生ずるほど類似する商標の登録禁止／142
　　　(エ)　商標の部分登録および連続商標登録／143
　　　(オ)　連合商標の登録／143
　　(3)　商標登録手続および登録期間 ·· 143
　　　(ア)　登録出願／143
　　　(イ)　出願の公告および登録に対する異議申立て／144

15

㈡　登　録／145

　　㈢　登録期間、更新、回復／145

　3　商標権の侵害··146

　⑴　概　要···146

　⑵　登録商標の侵害···146

　⑶　登録商標の使用···147

　⑷　商業文書、広告等に付した場合の侵害者···························147

　⑸　周知されている登録標章に関する侵害·····························148

　4　商標権侵害に対する救済措置······································148

　⑴　民事上の救済措置···148

　⑵　刑事罰···149

　5　商標権の譲渡および移転··150

　⑴　登録商標および非登録商標の譲渡および移転·······················150

　⑵　譲渡および移転の登録···150

　6　登録使用権者··150

　⑴　商標使用権者の登録申請···151

　⑵　登録使用権者の譲渡または移転の権利·····························151

　7　国際登録···151

第3　著作権法··152

　1　概　論··152

　⑴　概　要···152

　⑵　管轄機関···152

　2　著作権··153

　⑴　著作権の定義···153

　　㈠　文学、演劇、音楽著作物の場合／153

　　㈡　情報技術デジタル活動の場合／154

　　㈢　美術著作物の場合／154

　　㈣　映画フィルムの場合／154

　　㈤　録音物の場合／155

　⑵　著作物···155

16

3　著作権の登録……………………………………………………155

　　　(1)　概　　要…………………………………………………155

　　　(2)　最初の著作権者…………………………………………155

　　　(3)　著作権の登録……………………………………………156

　　　(4)　著作権の譲渡……………………………………………157

　　　(5)　利用許諾…………………………………………………157

　　　(6)　著作権の保護期間………………………………………158

　　4　著作権侵害に対する救済手続…………………………………158

　　　(1)　著作権の譲渡に関する紛争……………………………158

　　　(2)　著作権の侵害……………………………………………159

　　　(3)　著作権の侵害に対する救済措置………………………159

　　　　(ア)　著作権の侵害に対する民事上の救済／159

　　　　(イ)　著作者の特別な権利／160

　　　　(ウ)　侵害複製物を占有するまたは取引する者に対する権利者の

　　　　　権利／160

　　　　(エ)　罰則規定／161

　　5　国際著作権………………………………………………………162

第4　特許法………………………………………………………………162

　　1　概　　論…………………………………………………………162

　　2　特許権……………………………………………………………162

　　　(1)　出願手続…………………………………………………163

　　　　(ア)　出　　願／163

　　　　(イ)　出願受理の公告／163

　　　　(ウ)　付与前異議申立て／164

　　　　(エ)　特許の付与および捺印／164

　　　(2)　特許の効果………………………………………………164

　　　(3)　特許の存続期間…………………………………………164

　　　(4)　特許の登録………………………………………………165

　　　(5)　特許侵害訴訟……………………………………………165

第5　意匠法………………………………………………………………165

目　次

　　1　概　論 ··· 165
　　2　意匠権 ··· 166
　　⑴　意匠登録 ··· 166
　　　㋐　意匠登録の範囲と出願／166
　　　㋑　意匠登録簿／167
　　⑵　登録意匠権 ··· 167
　　　㋐　意匠権の存続期間／167
　　　㋑　登録の取消し／167
　　⑶　意匠権の侵害訴訟 ··· 167
第6　商品に関する地理的表示法 ··· 168
　1　概　論 ··· 168
　2　地理的表示の概要 ··· 168
　⑴　地理的表示登録の禁止事項 ··· 168
　⑵　地理的表示の登録 ··· 169
　　㋐　出　願／169
　　㋑　公告および異議申立て／169
　⑶　登録期間および更新 ··· 170
　⑷　登録によって付与される権限 ······································· 170
　3　商標に関する特別規定 ··· 171
　⑴　地理的表示としての商標登録に対する制限 ··························· 171
　⑵　特定の商標の保護 ··· 171
　4　罰則規定 ··· 171
　⑴　保護された地理的表示の侵害 ······································· 171
　⑵　罰　則 ··· 172
　⑶　商品の没収 ··· 173

目　次

第8章　紛争解決

第1　訴訟による紛争解決 ……………………………………………………176

　1　概　要 ………………………………………………………………………176

　2　最高裁判所 …………………………………………………………………176

　　(1)　上訴部 …………………………………………………………………177

　　(2)　高等裁判所部 …………………………………………………………177

　3　下級裁判所 …………………………………………………………………177

　　(1)　民事裁判所 ……………………………………………………………177

　　　㋐　地方判事裁判所／177

　　　㋑　追加地方判事裁判所／178

　　　㋒　共同地方判事裁判所／178

　　　㋓　上級判事補裁判所／178

　　　㋔　判事補裁判所／178

　　(2)　刑事裁判所 ……………………………………………………………179

　　　㋐　セッション判事裁判所／179

　　　㋑　治安判事裁判所／179

　　(3)　その他の裁判所 ………………………………………………………182

　　(4)　バングラデシュにおける裁判所の構図 ……………………………182

　4　裁判の現状 …………………………………………………………………183

第2　訴訟以外の紛争解決 ……………………………………………………184

　1　仲　裁 ………………………………………………………………………184

　2　調　停 ………………………………………………………………………186

　　(1)　裁判所における調停 …………………………………………………186

　　(2)　裁判所外の調停 ………………………………………………………186

第3　バングラデシュ国外での紛争解決 ……………………………………187

　1　外国判決 ……………………………………………………………………187

　2　外国での仲裁 ………………………………………………………………188

19

目　次

第4	**法曹制度（弁護士）**	188
1	法学教育	188
2	弁護士会	189
3	弁護士資格	189
4	その他の法律職	190
第5	**民事訴訟手続**	191
1	民事訴訟手続に関する法令	191
2	第一審における訴訟手続	192
(1)	訴えの提起	192
(2)	召喚状の送達	192
(3)	答弁書の提出	192
(4)	裁判外紛争解決	193
(5)	第1回期日と争点の確定	193
(6)	証拠開示	193
(ｱ)	質問書による開示／194	
(ｲ)	文書開示の申立て／194	
(ｳ)	訴答または宣誓供述書で言及された文書の提出／194	
(ｴ)	非開示に対する制裁／195	
(ｵ)	証拠開示の例外／195	
(7)	期日の決定	195
(8)	トライアル	195
(9)	判　決	196
(ｱ)	証人の逮捕および拘留／196	
(ｲ)	被告の逮捕と拘留／196	
3	訴訟代理人	196
4	言　語	197
5	時効（出訴期限）	197
6	公開裁判	197
(1)	裁判の公開	197
(2)	訴訟記録の公開	197

20

目　次

7　民事訴訟に要する期間……………………………………………198

(1)　審理に要する期間……………………………………………198

(2)　審理の迅速化のための措置…………………………………198

8　証拠法………………………………………………………………199

(1)　証拠能力………………………………………………………199

(2)　証拠方法………………………………………………………199

(ア)　書　証／199

(イ)　人　証／199

(A)　証　拠／199

(B)　証人の呼出し／200

(C)　証人尋問／200

(D)　証言拒否権／200

(E)　外国人の証人／200

(F)　偽証に対する制裁／201

(ウ)　職権証拠調べ／201

9　救　済……………………………………………………………201

(1)　終局判決による救済…………………………………………201

(2)　暫定救済（Interim Relief）…………………………………201

10　調停、和解（Settlement）………………………………………202

11　多数当事者訴訟……………………………………………………202

(1)　要　件…………………………………………………………202

(2)　代表訴訟………………………………………………………203

12　上　訴……………………………………………………………203

(1)　上訴の構造……………………………………………………203

(2)　上訴裁判所……………………………………………………203

(3)　上訴手続………………………………………………………204

13　訴訟費用および弁護士報酬………………………………………205

14　執行手続……………………………………………………………205

15　上訴／再審…………………………………………………………207

第6　刑事訴訟手続…………………………………………………207

21

目　次

1	告訴および情報の報告	207
2	逮　捕	207
3	公判前留置	208
4	捜　索	208
5	取調べ	209
6	違法な取調べに対する規制	210
7	証人に対する手続	210
8	初回出廷	210
9	予備審問	211
10	裁　判	211
11	専門家証人	213
12	判　決	213
13	上　訴	214
14	告訴の取下げ	215

第9章　税　務

第1	**はじめに**	218
第2	**法人所得税**	218
1	課税対象者	218
2	課税対象所得	219
(1)	課税される所得の範囲	219
(2)	減価償却費	219
(3)	欠損金の繰越し	219
(4)	移転価格税制	220
3	税　率	221
4	課税基準期間	221
5	税務申告・納付手続	221

22

目　次

　　6　キャピタルゲイン税……………………………………………………222

　　7　源泉徴収税………………………………………………………………222

第3　個人所得税……………………………………………………………………223

　1　納税者の区分……………………………………………………………223

　　(1)　適用利率等の差異…………………………………………………223

　　(2)　居住者・非居住者の区別…………………………………………223

　2　課税対象所得……………………………………………………………224

　3　税　率……………………………………………………………………224

　　(1)　概　要………………………………………………………………224

　　(2)　最低個人所得税……………………………………………………224

　　(3)　割増税………………………………………………………………225

　4　確定申告・納付手続……………………………………………………225

第4　二国間租税条約………………………………………………………………226

第5　付加価値税（VAT）…………………………………………………………226

　1　概　要……………………………………………………………………226

　2　課税登録事業者…………………………………………………………226

　3　税　率……………………………………………………………………226

　　(1)　税率が15％未満となるものの例………………………………227

　　(2)　非課税となるものの例……………………………………………227

　　(3)　免税となるものの例………………………………………………228

　4　確定申告・納付手続……………………………………………………228

第10章　競争法上の規制

第1　はじめに………………………………………………………………………230

第2　競争委員会……………………………………………………………………231

　1　競争委員会の権限および機能…………………………………………231

　2　暫定命令…………………………………………………………………232

23

目　次

　3　決　定 ………………………………………………………233
　4　不服申立て ……………………………………………………233
第3　規制内容 …………………………………………………………234
　1　反競争的合意の禁止 …………………………………………234
　2　支配的地位の濫用の禁止 ……………………………………235
　3　企業結合規制 …………………………………………………236
第4　実　例 ……………………………………………………………237
　1　競争法に関する調査状況 ……………………………………237
　2　競争法に関する事件の概要 …………………………………237
　⑴　競争事件No.1／2018（反競争的合意に関するRAOWA事件）…237
　⑵　競争事件No.2／2018（カルテルに関するチョットグラムC＆
　　　F代理店協会事件） …………………………………………238

第11章　汚職に関する規制

第1　はじめに …………………………………………………………240
　1　概　要 …………………………………………………………240
　2　法的枠組み ……………………………………………………240
　⑴　国際的な法的および制度的な枠組み ……………………240
　⑵　国内の法的枠組み …………………………………………240
第2　汚職防止委員会法の概要 ………………………………………241
　1　汚職防止委員会法の内容 ……………………………………241
　2　汚職防止委員会の業務と権限 ………………………………241
　⑴　一般的な業務および権限 …………………………………241
　⑵　調査権限 ……………………………………………………242
第3　規制される汚職行為 ……………………………………………243
　1　刑　法 …………………………………………………………243
　2　汚職防止法 ……………………………………………………244

24

目　　次

　3　マネーロンダリング防止法……………………………………………245
　4　海外の法令の域外適用…………………………………………………246

第12章　個人情報の保護

第1　はじめに………………………………………………………………248
　1　情報通信技術法…………………………………………………………248
　　⑴　概　要…………………………………………………………………248
　　⑵　緊急時におけるバングラデシュ政府のデータを傍受する権限……248
　　⑶　罰　則…………………………………………………………………249
　2　サイバーセキュリティ法………………………………………………249
　　⑴　概　要…………………………………………………………………249
　　⑵　個人情報に関する定義………………………………………………249
　　⑶　国家サイバーセキュリティ評議会（NCSC）の権限、義務お
　　　　よび責任………………………………………………………………250
　　⑷　サイバーセキュリティエージェンシー（NCSA）の権限、義
　　　　務および責任…………………………………………………………250
　　⑸　罰　則…………………………………………………………………250
　3　データ保護法……………………………………………………………250

第13章　広告に関する規制

第1　はじめに………………………………………………………………254
　1　わいせつ広告禁止法……………………………………………………254
　2　消費者権利保護法………………………………………………………255
　3　サイバーセキュリティ法………………………………………………256

25

目　次

	4	喫煙及びタバコ製品の使用（規制）法	256
	5	医薬品及び化粧品法	258
	6	印刷機及び出版物（宣言及び登録）法	259
	7	刑　法	259
	8	刑事訴訟法	260
	9	国家放送政策	260

第14章　消費者保護に関する規制

第1		はじめに	264
第2		消費者の定義	265
第3		違反行為および罰則	265
第4		消費者保護のための機関	269
	1	評議会	269
	2	消費者保護局	270
第5		消費者権利保護法に基づく刑事訴訟	270
第6		消費者権利保護法に基づく民事訴訟および救済	272
第7		他の法律との関係	272
	1	概　要	272
	2	度量衡法	272
	3	有毒または危険な化学物質の販売または使用	273
	4	食品の異物混入	273
第8		実務上の留意点	274

目 次

第15章 契約に関する法制度

第1 はじめに ……………………………………………………………………276

第2 契約の成立および履行 ……………………………………………………277

　1 契約の成立要件および取消し・無効事由 ………………………………277

　　(1) 契約の成立要件および定義 ……………………………………………277

　　(2) 申込み、承諾および撤回 ………………………………………………277

　　(3) 契約の取消事由 …………………………………………………………278

　　　(ｱ) 強　迫／278

　　　(ｲ) 不当な影響／278

　　　(ｳ) 詐　欺／279

　　　(ｴ) 不実表示／279

　　(4) 契約の無効事由 …………………………………………………………279

　　　(ｱ) 錯　誤／279

　　　(ｲ) 約因または目的の不適法、約因の不存在／279

　　　(ｳ) その他の無効事由／280

　2 契約の履行 …………………………………………………………………281

　　(1) 契約上の履行義務 ………………………………………………………281

　　(2) 履行義務の当事者 ………………………………………………………281

　　(3) 履行期および履行場所 …………………………………………………282

　　(4) 双務的約束（Reciprocal Promises）の履行 ………………………282

　　(5) 弁済の充当 ………………………………………………………………283

　　(6) 履行することを要さない契約 …………………………………………283

第3 契約によって生じる関係に類似する一定の法的関係 …………………284

第4 契約違反の効果 ……………………………………………………………284

第5 補償契約および保証契約 …………………………………………………285

　1 補償契約 ……………………………………………………………………285

　2 保証契約 ……………………………………………………………………285

27

目　次

(1)　概　要………………………………………………………285
(2)　保証契約の無効事由………………………………………286
(3)　継続的保証…………………………………………………286
(4)　複数の債務者が存在する場合……………………………286
(5)　保証人による代位…………………………………………287
第6　寄　託………………………………………………………287
　1　概　要…………………………………………………………287
　(1)　定　義……………………………………………………287
　(2)　寄託の内容………………………………………………287
　2　寄託者の義務………………………………………………288
　3　受寄者の義務………………………………………………288
　4　動産質………………………………………………………289
第7　代　理………………………………………………………290
　1　概　要…………………………………………………………290
　(1)　定　義……………………………………………………290
　(2)　代理の成立………………………………………………290
　2　復代理人……………………………………………………290
　3　追　認………………………………………………………291
　4　代理の終了事由……………………………………………291
　5　代理人の本人に対する義務………………………………292
　6　代理人の権利………………………………………………292
　7　本人の代理人に対する義務………………………………292
　8　第三者との契約における代理の効果……………………293

第16章　その他の制度・規制

第1　はじめに……………………………………………………296
第2　BIDAガイドライン…………………………………………296

1　適用範囲 ……………………………………………………………296

　　2　支店等の設立 ………………………………………………………297

　　　⑴　支　店 ……………………………………………………………297

　　　　㋐　設立要件／297

　　　　㋑　事業内容／297

　　　⑵　駐在員事務所、代表事務所 …………………………………298

　　　　㋐　設立要件／298

　　　　㋑　事業内容／298

　　　⑶　プロジェクトオフィス …………………………………………299

　　3　支店等の設立・閉鎖および海外送金 …………………………299

　　4　外国人駐在員のビザおよびワークパーミットの発行 ………299

　　　⑴　外国人駐在員のビザ発行に対する推薦状の発行 …………299

　　　⑵　外国人駐在員のワークパーミットの発行 …………………300

　　　　㋐　ワークパーミットの申請／300

　　　　㋑　現地従業員雇用比率の要件／300

　　　　㋒　外国人駐在員の最低給与額／300

第3　**物流会社に対する外資規制** ……………………………………302

　　1　関連法令 ……………………………………………………………302

　　2　バングラデシュ国内の物流事業の一般的な事例 ……………302

　　　⑴　種類株の発行および取締役会の構成 ………………………303

　　　⑵　その他 …………………………………………………………303

第4　**労働者参加基金** …………………………………………………304

　　1　概　要 ………………………………………………………………304

　　2　適用対象 ……………………………………………………………304

第5　**瑕疵担保責任** …………………………………………………304

第6　**不法行為** …………………………………………………………305

・執筆者紹介／307

29

第1章
概　況

第1章　概　況

第1　地理および人口

バングラデシュの面積は約14万7,000㎢であり、日本の約0.4倍である[1]。北と東西の三方はインド、南東部はミャンマーと国境を接し、南はベンガル湾に面する。首都はダッカである。

バングラデシュの最上位の行政単位は、8つある管区（Division）である。それぞれ中心となる都市の名がつけられている。しかし、管区には実質的な機能はなく、その下にある64の県（District）が地方行政の主位的単位となる。県の下には約500の郡（Sub-District）が置かれている。

人口は1億7,159万人であり[2]、日本を上回る人口を有する。そのうち、約2,074万人がダッカの人口で、人口成長率は1.1%である[3]。都市国家を除くと世界で最も人口密度が高い国であり、人口は世界第8位となっている。平均年齢は27.6歳であり、年齢別人口は若年層が多いピラミッド型である。

第2　民族、言語、宗教、教育

民族は、ベンガル人が大部分を占める。そのほかに、ウルドゥー語を話す、ビハール州等インド各地を出身とする非ベンガル人ムスリムやチャクマ族等を中心とした仏教徒系少数民族が居住している[4]。

言語は、公用語はベンガル語である。英国の植民地だったこともあり、教育機関や政府機関では英語もあわせて使われており、特に都市部では英語が一定程度通じる。識字率は77.7%である[5]。

教育制度は、初等教育（小学校）が1年生〜5年生、前期中等教育（中学校）が1年生〜3年生、中期中等教育が1年生〜2年生、後期中等教育（高

1　外務省「バングラデシュ人民共和国」〈https://www.mofa.go.jp/mofaj/area/banglade sh/data.html〉（2024年8月22日最終閲覧）。
2　2023／2024年度暫定値、バングラデシュ統計局。
3　バングラデシュ統計局。
4　外務省・前掲（注1）。
5　2022年バングラデシュ統計局。

等学校等）が１年生～２年生、高等教育（大学等）となっている。義務教育期間は初等教育（小学校）の１年生～５年生であり、当該期間は授業料は無償で教育を受けることが保証されている。義務教育期間以降の教育は、有償である。修了率は、初等教育83％、前期中等教育65％、後期中等教育29％である[6]。

第3　歴史、国旗

　現在のインド、パキスタン、バングラデシュは、かつては英国領のインドとして１つの国であった。1947年の英国撤退を契機として、宗教の違いによる理由でインドからパキスタンが分離した。インドはヒンドゥー教を主体にしていたのに対し、パキスタンと現在のバングラデシュはイスラム教が圧倒的に多かったためである。その後、パキスタンはインドを挟んで西パキスタンと東パキスタンに分かれていたが、東パキスタンは、西とは言語が異なることに加え、経済的、政治的圧迫を受けていたことから対立し、東パキスタンを占めるベンガル人がパキスタンからの独立を宣言したことで、バングラデシュ独立戦争が勃発した。インドの支援もあり、1971年に東パキスタンはバングラデシュとして独立し、「ベンガル人の国」という意味の、バングラデシュ人民共和国が誕生した。

　独立後は、国父ボンゴボンドゥ・ムジブル・ラーマンの下で国づくりが進められたが、1975年、国軍将校によるクーデターでムジブル・ラーマンが暗殺されたことにより、長期にわたり軍政（ジアウル・ラーマン政権（1977年～1981年）、エルシャド政権（1983年～1990年））が敷かれることになった。しかし、1990年、エルシャド大統領が退陣に追い込まれた結果、民主化へ向けた道筋がつけられ、以降、２大政党（アワミ連盟、BNP）のいずれかが政権を担う歴史をたどってきた。1991年の憲法改正では大統領制から議院内閣制へと移行し、一部期間を除き、基本的に５年ごとに総選挙が実施されている（1991年、1996年、2001年、2008年、2014年、2018年、2024年）。

　なお、バングラデシュの国旗は日本に似ている。その理由は、「建国の

6　2022年UNICEF。

第1章 概 況

父」と呼ばれたムジブル・ラーマン初代大統領が、「日本に魅せられ、日の丸のデザインを取り入れた」と彼の娘であるハシナ前首相が述べている。赤は太陽、緑は豊かな大地を表現していて、独立のために戦った若者たちの意気と犠牲を表現している。同時に、赤は独立戦争で亡くなった人たちの血の色を表現し、緑はバングラデシュでも主要な宗教であるイスラム教のシンボルカラーであるが、イスラム教の象徴ではないことを示すため、それより濃い緑色が使われている。

第4 政 治

バングラデシュの政治体制は、共和制がとられており、モハンマド・シャハブッディン氏が大統領を務めている。もっとも、大統領は象徴的な存在で、政治的な実権はない[7]。一院制がとられており、議会の定員数は350議席であり、任期は5年である。

2009年に誕生したハシナ・アワミ連盟政権は、独立50周年にあたる2021年までに中所得国になることを目標とする「ビジョン2021」政策、2041年までに先進国入りすることを目標とする「ビジョン2041」政策を掲げ、全国IT化をめざす「デジタル・バングラデシュ」を打ち出した。2014年には、バングラデシュ民族主義党（BNP：Bangladesh Nationalist Party）率いる野党18連合がボイコットするまま総選挙が実施され、与党アワミ連盟（The Bangladesh Awami League）が圧勝した。

2018年12月30日に実施された総選挙は、前回（2014年）選挙をボイコットした野党のバングラデシュ民族主義党（BNP）も参加した形で実施され、与党アワミ連盟（The Bangladesh Awami League）が圧勝した。シェイク・ハシナ（H.E. Sheikh Hasina）首相はバングラデシュ史上初の3期連続で首相就任となった。2021年3月には、国父ムジブル・ラーマン生誕100周年（新型コロナウイルス感染症により2020年実施予定を1年延期）およびバングラデシュ独立50周年を盛大に祝賀した[8]。

7　JETRO「バングラデシュ・概況・基本統計」〈https://www.jetro.go.jp/world/asia/bd/basic_01.html〉（2024年8月22日最終閲覧）。

4

第 4　政　治

　バングラデシュで2024年 1 月 7 日、第12回総選挙が実施された。主要野党のBNPは、総選挙実施で不正があると主張して選挙をボイコットし、候補者を出さなかった。また、2023年10月末から選挙実施当日に至るまでの約 2 か月間、与党に対する激しい抗議デモやゼネラルストライキ「ホルタル」、道路封鎖を繰り返したため、日系企業の操業にも影響が出た。結果的には、与党アワミ連盟が圧勝し、4 期連続で政権を担い、2028年末までハシナ首相が政権を継続することになるかと思われた。しかし、2024年 7 月以降、公務員の採用優遇枠をめぐる抗議活動が激化し、死者は300人以上に達した。バングラデシュ政府は2018年、独立戦争に従事し「自由の戦士」と呼ばれる人々の家族に公務員採用の30％を割り当てる措置の廃止を決めたものの、高等裁判所が2024年 6 月に廃止を覆す判断を示したことが契機となった。7 月21日、バングラデシュの最高裁判所は割当枠を縮小する判断を示して事態収拾に動いたものの、抗議デモは収まらず、最終的には首都ダッカでは数千人のデモ隊が首相公邸になだれ込む事態となった。ハシナ氏は 8 月 5 日、首相を辞任して軍のヘリコプターで隣国インドに逃れた。その後、8 月 8 日、ノーベル平和賞受賞者のムハマド・ユヌス氏を実質的なリーダーとする暫定政権が発足した。ハシナ前政権に対する抗議行動を主導した学生団体のリーダーらが参画する一方、政党指導者などは含まれなかった。バングラデシュ銀行（中央銀行）でもハシナ前首相の辞任後、副総裁などが相次ぎ辞意を表明し、タルクダール総裁も 8 月 9 日付で辞任した。暫定政権は早期の議会選挙の実施を予定しており、治安も正常化に向かっている。バングラデシュの特別法廷は10月17日、ハシナ前首相に対する逮捕状を発付した。ハシナ前首相はインドに滞在中であり、今後のインドとの関係に影響を与える可能性がある。

8　外務省・前掲（注 1 ）。

9　バングラデシュでは、1971年の独立戦争時に戦った者。

10　2024年10月29日時点の情報に基づく記載であり、今後も状況が変化する可能性がある点に留意が必要である。

5

第1章 概 況

第5 通 貨

　バングラデシュの通貨はタカである。2024年3月21日時点のレートは1バングラデシュ・タカ＝約1.25円である[11]。バングラデシュ通貨タカの為替相場は、建国当初は英ポンドに対して固定されていたが、まもなく、複数通貨バスケットに対する固定為替相場制に変更され、その後、為替相場は対米ドル表示が使われるようになった。しかし、固定相場制の下で当局によってアドホック的に実施される相場変更のタイミングやレンジが予見しにくく不透明であり、経済活動の効率性を毀損しているとの批判が多く、国際機関等からの助言を受けて、バングラデシュ当局は、2003年5月に変動相場制へ移行した。変動制移行後、相場は緩やかなタカ安傾向が続いた。為替相場が急落しなかったのは、経常収支が黒字基調だったことに支えられた面もあったが、当局の市場介入によってタカの相場が実勢よりも高めに誘導された影響が大きかった。当局の影響下にある公式為替相場がタカの過大評価となったため、経常収支が2010年代後半から赤字に陥り、また、海外労働者からの本国送金が（公式レートよりタカ安の相場が適用される）地下銀行経由で流入し、国内銀行が米ドル不足に陥るといった問題が生じていた。このような二重為替相場ともいうべき状態を解消するため、公式レートを実勢に合わせた水準へ誘導する必要があった。2021年末に1米ドル＝85タカだった相場が、2022年以降に急落し、2023年6月に1米ドル＝105タカまで下落したのは、公式レートが実勢レートに近づくことを当局が容認したことによる影響が大きいとみられる[12]。

11　バングラデシュ銀行〈https://www.bb.org.bd/en/index.php/econdata/exchangerate〉（2024年8月22日最終閲覧）。

12　堀江正人「バングラデシュ経済の現状と今後の注目点」（三菱UFJリサーチ＆コンサルティング・2023年10月3日）。

6

第6　金融制度

1　概　要

　バングラデシュの金融は、1971年にパキスタンから独立後、パキスタン国立銀行のダッカ支店をバングラデシュ中央銀行とし、6つの国営商業銀行と2つの国営特別銀行、3つの外国銀行からスタートした。当時の金融サービスの主体は貿易決済と公共投資であり、また農業ファイナンスに重点を置いた政策が推進されたが、一般の国民に対する金融サービスは非常に限定的なものであった。こうした中で農村の貧困層に普及したのがグラミン銀行をはじめとするマイクロファイナンスである[13]。

2　中央銀行（バングラデシュ銀行：Bangladesh Bank）

　1971年12月16日公布の1972年バングラデシュ銀行命令（Bangladesh Bank Order, 1972（P.O. No. 127 Of 1972）に基づき中央銀行が設立された。バングラデシュ銀行命令では、紙幣（銀行券）の発行調整、金融・通貨安定化を確保するための予備金保有、国の通貨、金利政策を優先的に操作できる権限等を規定している。

3　民間銀行

　バングラデシュに民営の商業銀行やノンバンクが誕生したのは1980年代であり、1981年に設立されたAB Bank Limitedを皮切りに、次々と民営の銀行やノンバンクが営業を開始した。1991年には1991年銀行法（Bank Company Act,1991）が制定され、銀行制度の体系が固まり、金融業界の発展を促した。

　現在（2024年10月29日時点）、1991年銀行法上の指定銀行が62行存在する。その内訳は以下のとおりである。

13　BANGLAND 〈https://www.jica.go.jp/bangladesh/bangland/reports/report30.html〉（2024年10月29日最終閲覧）。

第1章 概 況

① State Owned Commercial Banks（SOCBs）

　　バングラデシュ政府が全額または大部分を所有するSOCBsが6行
ある

② Specialized Banks（SDBs）

　　現在、3行のSDBsが営業しており、農業や産業開発等特定の目的
のために設立された。これらの銀行もバングラデシュ政府が全額また
は大部分を所有している

③ Private Commercial Banks（PCBs）

　　44の民間商業銀行が存在し、主に個人や民間企業が所有している。
PCBsは以下の2つのグループに分類される

　ⓐ 従来型PCBs

　　　現在、34の従来型PCBsが業界で営業している。これらは、従来
の利息ベースの銀行業務を行っている

　ⓑ イスラム教シャリア法に基づくPCBs

　　　バングラデシュには10行のイスラム教シャリアベースのPCBsが
存在し、イスラム教シャリアベースの原則、すなわち損益分配
（PLS）方式に従って銀行業務を行っている

④ Foreign Commercial Banks（FCBs）

　　9つのFCBsが、海外で設立された銀行の支店としてバングラデ
シュで営業している

また、非指定銀行として以下の5行が存在する。[14]

① Ansar VDP Unnayan Bank

② Karmashangosthan Bank

③ Grameen Bank

④ Jubilee Bank

⑤ Palli Sanchay Bank

14　バングラデシュ銀行〈https://www.bb.org.bd/en/index.php/financialactivity/bankfi〉
（2024年10月29日最終閲覧）。

8

4　ノンバンク

　ノンバンク（FIs：Non Bank Financial Institutions）は、1993年に公布され
た1993年金融機関法（Financial Institutions Act, 1993）の下で規制され、バン
グラデシュ銀行によって管理されている金融機関である。現在、バングラデ
シュでは35行のノンバンクが営業しているが、最初のノンバンクは1981年に
設立された。このうち、２行が全額政府所有、１行がSOCBの子会社、19行
が国内民間主導、13行がジョイントベンチャー主導で設立された。ノンバン
クの主な資金源は、定期預金（預入期間３か月以上）、銀行や他の金融機関か
らの与信枠、コールマネー、債券や証券化である。

　銀行とノンバンクの主な違いは以下のとおりである。[15]

①　ノンバンクは小切手、支払命令、手形を発行できない

②　ノンバンクは要求払い預金を受け取ることができない

③　ノンバンクは外国為替金融に関与できない

④　ノンバンクは、シンジケート・ファイナンス、ブリッジ・ファイナン
　　ス、リース・ファイナンス、証券化商品、株式の私募等、多様な資金調
　　達手段を用いて事業運営を行うことができる

5　株式市場

　バングラデシュにはダッカ証券取引所（Dhaka Stock Exchange）とチョッ
トグラム証券取引所（Chittagong Stock Exchange）の２つの証券取引所が存
在する。

　ダッカ証券取引所の前身は東パキスタン証券取引所であり、1971年の解放
戦争後、取引は５年間中止された。1976年にバングラデシュで取引が再開さ
れ、1986年９月16日にダッカ証券取引所が発足した。現在、ダッカ証券取引
所には全部で22の産業部門があり、625の上場企業が存在する。ダッカ証券
取引所は公開株式会社である。1994年会社法（Companies Act, 1994。以下、
「会社法」という）、1993年証券取引委員会法（Bangladesh Securities and Ex-
change Commission Act, 1993）、1994年証券取引委員会規則、1994年証券取引

15　バングラデシュ銀行・前掲（注14）。

第1章　概況

所（内部取引）規則に基づいて設立および運営されている。株式市場の規則によると、会員だけがフロアに参加し、自分自身や顧客のために株式を購入することができる。現在の会員数は238社である。ダッカ証券取引所は2023年1月、ナスダックとの取引技術に関する提携を発表した。

チョットグラム証券取引所は1995年10月10日に運営を開始した。

第7　経済指標および産業

2021年の名目GDP総額は3,571億米ドル、1人あたりの名目GDPは2021年は2,147米ドルである。[16] 2000年代後半以降のバングラデシュ経済は、コロナ禍が発生した2020年を除けば、経済成長率が5％を下回った年が一度もない。

主要産業は、衣料品・縫製品産業、農業である。縫製品輸出と並んでバングラデシュ経済を支える二本柱の1つといえるのが、海外出稼ぎ労働者からの送金である。海外出稼ぎ労働者からの本国送金額において、バングラデシュは発展途上国の中で第7位にランクされており、海外出稼ぎ大国ともいえる。バングラデシュの輸出は、縫製品への依存度が極めて大きく、輸出のうち、布帛製品の占める比率が38.3％、ニット製品が占める比率が46.3％となっており、輸出全体の実に8割を縫製品が占めている。[17] バングラデシュは、衣料品の世界輸出シェアで中国に次ぐ第2位であり、東南アジアの有力な縫製品輸出国であるミャンマーやカンボジアと比較すると、工場数が格段に多い。

バングラデシュは、近年の経済発展によって貧困状態から脱却しつつあり、国連のLDCリストの3年に1度の見直しで、2018年と2021年に連続してLDCからの卒業基準を満たしたことから、2026年11月にはLDCを卒業する予定である。[18]

16　JETRO・前掲（注7）。
17　輸出振興庁（EPB）およびバングラデシュ中央銀行。

第8　主な協定加盟状況

バングラデシュは、世界貿易機関（WTO）（1995年1月1日加盟、GATT加盟1972年12月16日）、南アジア地域協力連合（SAARC）（1985年12月の発足当初から加盟）に加盟している。

アルバニア、アルジェリア、ブータン、ブルガリア、中国、チェコ、韓国、ハンガリー、インド、インドネシア、イラン、イラク、クウェート、マレーシア、マリ、ミャンマー、ネパール、パキスタン、フィリピン、セネガル、スリランカ、タイ、トルコ、ウガンダ、アラブ首長国連邦、ベトナム、カンボジア、ジンバブエ、スーダン、モロッコ、リビア、ケニア、南アフリカ共和国、ポーランド、ドイツ、ルーマニア、ベラルーシ、ブラジル、ウズベキスタン、ウクライナと二国間協定を締結している。中継貿易に関するブータンやネパールとの協定と、国境貿易に関するミャンマーとの協定を除くすべての協定は、二国間貿易の促進を目的とした総合的なものである。二国間の自由貿易協定（FTA）はいずれの国とも締結していない。[19]

第9　日本とバングラデシュの関係

日本への輸出額は全体の2％であり、第12位である。日本への主要輸出品目は縫製品、ニット製品、革・革製品、靴・帽子、革製品等である。[20]

日本からの輸入額は全体の3.1％であり、第7位である。日本からの主要輸入品目は鉄鋼、船舶、原子炉関連、車両、機械・電気製品、光学・精密機器である。[21]

日本の対バングラデシュ直接投資は増加傾向にあり、2017年は2,805万米

18　堀江・前掲（注12）。

19　JETRO「WTO・他協定加盟状況」〈https://www.jetro.go.jp/world/asia/bd/trade_01.html〉（2024年8月22日最終閲覧）。

20　2020年 Global Trade Atlas。

21　2021年バングラデシュ銀行。

第1章　概　況

ドル、2018年は7,291万米ドル、2019年は6,012万米ドル、2020年は4,987万米ドル、2021年は1億2,272万米ドルである。[22]

日系企業の進出状況について、2023年5月時点で338社（駐在員事務所含む）である。[23]

バングラデシュの在留邦人数は1,122人である。[24]日本の在留バングラデシュ人数は2023年10月1日時点で27,962人である。[25]

主要な日本とバングラデシュ間の二国間協定としては以下があげられる。[26]

① 1980年　航空協定
② 1982年　文化協定
③ 1991年　租税条約
④ 1999年　投資保護協定
⑤ 2002年　技術協力協定
⑥ 2023年　税関相互支援協定

第10　法体系

バングラデシュは1971年の独立まではパキスタンの東部分として存在していた。パキスタンは1947年のいわゆるインドとの分離独立まで、インド帝国の一部を構成していた。したがって、独立までの司法制度はインドと共通したものであった。

1971年の独立以降、バングラデシュ国会が制定する成文法が第一の立法形式となった。憲法7条2項は「憲法は、人民の意志の厳粛な表明であり、共和国の最高法規であり、その他の法が憲法と整合しない場合には、当該法規はその不整合の限りにおいて無効となる」とし、憲法が最上位規範であることを定めている。議会制定法（憲法149条により効力を認められた独立前の法律

22　バングラデシュ銀行。
23　JETRO・前掲（注7）。
24　外務省「海外在留邦人数調査統計（令和5年版）」。
25　2023年12月出入国在留管理庁。
26　外務省・前掲（注1）。

を含む）が憲法に続く効力を有し、また、大統領が制定した政令が一定の条件下で法律と同等の効力を有する（憲法93条1項）。国会は、議会制定法に基づいて、他の機関に対して命令等の制定権を委任することができる（憲法65条1項ただし書）。なお、「最高裁判所上訴部の行った判決は、高等裁判部を拘束し、最高裁判所両部の行った判決は、管轄下のすべての裁判所を拘束する」（憲法111条）とされているので、最高裁判所の判決も法源の1つといえる。

第 2 章
進出形態と法人設立

第2章　進出形態と法人設立

第1　進出形態

　外国人投資家がバングラデシュに事業拠点を設立する場合の選択肢は、以下のとおりである。

① 　現地法人／子会社
② 　支　　店
③ 　駐在員事務所／連絡事務所
④ 　プロジェクトオフィス

　会社の形態として、OPC（One Person Company）が2020年の会社法の改正で追加された。株主および取締役1名のみで構成される企業はOPCとして登記が可能で、払込資本金は最低250万タカで5,000万タカを超えない範囲とされる。バングラデシュの起業家を想定した形態である。外国人による登記を制限する規定はないが、実態として外国人投資家がOPCとして登記されたケースは確認できない。なお、プロジェクトオフィスは、BIDAガイドラインにて「バングラデシュにおいて、政府、外国開発協力又は公的及び民間のファンドによる開発プロジェクト又はその一部の活動実施において、選定された外国会社の事務所」と定義されており、その活動内容や期間、免税措置、条件は政府間の取決めにより、プロジェクトによって異なる。ODA等の開発プロジェクトに従事する組織を想定して、BIDAガイドラインにてプロジェクトオフィスという形態が導入され、開発プロジェクト以外の場合にはプロジェクトオフィスは選択肢に含まれない点に留意が必要である。

　一般的な進出形態である3つの形態の比較は、以下のとおりである。

項　　目	現地法人／子会社	支　　店	駐在員／連絡事務所
会社名	商業登記所にすでに登録されている会社名でなくても、類似のものや社名から事業が不明な場合等認められない場合がある	親会社と同名	親会社と同名

16

事業継続可能期間	閉鎖手続を行うまでは継続される	開設後3年で更新、その後2年ごとの更新手続が必要	開設後3年で更新、その後2年ごとの更新手続が必要
法的な位置づけ	独立した事業体としての法的な投資としての位置づけ	親会社の事業展開の一部としての投資であり、独立した事業体ではない	親会社との連絡拠点としての一時的な事業所としての扱い
事業に対する親会社の責務	親会社の責務はない	親会社の責務	親会社の責務
初期投資	銀行業等一部の業種を除いて、投資金額に関する規定は特にないが、外国駐在員を配置する場合は、ビザ推薦状の取得の際に、5万米ドルの着金証明の提出が必要	初期投資および運営費として最低5万米ドル	初期投資および運営費として最低5万米ドル
営業活動	いかなる営業活動（定款に登録した事業）も行うことができる	BIDAの許可を取得すれば営業活動を行うことができる	営業活動は禁止されている
事業内容の許容範囲	外資規制による制限以外の事業を行うことができる	親会社の事業内容と同様の事業を行うことができる	市場調査や実行可能性調査、業務調整等の事業を行うことができる
収入源	定款に登記した事業活動により、バングラデシュでの収入を得ることができる	BIDAから許可を取得した場合、バングラデシュでの収入を得ることができる	現地で収入を得ることはできず、親会社からの送金による収入で運営することができる
現地従業員の雇用義務	非製造業は、事業開始時、外国人従業員1名に対し、現地従業員5名の雇用が必要となる。通常操業時は1：10の割合で、現地従業員の雇用が必要である。また、製造業は、事業開始時は外国人従業員1名に対し10名の現地従業員、通常操業時は1：20の割合で雇用が必要		

第2章　進出形態と法人設立

海外送金	配当またはローン返済（条件あり）としての送金、税引き後利益および資金の本国への送金が可能	原則不可だが、BIDAからの許可を取得した場合、可能	原則不可
法人税	納税義務あり	納税義務あり	納税義務なし
年次会計監査	国家歳入庁（NBR）への提出が必須 取締役会、年次定時総会、商業登記所（RJSC）への年次報告書の提出が必要	国家歳入庁(NBR)への提出が必須	任意で、国家歳入庁（NBR）への提出ができる

参考：JETRO「バングラデシュ投資ハンドブック（更新版）」表4、BIDAガイドライン

第2　設立・開設手続

1　現地法人／子会社の設立手続

　現地法人／子会社の設立手続は以下の流れのとおりである。

(1)　会社名登録

　商業登記所（RJSC）へ社名を登録しなければならない。オンラインでの仮登録が可能である。社名登録の有効期間は30日で、その期間内に登記の申請を開始する必要があるが、社名登録期間は延長が可能となる。

(2)　会社法に則った定款の作成

　会社法のひな型に基づき、基本定款には、会社名称、住所、資本や構成員の責任等について記載し、付属定款には、会社の規則や運営等について規定する。会社法の規定により、非公開会社の場合、株主は2名または2社以上必要である。取締役も2名以上必要で、株の保有が要件となっているが、法人株主の代表者として取締役に就任する場合には株の保有は要件とされない。

18

⑶ 銀行の仮口座開設

会社登記手続の前に銀行に仮口座を開設し、資本金を振り込み、着金証明書（Encashment Certificate）を取得する必要がある。

⑷ 商業登記所（RJSC）への登記

商業登記所にて登記し、会社設立承認証（Certificate of Incorporation）を取得する。必要な書類は以下のとおりである。

①基本定款、②付属定款、③Form I（会社登記宣誓書）、④Form VI（登録事務所の現状および変更事項に関する通知）、⑤Form IX（取締役の同意）、⑥Form X（取締役に同意する人物リスト）、⑦Form XI（株主の同意）、⑧Form XII（取締役、管理職、管理代行機関に関する詳細事項および変更事項）、⑨社名登録証明、⑩印紙税支払い領収書、⑪合弁契約書、⑫着金証明書

⑸ 営業許可証（Trade License）の取得

法人所在地の地方自治体に申請する必要がある。申請に必要な書類は業種によって異なり、毎年度更新が必要である。

⑹ 納税者識別番号（TIN）の取得

国家歳入庁（NBR：National Board of Revenue）より、納税者識別番号（e-TIN（TIN：Taxpayer's Identification Number））を取得する。同庁のウェブサイトでの手続が可能である。土地または建物の登録や、輸入・輸出登録証の取得等のために、e-TINが必要である。

⑺ 付加価値税（VAT）の事業者登録証の取得

国家歳入庁（NBR）のウェブサイトで登録申請が可能である。VAT支払いのために、事業識別番号（BIN：Business Identification Number）が必要となる。

⑻ 投資開発庁（BIDA）への登録（必要な場合）

BIDAのワンストップサービスを利用し、オンラインで登録が可能である。必要な書類は以下のとおりである。

① BIDAからの要請に対する回答書
② 産業政策2016に定める管轄省庁から発行された異議なし証明書（NOC）
③ 着金証明書（Encashment Certificate）
④ 調達機械リスト（現地調達および輸入した品目）

⑤　進出計画の概要（投資額が 1 億タカを超える場合）
⑥　当該法人の幹部名簿（国籍、住所含む）
⑦　土地の購入または賃貸契約書
⑧　最新の納税者識別番号証明書（e-TIN Certificate）
⑨　当該法人の定款
⑩　会社設立承認証（現地法人の場合）
⑪　その他書類（必要な場合）

(9)　銀行口座の開設

会社の登記完了後、他に必要な資料を銀行に提出し、正式な口座を開設する。

(10)　輸入許可証（IRC）・輸出許可証（ERC）の取得（必要な場合）

輸出入管理長官事務所（CCIE：Office of Chief Controller of Imports and Exports）が輸入許可証（IRC）または輸出許可証（ERC）を発行する。

（参考：RJSC「Business Process：Registration」〈https://roc.gov.bd/site/page/855dc577-3035-4ca4-b376-49c517099a3e/Registration-Process〉、JETRO「外国企業の会社設立手続き・必要書類」〈https://www.jetro.go.jp/world/asia/bd/invest_09.html〉）

2　支店・駐在員事務所／連絡事務所の開設手続

支店・駐在員事務所／連絡事務所（以下、本章において「支店等」という）の開設手続は以下のとおりである。

(1)　投資開発庁（BIDA）への登録

所定の申請用紙に以下の書類を添付し、投資開発庁（BIDA）に申請、登録する。必要な書類は以下のとおりである。

①　親会社の前年度の監査済み決算書
②　バングラデシュに支店等を設立する旨の取締役決議
③　新組織（支店等）の組織図案（外国人駐在員と現地人材の役職を明記）
④　親会社の事業活動およびバングラデシュの支店を通じた事業活動の詳細
⑤　親会社取締役・発起人の氏名および国籍

⑥ 親会社の定款
⑦ 親会社の登記簿謄本
⑧ 親会社の代表者による委任状
⑨ 支店の場合、外国の親会社の取締役会の承認を受けた、将来事業に発展させるためのアクションプラン

提出書類はすべて、バングラデシュ大使館または商工会議所による認証が必要である。また、日本語で作成されている書類は、翻訳、翻訳者の宣言書に対する公証、公証に対する日本の法務局・外務省による承認の手続が必要となる。

⑵ 銀行口座開設

銀行口座を開設し、最低5万米ドルの初期運営費を振り込み、取引先銀行を通じてバングラデシュ中央銀行への報告を完了する。

⑶ 納税者識別番号（TIN）の取得

国家歳入庁（NBR）より、納税者識別番号（e-TIN）を取得する。同庁のウェブサイトでの手続が可能である。

⑷ 付加価値税（VAT）の事業者登録証の取得

国家歳入庁（NBR）のウェブサイトで登録申請が可能である。VAT支払いのために、事業識別番号（BIN：Business Identification Number）が必要となる。

⑸ 営業許可証の取得（必要な場合）

法人所在地の地方自治体に申請する。申請に必要な書類は業種によって異なり、毎年度更新が必要である。

3　プロジェクトオフィスの開設手続

2023年に発行されたBIDAガイドラインにて、「プロジェクトオフィス」という形態が新たに追加され、ODAプロジェクト等、政府プロジェクトに従事する企業の「プロジェクトオフィス」について定められた。

プロジェクトオフィスの開設手続は、支店等の開設手続とほぼ同様であるが、外国人駐在員の任命および給与等の情報を記載したプロジェクト文書の写し、EPC契約、請負契約等の関連する契約書の写し、JVCA（Joint,

第2章　進出形態と法人設立

Venture, Consortium, Association）の場合は、JVCA契約書の写し、JVCAの参加企業の法人設立許可書および定款の写し、の提出が必要である。BIDAガイドラインについては、第16章（法規制調査）を参照のこと。

4　経済特区（EZ）／輸出加工区（EPZ）への進出手続

　商業登記所（RJSC）に会社登記後、経済特区庁（BEZA）または輸出加工区庁（BEPZA）を通じて進出手続を行う。

　経済特区への進出は、オンラインポータルで手続を行う。申請書のほか、土地賃貸契約書、事業計画、環境影響評価報告（該当する場合）、建設計画、株主の投資合意書、親会社の監査済み財務報告書、支払能力証明書、親会社の納税証明書、定款、営業許可、VAT登録書等を経済特区庁（BEZA）に提出のうえ、投資許可を取得する。

22

第3章
会社の運営等

第3章　会社の運営等

第1　はじめに

　バングラデシュ会社法（Companies Act（Bangladesh），1994。以下、「会社法」ともいう）は1994年に制定され、会社設立、会社の登記、定款、資本、株主、取締役、清算等、会社の一般的な事項について規定している。輸出加工区や経済特区への進出企業の資本金、税制上の優遇措置、関税等に関しては、別途制定されている法律や通達等に従うことになる。

第2　会社設立

1　会社の分類

会社の分類として、以下の3種類が定められている。

① 株式有限責任会社：株主が出資の限度で責任を負う

② 保証有限責任会社：会社の清算時に、株主が、定款に定めた範囲で責任を負う

③ 無限責任会社：株主が会社の債務に対して、無制限に責任を負う

④ 一人会社（2020年会社法改正（第二次改正）にて追加）

　　自然人に限り設立することができる。払込済み資本は、250万タカから5,000万タカの範囲に限られ、その年間売上高は、1,000万タカから5億タカの範囲に制限されている。

株式有限責任会社は、非公開会社と公開会社の2種類に分けられる。非公開会社とは、付属定款上、①株式譲渡制限の定め、②株式または社債の引受公募を禁止する旨の定め、③株主数（従業員を除く）を50名以下に限る旨の定めがある会社をいう（会社法（以下、本章において会社法については条文番号のみを記すものとする）2条(q)）。公開会社は、非公開会社に該当しない会社をいう（2条(r)）。非公開会社から公開会社へ転換および公開会社から非公開会社へ転換することが可能である（本章第3・1の項目参照）。株式有限責任会社の形態が一般的であるため、本稿では原則として株式有限責任会社を

24

中心に解説する。

2　会社の登記

(1)　現地法人の登記

現地法人は、登記にあたり、以下の書類を商業登記所に提出しなければならない（356条）。

①　株主リスト

②　株主との契約等の関連書類

③　有限責任会社として登記する場合、会社の株式に関する詳細等

また、有限責任会社は、社名に「Limited」とつけなければならない（362条）。

(2)　外国会社（支店、駐在員事務所等）の登記

会社法の10章は、外国会社の登記等について規定しており、同章の「外国会社」は、支店、駐在員事務所等を含むが、現地法人は含まれない。

会社設立後1か月以内に以下を商業登記所に提出しなければならない（379条(1)）。

①　会社の基本定款、その他会社の規約を示す関連文書、これらの文書がベンガル語または英語で記載されていない場合は、翻訳証明つきで翻訳したもの

②　会社の登録事務所または本店の住所

③　会社の取締役および秘書（該当する場合）のリスト

④　会社の事業、通知その他文書の対応について会社を代表する権限のあるバングラデシュ居住者の氏名および住所

⑤　主な事業地域であるとみなされる、バングラデシュ国内の事務所の住所

以下の項目に変更が生じた場合は、会社は、定められた期間内に、当該変更事項を商業登記所に報告しなければならない（379条(3)）。

①　外国会社の登記証明、基本定款その他会社の関連書類

②　外国会社の登録または主な事務所

③　会社を代表する権限のある者の氏名および住所

25

第3章　会社の運営等

④　バングラデシュの外国会社の主な事業地域

なお、2023年に発行されたBIDAガイドラインにて、支店、駐在員事務所、代表事務所、プロジェクトオフィスの設立手続や要件が規定されている。詳細については、第16章（法規制調査）を参照してほしい。

(3)　禁止される商号および商号の変更

すでに登録している現存の会社と同じ商号や、類似しており誤認させる可能性が高い商号を登録することはできない（11条(1)）。特別決議および商業登記所が署名した書面での承認により、商号を変更することができる（11条(6)）。

第3　定　款

1　基本定款

基本定款の記載事項は以下のとおり定められている。

(1)　株式有限責任会社

商号、事業目的、株主の責任が有限である旨、授権資本額および一定額の株への分割を記載しなければならない。設立時株主は1株以上引き受けなければならず、株式に氏名と引き受ける株式数を記載しなければならない（6条）。定款の定めにより、取締役の責任を無制限にすることができる（75条）。

(2)　基本定款の変更

会社法にて定められている場合を除き、基本定款にて継続して施行されている内容を変更することはできないが（10条(1)）、その他の内容は、取締役、支配人、マネージングエージェントの任命を含み、付属定款と同様に変更することができ、会社法にて、他の方法による変更を認めることが明示的に規定されている場合は、他の方法での変更が可能である（10条(3)）。

会社は、特別決議にて、以下の理由により、事業目的に関する基本定款の内容を変更することができるが（12条(1)）、裁判所による承認が必要である（12条(2)）。

①　事業をより経済的または効率的に実施するため

② 新規または改善された方法により主な目的を達成するため

③ 経営の地域の拡大または変更

④ 現状の下で、会社の事業と便宜上または有利に調和することができる
事業の運営

⑤ 定款に記載されている規定の制限または撤回

⑥ 会社の全部または一部の売却または処分

⑦ 他社との合併

株式有限責任会社は、付属定款の定めにより、新株の発行による増資、株式の併合または分割、払込み株式の証券への転換および再転換、株式の消却による株資本額の減少等、その基本定款の条件を変更できるが（53条(1)）、変更した場合は15日以内に、商業登記所に報告しなければならない（53条(4)、4条(1)）。

2　付属定款

株式有限責任会社は、付属定款を作成する義務はないが、作成する場合は、付属定款で修正または除外しない限り、会社法に定められている標準付属定款の内容が適用される（18条）。会社は、特別決議にて、付属定款を変更することができる（20条）。

(1)　非公開会社から公開会社への転換

7名以上の株主を有している非公開会社は、付属定款を変更し、公開会社に転換することができる。付属定款の変更が生じた日から非公開会社でなくなり、かかる日から30日以内に、規定事項を記載した目論見書または目論見書に代わる文書を商業登記所に提出しなければならない（231条(1)）。

(2)　公開会社から非公開会社への転換

公開会社は、株主が50名以下である場合は、特別決議により付属定款を変更し、非公開会社に転換することができる（232条(1)）。

第4　株　主

非公開会社の場合、株主は従業員を除き2名以上50名以下と定められてお

り（公開会社は7名以上）、定款等に、有限または無限責任を規定する（5条）。

1 株主名簿

すべての会社は、株主名簿に以下の項目を入力し、保管しなければならない（34条(1)）。

① 株主の氏名、住所、職業

② 会社が株式資本を有する場合、各株主の保有株式、株式の識別、各株主の支払済みまたは支払済みであると合意された金額

③ 株主として名簿に記入された日

④ 株主でなくなった日

本規定に違反した会社は、違反が継続した期間、1日につき100タカ以下の罰金が科せられ、違反を知りながら許可した役員も、罰則を科せられる（34条(2)）。

2 株主の目録

株主が50名を超える会社は、株主名簿それ自体が目録を構成する様式でない限り、会社の株主の名前の目録を保管しなければならず、変更が生じた場合は、14日以内に目録を変更しなければならない（35条(1)）。本規定に違反した会社は、1日あたり500タカ以下の罰金を科せられ、違反を知っていた役員も同様に罰則を科せられる（35条(3)）。

3 株主が法定人数に満たない場合の事業運営

会社の株主の人数が減った場合、非公開会社の場合は2名に満たない、他の会社の場合は7名に満たない場合で6か月以上事業を運営した場合、その期間に生じた会社の債務について、株主が個別に責任を負うと定められている（222条）。

4 少数株主の権利侵害に対する保護

発行済株式総数の10％以上の株式を保有する少数株主は、以下のいずれかに該当する場合は、裁判所に対して、自己の権利を保護するために適切な措

置をとるよう救済の申立てを行うことができる（233条(1)）。

① 会社の事業または取締役の権限の行使が株主の権利を侵害する態様で行われた場合
② 株主の利益を差別的に取り扱う態様またはその可能性がある態様で会社が行為し、もしくは行為する可能性がある場合
③ 株主の利益を差別的に取り扱う態様またはその可能性がある態様で株主総会決議が可決され、もしくは可決される可能性がある場合

　裁判所は、少数株主からの救済申立てに対して、決議もしくは取引の取消・変更、当該会社の事業運営を特定の方法で行うよう命じることまたは基本定款および付属定款の変更を命じることができる（233条(3)）。会社は、裁判所による決定がなされた場合には、決定の日から14日以内に、商業登記所に対してその旨を通知しなければならない（233条(5)）。

第5　株主総会

1　株主総会の種類

(1)　定時株主総会

　すべての会社は暦年に一度、かつ前回の定時株主総会から15か月以内に定時株主総会を開催しなければならない。最初の株主総会は会社の設立日から18か月以内に開催しなければならない。ただし、定時株主総会を開催すべき時期を経過して30日以内に申請し、商業登記所が認めた場合は、90日を超えない期間または開催すべき日の年の12月31日のいずれか早いほうの日まで延期することができる（81条(1)）。定時株主総会が規定どおりに開催されない場合は、株主の申立てにより、裁判所が定時株主総会を招集または招集を命令することができる（81条(2)）。本規定に違反した場合は、1万タカ以下の罰金および違反を継続した場合は1日ごとに250タカ以下の罰金が科せられる（82条）。

(2)　創立総会

　すべての株式有限責任会社および株式資本を有する保証有限株式会社は、

29

第3章　会社の運営等

事業開始が認められた日より1か月後から6か月以内に、創立総会を開催しなければならないと規定されているが（83条(1)）、同要件は、非公開会社には適用されない（83条(12)）。

(3)　臨時株主総会

株式資本を有する会社の場合、発行済株式総数の10分の1以上を有する株主の要求があったとき、取締役は臨時株主総会を招集しなければならない。株式資本を有しない会社の場合、議決権の10分の1以上を有する株主の要求があったとき、取締役は臨時株主総会を招集しなければならない（84条(1)）。臨時株主総会開催の要求には、会議の目的を明記し、請求人が署名した文書を、会社の登録事務所に提出しなければならない（84条(2)）。取締役が請求日から21日以内に臨時株主総会を招集し、45日以内に当該臨時株主総会を開催しない場合、株主は会議を招集することができるが、請求日から3か月以内に開催されるものとする（84条(3)）。

2　株主総会の招集と決議

(1)　株主総会の招集の通知

株主総会は、書面にて21日前までに招集通知が出される。ただし、定時株主総会の場合、出席する議決権のあるすべての株主が書面にて同意したときは、当該通知期間を短縮することができる（85条(1)）。

(2)　定足数

付属定款で別段の定めを置かない限り、株主数6名以下の非公開会社においては2名、株主数7名以上の非公開会社においては3名、その他の会社は5名と定められている（85条）。

(3)　決議の内容および要件

決議内容および要件について、以下のとおり定められている。

---

① 普通決議（Ordinary Resolution）
決議内容：取締役の選任、取締役の報酬、配当、監査人の選任、監査人の報酬、
　　　　　決算書の承認等
決議要件：出席した株主の過半数の賛成
② 特別決議（Special Resolution）

第 6 株式

決議内容：定款変更、商号の変更、減資、検査役の選任、監査人の解任、会社
　　　　　の解散等
決議要件：株主の4分の3以上の賛成。特別決議であることを知らせる招集通
　　　　　知を開催日の21日前までに通知する必要がある
③　特殊決議（Extraordinary Resolution）
決議内容：株主である取締役会の解任、会社精算に伴う債権者と会社間の合意
　　　　　事項の決定等
決議要件：株主の4分の3以上の賛成

会社は、株主総会および取締役会の議事録を作成し、登記上の事務所に備
えつけ、株主が閲覧できるようにしておかなければならない（89条(1)・(4)）。

第6　株　式

1　割当て

株式資本を有する会社が株式を割り当てるとき、60日以内に商業登記所に
以下について通知しなければならない（151条(1)）。

①　割当ての利益、割当てに含まれる株式の数および額面価格、割当先の
　　氏名、住所、国籍等、株式の払込済みまたは未払いおよび支払予定の金
　　額（該当する場合）
②　割り当てられた株式が現金以外で払込みされた場合、ⓐ割当てに対す
　　る割当先が権利を有することについて合意した株式割当証、ⓑ売買また
　　はサービス契約もしくは割当てがなされたことに関するその他の事項に
　　ついて、規定に従って印紙を貼付し検証された合意書の写し
③　②の割当株式の数および額面価格
④　②の株式割当てについて、不動産の譲渡により払込みがなされる場合
　　の不動産の売買証書

2　株式の発行

授権資本額の範囲内で、新株発行を行うことができる。株主割当による場
合には、新株発行を行う会社は、取締役会決議を行ったうえで、既存株主に

対して割当株式数、新株発行の申込期限（当該通知日から15日目以降の日でなければならない）を通知する。かかる通知に対して、株主が申込期限内に申込みを行った場合には、当該株主は、新株引受けの申込日において払込みを行い、当該新株の割当てを受けることができる。申込期限内に申込みが行われない場合には、当該株主は、新株の引受けを辞退したとみなされる（155条(1)）。授権資本額を超えた増資の場合は、株主総会の承認を要する（53条(2)）。株式の割当ての後90日以内に株式証書を発行しなければならない（158条(1)）。

3　株式の譲渡

会社の株式は、定款に定められた方法で譲渡することができるが（30条(1)）、譲渡人と譲受人が押印した譲渡証書が会社に送達されない限り、会社の株または債券の譲渡の登録は適法とはならない（38条(3)）。また、譲受人が外国人または外国の居住者の場合、株式譲渡を証明する譲渡証書および宣誓供述書は在外公館の認証を受けなければならない（38条（3 a））。会社が、株または社債の譲渡の登録を拒否する場合、会社は譲渡証書が会社に提出された日から1か月以内に、拒否の通知を譲渡人と譲受人に送付しなければならない（38条(4)）。また、株式の発行と同様、譲渡の後90日以内に、株式証書を発行しなければならない（158条(1)）。

4　減　資

株式有限責任会社は、付属定款の定めにより、特別決議によって、株式資本を減少させることができる（59条）。特別決議を経た後、裁判所に対して減資の申請を行う必要があり（60条）、債権者は、裁判所が指定する日または期間内に、減資に対して異議申立てを行うことができる（62条(1)）。裁判所は、異議申立てに係る債権の債権者から同意を得るか、当該債権全額が弁済されるか、または相当額の担保が提供された場合には、減資を認める決定を行う（63条・64条）。かかる決定の後、商業登記所は、減資を認める裁判所の決定文その他所定の書面にて、減資の登記を行う（65条）。

第7　会計帳簿、財務書類

第7　会計帳簿、財務書類

1　会計帳簿

　会社は、適切な会計帳簿を保管し（181条(1)）、登記した事務所に備え置き、営業時間中は取締役の閲覧の用に供されなければならない。ただし、取締役会の決定により、会計帳簿の一部または全部について、6か月を上限として、取締役会が定めるバングラデシュ国内の別の場所に保管することが可能であるが、当該決定から7日以内に会計帳簿の保管場所を商業登記所に通知しなければならない（181条(3)）。会計帳簿の保存期間は毎会計年度末から少なくとも12年とされており、関連する証憑とともに良好な状態で適切に保存しなければならない（181条(5)）。会計帳簿の管理に関する規定に違反した者は、6か月以下の禁錮もしくは5,000タカ以下の罰金またはその両方が科せられる（181条(6)）。商業登記所その他の政府職員は、営業時間中はいつでもこれらの会計帳簿および関連書類を検査することができると規定されている（182条(1)）。

2　貸借対照表および損益計算書

　取締役会は株主総会にて、損益計算書（営利目的の会社でない場合は、収支計算書）とともに、貸借対照表を会社に提出しなければならない（183条(1)）。また、損益計算書または収支計算書は、最初の株主総会の場合、会社設立日を起算日とし、その他の場合には前回の株主総会の日を起算日として株主総会の日の前9か月以内の日を、延期が認められた株主総会の場合は当該株主総会の日の前9か月または12か月以内の日を決算日とする期間に関するものでなければならない。ただし、商業登記所が認めた場合は、3か月を超えない期間延長することができる（183条(2)）。貸借対照表、損益計算書または収支計算書は会社の監査人によって監査され、監査報告が添付されるか、もしくはその注釈において監査報告を参照しなければならず、監査報告は株主総会に提出され、株主の閲覧に供されなければならない（183条(3)）。これらの

33

書類は会計年度で作成され、会計年度は15か月を超えてはならないが、商業登記所が特別に承認した場合は、18か月まで認められる（183条(4)）。また、株主その他権限を有する者の閲覧に供するために、当該株主総会の少なくとも14日前から会社の登記された事務所に備え置かなければならない（183条(6)）。

3 貸借対照表および損益計算書の形式と内容

貸借対照表は、年度末時点の状況について適正な見解を示しながら、会社の財産並びに資本金および負債の概要を含まなければならない。また、政府に承認されない限り、会社法の別表1にて示される様式に従わなければならない。ただし、保険会社、銀行業、発電および電気の供給を行う会社の貸借対照表の様式については、各業種に関する法令にて規定される（185条(1)）。

損益計算書は、会計年度の会社の損益についての適正な見解を示し、会社法の別表11にて示される記載必要項目に従わなければならない。ただし、保険会社、銀行業、発電および電気の供給を行う会社は、貸借対照表の場合と同様に、各業種に関する法令に従う（185条(2)）。

4 子会社の貸借対照表の添付書類

持株会社の貸借対照表に、子会社の以下に関する事項を添付しなければならない（186条(1)）。

① 子会社の貸借対照表の写し
② 損益計算書の写し
③ 取締役会報告書の写し
④ 監査報告書の写し
⑤ 子会社に対する持株会社の権益に関する文書
⑥ 子会社の会計年度が持株会社の会計年度と異なる場合に必要な文書（該当する場合）

持株会社の取締役会が情報を入手できない場合（該当する場合）、貸借対照表、損益計算書、取締役会報告書および監査報告書は、持株会社の貸借対照表の作成日以前の子会社の会計年度の最終日の時点で規定に従って作成され

なければならない（186条(2)・(3)）。

5　取締役会の報告書

株主総会にて会社に提出される貸借対照表には、①会社の状況、②取締役が提案する貸借対照表に計上される準備金額（もしあれば）、③取締役が推奨する配当金額（もしあれば）、④貸借対照表が対象とする年度の最終日から報告日の間に生じた、会社の財務状況に影響する実質的な変化および義務に関する取締役会による報告書が添付されなければならない（184条(1)）。取締役会の報告書には、株主による会社の状況の理解のために、会計年度中に生じた、①会社の事業の性質、②会社の子会社または子会社の事業の性質、③会社が関心のある事業の分野における変化を含めなければならない（184条(2)）。

第8　役　員

1　取締役

(1)　取締役の人数

公開会社および公開会社の子会社である非公開会社は、３名以上の取締役が必要である（90条(1)）。すべての非公開会社（公開会社の子会社を除く）は、２名以上の取締役が必要である（90条(2)）。取締役の国籍要件や常駐要件はない。取締役は株式保有が必須要件であるが、株式数や保有割合の要件はない。なお、法人株主の代表として取締役に就任する場合は、当該要件は必須ではない。

(2)　取締役の任命

取締役は以下の方法で任命される（91条(1)）。

① 　設立時定款に設立時取締役として記載された者は、最初の取締役が任命されるまで、会社の取締役とする

② 　取締役は、株主総会で株主によって選ばれる

③ 　取締役に臨時で欠員が出た場合、株主総会で選任された取締役が任命されるが、その任期は、欠員となった取締役の任期が基準となる

35

また、公開会社の場合、取締役の少なくとも 3 分の 1 はローテーションで退任することとなる（91条(2)）。取締役として任命された者は同意する旨の書面に署名し、任命から30日以内に商業登記所に提出しなければならない（93条(1)・(2)）。最初の取締役が任命された場合は、任命の日から14日以内に、商業登記所に通知しなければならない（115条(2)）。

取締役の欠格理由は、以下のとおり定められている（94条(1)）。

① 管轄裁判所より精神に障害があると認められた場合

② 復権していない破産者であること

③ 破産者であるとの申立てが係属中であること

④ 保有している株が未払いで、支払い期日を 6 か月以上経過していること

⑤ 未成年であること

そのほか、会社が、付属定款にて取締役の欠格理由を定めることができる（94条(2)）。

(3) 取締役の解任

会社は、特殊決議にて、株を保有している取締役を任期満了前に解任することができ、普通決議で後任を任命することができるが、その任期は、解任となった取締役の任期が基準となる（106条(1)）。解任された取締役は、取締役会から取締役として再任命されないものとする（106条(2)）。

(4) 取締役会

取締役会は、 3 か月に 1 回以上、年に 4 回以上開催しなければならない（96条）。

(5) 取締役に対する制限

㋐ 売買・商品供給契約等の締結

取締役の承認を得た場合を除き、取締役は自らまたは自らがパートナー、株主または取締役である他の法人との間で、売買、商品および原材料の購入または供給契約を締結することはできない（105条）。

㋑ 利益相反取引に関する情報開示

会社が締結する契約に直接的または間接的に利害関係がある取締役は、当該契約が承認される際に、取締役会にて、その利害について開示しなければ

ならない。ただし、取締役が他の特定会社の取締役または構成員であり、当該他の特定の会社との間で継続的に複数の取引が予定されている場合には、包括的な利害関係の開示を行えば、その後、個別の取引についての利害関係の開示は不要となる（130条(1)）。なお、取締役がこの義務の履行を怠った場合、5,000タカ以下の罰金が科せられる（130条(2)）。公開会社または公開会社の子会社である非公開会社の場合、取締役は、自身が直接または間接に利害関係を有する契約の承認について、議決権を行使することはできず、定足数にも算入されない（131条(1)・(3)）。本規定に違反した取締役は、1,000タカ以下の罰金が科せられる（131条(2)）。

2　監査人

(1)　監査人の選任と報酬

　会社は、株主総会にて、一人または複数の監査人を選任し、選任から7日以内に、監査人に通知しなければならない。監査人の任期は次の定時株主総会までとなる。選任された者は、事前に書面で同意しない限り、監査人に選任されない（210条(1)）。選任された監査人は、選任の通知を受けた日から30日以内に、商業登記所に対して書面にて諾否について通知しなければならない（210条(2)）。なお、株主総会にて監査人が選任されない場合、政府が任命することができる（210条(4)）。

　会社の最初の監査人は会社の登記の日から1か月以内に取締役会により任命され、任命された監査人の任期は、最初の定時株主総会の終結時までである（210条(6)）。取締役会は監査人に欠員が生じた場合、当該欠員を補充することができるが、欠員が続く場合、残存する監査人が務めることができ（210条(7)）、任期は次の定時株主総会までである（210条(8)）。任期中の解任は、株主総会の特別決議によってのみ行うことができる（210条(9)）。

　株主総会にて任期が終了する監査人は、次に該当する場合を除き、再任されなければならないとされている。①不適格事由に該当することとなった場合、②監査人本人が再任を受諾しない旨の書面による通知、③他の者を任命することまたは現在の監査人の死亡、能力喪失、不正、不適格事由への該当のいずれかを理由に再任しないことが株主総会にて決議されたこと（210条

第3章　会社の運営等

(3))。

　株主総会にて、現任の監査人以外の者を任命するまたは現任の監査人を再任しない決議のためには、特別な通知が必要である（211条(1)）。当該通知を受けた監査人は、株主に対して意見を表明することを要求できる。会社は、当該要求を受けた場合は、期限を過ぎたものでない限り、株主総会の招集通知において、意見がなされた旨およびその内容を記載しなければならない（211条(3)）。

　監査人の報酬は、原則として株主総会の決議により決定されるが、監査人が取締役会または政府により任命された場合は、それぞれ取締役会または政府により決定される（210条(10)）。

(2)　監査人の適格要件

　監査人は、1973年バングラデシュ公認会計士法（Bangladesh Chartered Accountants Order, 1973）における公認会計士またはパートナー全員が公認会計士である会計事務所のいずれかでなければならない（212条(1)）。また、以下のいずれかに該当する場合は、監査人に就任できない（212条(2)）。

① 　当該会社の役員または従業員

② 　当該会社の役員または従業員のパートナーもしくは被用者

③ 　当該会社から一定額の貸付けを受けている者または当該会社に対する第三者による一定額の債務を保証している者

④ 　当該会社のマネージングエージェントである会社その他の団体の取締役、株主またはパートナーである者

⑤ 　当該会社のマネージングエージェントである法人の発行済み株式総数の5％以上の株式を保有する者

(3)　監査人の権限および責務

　会社の監査人は、会社の財務諸表、帳簿および帳票をいつでも閲覧できる権利を有し、また、会社の役員に対して、監査人の職務遂行のために必要な情報および説明を求める権利を有する（213条(1)）。監査人は会社が作成する決算書や会計帳簿等の監査を行い、監査報告書を作成し、貸借対照表や損益計算書とともに、株主総会に提出し、決算書について監査人としての適正な意見を表明しなければならない（213条(3)）。

38

(4) 会社の支店の監査

支店の場合は、本店の監査人による監査も可能であり、支店がバングラデシュ国外に存在する場合は、株主総会の決議により、本店の監査人または当該国の法律に従い監査人として資格要件を満たした者による監査が行われる（214条(1)）。

3　マネージングディレクター

マネージングディレクターは、会社との契約、株主総会または取締役による決議、定款の定めにより、会社の重要な業務執行を行う者を意味する（2条(m)）。公開会社および公開会社の子会社である非公開会社は、他の会社のマネージングディレクターまたはマネージャーである者をマネージングディレクターに任命してはならない。株主総会決議により、マネージングディレクターを任命することができる（109条(1)）。マネージングディレクターの任期は5年を超えてはならないが（110条(1)）、株主総会にて認められれば、5年を超えない範囲において、再任命または任期の延長が可能である（110条(3)）。

4　マネージングエージェント

マネージングエージェントは、会社との契約により、取締役の指示および監督の下で、会社の事業を管理する権限を有する個人または会社である（2条(1)）。公開会社または公開会社の子会社の場合、任期は1回につき最長10年とし、合わせて20年を超えないものとする（116条(1)）。

(1) マネージングエージェントの報酬

会社はマネージングエージェントを任命する際に、①会社の年間純利益の割合を基に算出される報酬、②利益がないまたは少ない場合の報酬最低額について、文書に明記しなければならない（119条(1)）。なお、これらに追加した報酬の規定は、会社の特別決議によって認められない限り、会社は義務を負わないものとする（119条(2)）。また、マネージングエージェントへの貸付けは禁止されている（120条）。

第3章　会社の運営等

(2)　マネージングエージェントの権限に対する制限

　マネージングエージェントが管理している会社は、同じマネージングエージェントが管理している他の会社へ融資または融資の保証をしてはならない（121条）。投資会社以外の会社で、その主要事業が株、社債、証券の保有である場合、購入会社の取締役会の満場一致の決議による事前の承認がない限り、同じマネージングエージェントの管理にある会社の株または社債を購入することはできない（122条）。マネージングエージェントは、自身がマネージングエージェントをしている会社に関し、社債を発行する権限を行使してはならない、また取締役の権限かつ取締役によって特定された制限の範囲を超えて、会社の基金を投資する権限を行使してはならない。会社によるこれらの権限のマネージングエージェントへの委譲は無効である（123条）。マネージングエージェントは、自分のために、自身が管理している会社またはその子会社が運営している事業と同じ性質で直接的に競合する事業に従事してならない（124条）。非公開会社以外の会社においては、基本定款の定めにかかわらず、マネージングエージェントにより任命された取締役は、取締役の人数の３分の１を超えてはならない（125条）。

第9　清　算

1　清算の方法

　会社の清算の方法については、①裁判所による清算、②任意清算（株主による任意清算、債権者による任意清算）、③裁判所監督による清算、が規定されている（234条(1)）。

2　株主の清算出資者としての責任

　会社が清算手続に入った場合、現在および過去のすべての株主は、以下の場合を除き、会社の債務、清算手続に要する手数料、費用等の支払いおよび株主間の清算出資に係る調整のために、清算出資を行う義務を負担する（235条(1)）。

40

① 過去の株主のうち、清算手続の開始の1年以上前に株主でなくなった者は、清算出資に係る義務を負担しない

② 過去の株主は、株主でなくなった後に生じた債務または責任に関して、清算出資に係る義務を負担しない

③ 裁判所が、現在の株主が清算出資に係る義務を果たすことができないと判断した場合を除き、過去の株主は清算出資に係る義務を負担しない

④ 株式有限責任会社の場合、現在または過去の株主として負担する金額は、株式に関する未払額（もしあれば）を超えない

⑤ 保証有限責任会社の場合、清算時の会社の資産について負担する金額は引受額を超えない

⑥ 保険約款その他の契約において株主個人の責任を制限する規定または当該約款その他の契約に関して会社財産のみを責任財産とする規定は、本法のいかなる規定によっても無効とされるものではない

⑦ 配当、利益等に関する株主としての地位に基づく会社株主に対する支払義務は、会社の株主ではない債権者との間で債権回収の順位で問題となる場合には、会社の株主に対する債務とはみなされない

有限責任会社の清算の場合、その責任が無制限である過去または現在のすべての取締役は、通常の株主として出資する責任に加え、無限責任会社の株主として清算時に負う場合と同様にさらなる義務を負うが、以下の場合を除く（236条）。

① 過去の株主のうち、清算手続の開始の1年以上前に株主でなくなった者は、さらなる義務を負担しない

② 過去の株主は、株主でなくなった後に契約した債務または責任に関して、さらなる義務を負担しない

③ 裁判所が、会社の負債および債務、清算の費用を満たすために出資を求める必要があるとみなさない限り、付属定款に従い、取締役はさらなる義務を負担しない

「清算出資者」は、会社の清算時および手続において会社の資産に対して出資する責任を有する者である（237条）。

第3章　会社の運営等

3　裁判所による清算

裁判所による清算は、以下のいずれかに該当する場合に行われる（241条）。

① 裁判所による清算を行う旨の特別決議がなされた場合

② 設立報告書の提出を怠った場合または創立総会を開催しなかった場合

③ 会社が設立以降1年以内に事業を開始しない場合、または1年以上会社の事業が行われない場合

④ 最低株主数（非公開会社について2名、公開会社について7名）を下回った場合

⑤ 債務の弁済ができなくなった場合

⑥ その他裁判所が会社の清算が正当かつ公平であると判断した場合

(1)　裁判所による清算開始

会社の清算は、会社、債権者または出資者が、裁判所に対して、清算の申立書を提出することにより行われ（245条）、清算開始申立てがなされた日から開始されたものとみなす（247条）。会社法に従い清算開始申立てがなされた後、清算命令が発される前まではいつでも、会社、債権者または清算出資者の申立てに従い、裁判所は会社に対する訴訟や法的手続の実施を裁判所が適切であると考える条件の下で差し止めることができる（248条）。

(2)　裁判所の権限

(ア)　審理における権限

申立ての審理にあたり裁判所は、費用の有無にかかわらずこれを却下するか、もしくは条件を付してまたは無条件で延期するか、暫定命令を発するか、もしくは他の命令を発することができるが、会社の資産にこれらの資産と同等もしくはそれ以上の金額の抵当権が設定されていること、もしくは会社に資産がないことのみを理由として清算命令を発することを拒むことはできない（249条(1)）。

(イ)　裁判所の通常の権限

裁判所の通常の権限は、以下のとおりである（267条～277条）。

① 清算出資者および資産申請者のリストの確定

② 財産の引渡しを要求する権限

42

③ 清算出資者に対して負債を支払う命令を発する権限

④ 召喚する権限

⑤ 銀行の指定口座への支払い命令の権限

⑥ 銀行口座に対する規制

⑦ 清算出資者の決定的証拠に関する命令

⑧ 証明が間に合わない債権者を除外する権限

⑨ 清算出資者の権利の調整

⑩ 費用に関する命令権限

⑪ 会社の解散

　㈢　裁判所の特別な権限

裁判所の特別な権限は、以下のとおりである（278条〜281条）。

① 会社財産を所有していると疑われる人物を召喚する権限

② 発起人等の公開審理の命令権限

③ 出奔する清算出資者を逮捕する権限

④ その他の手続に関する権限

(3)　商業登記所による清算命令の写しの保管

清算命令の作成について、清算手続の実施は申立人の義務であり、清算命令がなされた日から30日以内に、商業登記所に対し清算命令の写しを提出しなければならない（252条(1)）。清算命令の写しの提出時に、商業登記所は会社に関連する帳簿にその旨を記載し、当該命令がなされたことを官報で公示しなければならない（252条(2)）。当該命令は、会社の業務が継続される場合を除き、会社の従業員に対する解雇通知とみなされる（252条(3)）。

(4)　公式清算人

会社の清算手続および裁判所が課す義務を実行するため、裁判所は公式清算人またはそのような名称で呼ばれる破産管財人以外の者を任命することができる（255条(1)）。公式清算人は、当該会社のすべての財産を管理しなければならず、会社の財産および効果は、清算命令の日から裁判所に管理処分権が帰属するものとみなされる（260条(1)・(2)）。

　㈠　公式清算人の権限

公式清算人は、裁判所の承認の下、以下の行為の権限を有する（262条）。

① 会社の名の下に会社を代理して、訴訟、訴追、もしくはその他の民事もしくは刑事の法的手続を起こしまたはこれに応訴すること

② 会社の清算を有益なものにするために必要な範囲内で事業を継続すること

③ 公的競売または契約により会社の不動産および動産を売却し、その全部をもしくは区画に分けて個人もしくは会社に譲渡すること

④ 会社に代わり、必要に応じ社印を使用する目的のためすべての証書、領収書およびその他の書類についてすべて実行並びに執行すること

⑤ 清算出資者が破産した場合において、未払金額に関して、その財産に対して、立証、送達および請求すること、また当該破産から生じた債務とは別に、当該未払金額に関して、他の債権者に比例して当該清算手続において配当を受けること

⑥ 会社を代表して、当該会社が通常の事業の一環として行う場合と同様のものとして、為替手形、小切手、または約束手形を発行、受領、作成もしくは裏書すること

⑦ 会社の資産を守るため、必要な資金を調達すること

⑧ 清算人の名前において、死亡した清算出資者の遺産管理状を受け取ること、および会社の名称において受領することができない場合に清算人の名前において清算出資者またはその相続財産から支払いを受けるために必要な行為を行い、当該すべての場合において、清算人が行政文書を受け取るもしくは金銭の払戻しを可能にする目的をもつとし、清算人自身に支払義務が生じたものとみなされること（ただし、行政長官の権利、権限、または特権に何らの影響を与えるものではない）

⑨ その他清算および残余財産の分配に必要なすべての行為

　㈠　公式清算人の義務

公式清算人は、清算命令が出された場合、資産や債務、債権者の詳細について会社から受け取った後、120日以内（裁判所が許可した場合は160日以内）に、清算対象会社の資産や負債等についての暫定の報告書を提出しなければならない（259条(1)）。また、清算命令が出されてから1か月以内に、調査委員会の設置について決定するために、会社の債権者集会を招集しなければな

らない（261条(1)）。債権者集会の日から1週間以内に清算出資者の集会を招集し、債権者の決議を受け入れるか修正するかを検討しなければならない（261条(2)）。清算出資者が債権者の決議をすべて受け入れない場合、公式清算人は調査委員会設置およびメンバーについて裁判所に指示を申し立てることができる（261条(3)）。調査委員会は、12名以下の債権者もしくは清算出資者またはその委任を受けた者で構成され（261条(4)）、公式清算人の調査や管理を監督する権限を有する（261条(5)）。公式清算人は、会社の資産の管理および分配について、自身の裁量で判断しなければならないが、調査委員会の決定と債権者または清算出資者の決議が相反する場合、後者を優先しなければならない（266条(1)・(4)）。また、債権者または清算出資者の意向を確認するために、債権者もしくは清算出資者の集会を招集することができ、債権額もしくは出資額の10分の1を有する者から書面による要求があった場合は招集しなければならない（266条(2)）。

4　任意清算

会社は、以下のいずれかの場合に任意清算することができる（286条）。

① 定款に定められた会社の存続期間が満了した場合、または会社の清算について基本定款で定めた事象が発生した場合で、株主総会において、会社に対して任意的に清算すべき旨の要求が決議された場合

② 会社が任意清算される旨の特別決議を決議した場合

③ 債務が原因で会社が事業を継続することができず、清算することが賢明である旨が特殊決議により決定した場合

(1)　任意清算の手続

任意清算の決議が可決した時点で、任意清算が開始されたものとみなされ（287条）、会社は、清算開始時点から、清算にとって有益となる場合を除き、その事業を中止するものとする。ただし、会社の権限は、仮に付属定款に反するものであっても、解散するまで継続するものとする（288条）。任意清算に関する特別決議または特殊決議の通知は10日以内にされるものとし、官報および登録事務所が所在する地域に流通する新聞に掲載される（289条(1)）。

第 3 章　会社の運営等

⑵　弁済能力の宣誓

　会社が任意清算を提案された場合、会社の清算に関する決議が提案される株主総会の通知が送付される以前に開催される取締役会において、会社の取締役、2 名以上の取締役を有する会社の場合は取締役の過半数は、会社の事務を調査し、その調査により、会社は清算手続が開始された日から 3 年を超えない期間内に、会社の債務を完全に支払うことができるとの意見を形成した旨の宣誓供述書をもって宣誓しなければならない（290条⑴）。かかる宣誓は、会社の事務に関する監査人の報告書によって裏づけられなければならず、商業登記所に送達されない限り、効力を生じない（290条⑵）。宣誓が規定に従って作成され送達された場合の清算手続は、会社法において「株主による任意清算」として扱われ、前述の方法によって作成されず送達されなかった場合の清算手続は「債権者による任意清算」として扱われる（290条⑶）。

5　株主による任意清算

⑴　清算人の選任

　株主総会において会社は、会社の事務の清算および財産の分配のために、一人または複数の清算人を選任しなければならず、また、清算人に支払う報酬を決定することができる（292条⑴）。清算人が選任された時点で、取締役のいかなる権限も、株主総会において会社が承認したか、清算人が継続を承認した場合を除き、停止する（292条⑵）。

⑵　清算人による年度末株主総会の招集義務

　清算手続が 1 年以上続く場合、清算人は、清算手続が開始された日から起算して初年度およびその後の各年度の末、または年の終わりの日から90日以内の可能な限り早い時期に株主総会を招集しなければならず、株主総会において、前年度の行動、取引、清算手続の実施についての記録および所定の書式に従った清算手続の状態に関する報告書を提出しなければならない（295条⑴）。

⑶　最終株主総会および解散

　会社の事務が完全に清算された後速やかに、清算人は、当該清算の実施方

法および会社財産の処分方法について示す清算手続の記録を作成しなければ
ならず、その後、当該記録を株主総会に提出し説明を与えるために、会社の
株主総会を招集しなければならない（296条(1)）。当該株主総会は、時期、場
所および目的を特定した公告によって招集されなければならず、官報および
登録事務所が所在する地域に流通する新聞への掲載により、株主総会開催日
の少なくとも1か月以上前に公表されなければならない（296条(2)）。株主総
会の日から1週間以内に、清算人は当該記録の写しを商業登記所に対して送
付し、株主総会の開催があった旨および開催日について報告しなければなら
ない。ただし、株主総会の定足数に満たなかった場合、清算人は、上記報告
に代えて、株主総会が正当に招集され、定足数が満たされなかった旨を報告
しなければならず、かかる報告がなされた時点で、規定は遵守されたものと
みなされる（296条(3)）。商業登記所は、当該記録または報告書のいずれかを
受領した場合、直ちにそれらの書類を記録しなければならず、報告書の登記
時点から起算して3か月の期間の満了日に、会社は解散したものとみなされ
る（296条(4)）。

6　債権者による任意清算

(1)　債権者集会

　会社は、任意清算の決議が提案される株主総会の開催日またはその翌日
に、債権者集会を招集しなければならず、債権者に対し、清算に関する当該
株主総会の招集通知の送付と同時に、債権者集会の招集通知を送付しなけれ
ばならない（298条(1)）。債権者集会にて、5名以下で構成される調査委員会
の設置を決定することができる（300条）。

(2)　清算人の選任

　債権者および会社は、債権者集会および株主総会において、事務の清算お
よび会社財産の分配を行う清算人となるべき者を指名することができ、債権
者および会社が異なる者を指名した場合、債権者に指名された者が清算人と
なり、債権者に指名された者がいない場合には、会社に指名された者が清算
人となる。ただし、取締役、役員または債権者は、指名がなされた日から7
日以内に、裁判所に対し、別の者を清算人とする命令を発することを申し立

てることができる（299条）。

(3) 清算人の報酬および取締役の権限の停止

調査委員会（調査委員会が設立されていない場合は債権者）は、清算人の報酬を決定することができ、決定されない場合は、裁判所により決定されなければならない（301条(1)）。清算人の任命にあたり、調査委員会または債権者が認めた場合を除き、取締役のすべての権限は停止する（301条(2)）。

(4) 清算人による年度末株主総会の招集義務

清算手続が1年以上続く場合、清算人は、清算手続が開始された日から起算して初年度およびその後の各年度末、または年の終わりの日から可能な限り早い時期に、株主総会並びに債権者集会を招集しなければならない。株主総会において、前年度の行動、取引、清算手続の実施についての記録および所定の書式に従った清算手続の状態に関する報告書を提出しなければならない（304条）。

(5) 最終会議および解散

会社の事務が完全に清算された後速やかに清算人は、当該清算の実施方法および会社財産の処分方法について示す清算手続の記録を作成しなければならず、その後、当該記録を提出し説明するために、会社の株主総会および債権者集会を招集しなければならない（305条(1)）。当該株主総会および債権者集会は、時期、場所および目的を特定した公告により、開催日の1か月以上前に公表し招集されなければならない（305条(2)）。会社株主による清算の場合と同様に、清算人は、商業登記所に対して報告する義務があり、商業登記所が、報告書を登記した時点から起算して3か月の期間の満了日に、会社は解散したものとみなされる（305条(3)・(4)）。

7 裁判所の監督の対象となる清算

特別決議または特殊決議による任意清算が決定された場合、裁判所は、清算出資者もしくは債権者の申立てにより、一般的に裁判所が適切と考える条件および状況の下で、裁判所による監督下で任意清算を継続すべき旨の命令をすることができる（316条）。その場合、裁判所は清算人の選任や解任する権限を有し、清算手続に関する命令を発することができる（319条）。

第 4 章
外資奨励および外資規制

第1 投資促進機関

バングラデシュは、投資促進機関が複数あることに加え、複数の管轄省庁をまたがって手続が必要で、現在、ワンストップサービスの活用が進められている。投資に係る手続を効率的に進めるために、管轄省庁とその役割を把握することが必要である。主な投資促進機関は以下のとおりである。

1 概　要

(1) バングラデシュ投資開発庁（BIDA）

バングラデシュ投資開発庁（BIDA：Bangladesh Investment Development Authority）は、バングラデシュすべての投資活動を統括する投資促進機関である。2016年、投資の誘致や投資家の事業拡大促進を目的とし、バングラデシュ投資庁（BOI：Board of Investment）と民営化委員会（PC：Privatization Commission）が合併し、設立された。免税等のインセンティブの付与、海外送金の承認、外国人駐在員へのワークパーミットの発行等、投資に係る各種手続を担当する。投資開発庁（BIDA）はワンストップサービスを開始しており、現在、67種類のサービスをワンストップサービスにて手続することが可能である。

(2) バングラデシュ経済特区庁（BEZA）

バングラデシュ経済特区庁（BEZA：Bangladesh Economic Zones Authority）は、経済特区（EZ：Economic Zones）での会社設立、免許、操業を管理および監督する投資促進機関である。2010年に設立され、工業、雇用、製造および輸出の多様化をとおした経済開発の促進を目的とし、都市開発の遅れている地域で経済特区の設立に取り組んでいる。2024年１月31日時点で97の経済特区（政府68、民間29）が認可されている。経済特区（EZ）での入居企業およびディベロッパーに対してインセンティブを提供している。

2022年12月、日本とバングラデシュが官民一体になって開発したバングラデシュ経済特区（BSEZ：Bangladesh Special Economic Zone）が操業を開始しており、日系企業も進出している。2024年２月の時点で、土地の契約が完了

第1 投資促進機関

しているのが5社（うち日系企業2社）、土地の予約契約が完了しているのが3社（うち日系企業2社）である。

経済特区（EZ）は、後述する製造業による輸出を奨励する輸出加工区（EPZ）と比較すると、より広範囲の業種による投資を奨励している。

⑶ バングラデシュ輸出加工区庁（BEPZA）

バングラデシュ輸出加工区庁（BEPZA：Bangladesh Export Processing Zones Authority）は、輸出手続を簡素化した投資環境の整備を目的に設立された、輸出加工区（EPZ）の外国投資の促進を担う政府機関である。

バングラデシュの輸出加工区（EPZ）は8か所にあり、ウットラEPZに24社（日系企業の進出なし）、イシュワルディEPZに20社（うち日系企業3社）、ダッカEPZに92社（うち日系企業3社）、アダムジーEPZに47社（うち日系企業5社）、クミラEPZに46社（うち日系企業4社）、チョットグラムEPZに153社（うち日系企業9社）、カルナフリEPZに39社（うち日系企業1社）、モングラEPZに32社（うち日系企業2社）が進出し、操業している。

輸出加工区（EPZ）は、経済特区（EZ）と比較して、より製造業による輸出を促進しており、外国企業の進出の割合が高い。

⑷ 官民連携協会（PPP）

官民連携協会（PPP：Public Private Partnership）は、官民連携を促進する機関で、公務員および民間セクターからの職員で構成されている。官民連携協会（PPP）が対象とする分野は以下のとおりである。

①道路整備・高速道路建設、②排水管理、③大量輸送機関（Mass-transit）、④廃棄物管理、⑤鉄道、⑥情報通信技術、⑦港湾、⑧土地開発、⑨空港、⑩石油・ガス等の生産、⑪電気事業、⑫鉱物資源、⑬観光、⑭健康・医療、⑮灌漑・農業、⑯教育、⑰工業団地、⑱公共施設・社会インフラ、⑲上下水道事業、⑳地方自治体・農村部開発等

⑸ バングラデシュハイテクパーク庁（BHTPA）

ハイテクパーク（HTP：Hi-Tech Park）は、情報技術設備や情報技術専門家のために整備された重点地域である。バングラデシュハイテクパーク庁（BHTPA：Bangladesh Hi-Tech Park Authority）は、ハイテクおよびソフトウェア技術パークの開発により、情報技術関連事業を促進している。

51

第4章 外資奨励および外資規制

第2 外資奨励

　バングラデシュ政府は、投資促進を目的としてさまざまな優遇措置を設けており、経済特区（EZ）、輸出加工区（EPZ）およびハイテクパーク（HTP）への進出企業に対しても優遇措置を付与している。優遇措置が多様であることや、随時発行される通知にて、関連規定が変更となることから、常に最新の情報を確認する必要がある。また、特に海外送金については、外国為替取引ガイドライン等の法令に基づき、バングラデシュ銀行が定める規定に従う必要があり、事前に銀行への確認も必要である。

1 所得税法に基づく免税措置

(1) 対象事業

　2023年所得税法（Income Tax Act, 2023。以下、「所得税法」ともいう）別紙6に基づき、2020年7月1日から2025年6月30日までの間に、①製品の製造、②バングラデシュ産の果物や野菜の加工と保存、③組織移植、バイオテクノロジーの開発、放射能（拡散）、応用産業の開発（ポリマーの品質改善、ポリマーの分解、食品の保存、医療機器の滅菌等）、④政府官報での通知により指定されるその他の業種、業界団体またはその他の事業体、⑤インフラ事業の分野で事業を開始する企業は、法人税の免税措置を受けることができる。

　①の製品の品目は、以下のとおりである。

---

①原薬、放射性医薬品、②農業機械、③自動ハイブリッドホフマン・クリーン技術を採用したレンガ、④自動車、⑤避妊具、コンドーム、⑥基礎電子部品（例：抵抗器、キャパシタ、トランジスタ、電子回路等）、⑦自転車（自転車部品も含む）、⑧天然肥料、⑨バイオテクノロジーを利用した農産品、⑩ボイラー（部品も含む）⑪コンプレッサー（部品も含む）、⑫コンピュータのハードウェア、⑬家具製造業、⑭家電機器（ブレンダー、炊飯器、電子レンジ、電子オーブン、洗濯機、電磁調理器、水フィルター等）、⑮殺虫剤、農薬、⑯石油化学製品、⑰医薬品、⑱LEDテレビ、⑲革・革製品、⑳携帯電話、㉑プラスチックリサイクル業、㉒バングラデシュ産の野菜、果物の加工、㉓変圧器、㉔繊維機械、㉕組織移植、㉖玩具製造業、㉗タイヤ製造業、㉘合成繊維・繊維または人

52

口繊維の製造業、㉙自動車部品または部品、㉚オートメーションおよびロボット工学の設計、製造、部品およびコンポーネント、㉛人工知能ベースのシステム設計と製造、㉜ナノテクノロジーベースの製品製造、㉝スペアパーツの製造を含む、航空機の重整備サービス

⑤の事業の内容は、以下のとおりである。

①深海港、②高架高速道路、③輸出加工区、④高架道路（フライオーバー）、⑤ガスパイプライン、⑥ハイテクパーク、⑦ICTパーク、ビレッジまたはソフトウェア技術ゾーン、⑧承認を受けた水処理プラント、⑨水供給システムおよび廃棄物処理プラント、⑩LNGターミナルおよび導管、⑪モノレールおよび地下鉄、⑫再生可能エネルギー、⑬有料道路・橋、⑭その他、政府官報による通知で指定されるインフラ施設
※対象となるインフラ事業はバングラデシュにて、2024年6月までに操業が開始されるものとする。

(2) 免税措置

(ア) 5年間の免税措置

5年間の免税措置の対象地域は、ダッカ管区およびチョットグラム管区である（なお、ダッカ県、ナラヤンガンジュ県、ガジプル県、チットグラム県、ランガマティ県、バンドルボン県、カグラチュリ県を除く）。

免税期間	法人税の免税率
1年目	90%
2年目	80%
3年目	60%
4年目	40%
5年目	20%

(イ) 10年間の免税措置

10年間の免税措置の対象地域は、ラジシャヒ管区、クルナ管区、シレット管区、バリサル管区（City Corporation管轄地域を除く）である。ランガマティ県、バンドルボン県、カグラチュリ県は該当する。

免税期間	免税率
1 年目および 2 年目	90%
3 年目および 4 年目	80%
5 年目および 6 年目	50%
7 年目	40%
8 年目	30%
9 年目	20%
10年目	10%

※免税措置を受けるためには、①バングラデシュ投資開発庁（BIDA）への登録、②国家歳入庁（NBR）への申請、③当該申請から45日以内に証明の取得、が条件となる。

2　経済特区庁（BEZA）による主要なインセンティブ

(1)　ディベロッパーに対するインセンティブ

経済特区庁（BEZA）によるディベロッパーに対するインセンティブは、以下のとおりである。

優遇措置	期間・免税率
法人税の免除	12年間 1 年目から10年目：100%、11年目：70%、12年目：30%
法人税の免除 （配当、株式譲渡からのキャピタルゲイン、ロイヤリティ・技術ノウハウ・技術支援料等）	10年間 100%
経済特区開発に使用する製品の輸入関税の免除	100%
土地開発税の免除	100%
印紙税の免除 認可銀行からの融資書類の登録、経済特区開発のために設置されたコンソーシアムまたは合弁会社への土地譲渡、経済特区庁とディベロッパー間の土地賃貸契約	100%

賃貸登録に係る印紙税の免除	50%
地方政府法に基づき課される税金等	100%
1998年 Upzila Parishad 法に基づき課される不動産譲渡に対する税金	100%

(2) 投資家に対するインセンティブ

経済特区庁（BEZA）による投資家に対するインセンティブは、以下のとおりである。

優遇措置	期間・免税率
法人税の免除（砂糖、食用油、小麦粉、セメント、鉄、鉄製品を除く）	10年間 1年目から3年目：100%、4年目：80%、5年目：70%、6年目：60%、7年目：50%、8年目：40%、9年目：30%、10年目：20%
法人税の免除 （配当、株式譲渡からのキャピタルゲイン、ロイヤリティ・技術ノウハウ・技術支援料等）	10年間 100%
外国人駐在員の所得税の免除	3年間：50%
二重課税の防止	二重課税防止条約に従う
資本設備および建築資材の輸入関税の免除 （鉄板、鋼板等の除外品目あり）	100%
国内関税一般地域での完成品の販売	前年度の輸出量の20%
車両の輸入に係る関税の免除	100%
輸出に係る関税の免除	100%
製造に関する光熱費に係る VAT の免除	100%
土地開発税の免除	100%
賃貸登録に係る印紙税の免除	50%
地方政府法に基づき課される税金等	100%
1998年 Upzila Parishad 法に基づき課される	100%

第 4 章　外資奨励および外資規制

不動産譲渡に対する税金	

　また、このほかにも、入居企業を対象として、以下のようなインセンティブがある（BEPZA「INCENTIVE PACKAGE」〈https://www.beza.gov.bd/investing-in-zones/incentive-package/〉）。

①　外国直接投資額の上限なし

②　外部からの融資を受けることが可能

③　配当の本国返金に対し、中央銀行からの許可は不要

④　売却益の本国送金は、中央銀行からの許可は不要（一定の条件あり）

⑤　ロイヤリティ、技術ノウハウ、技術支援料の本国送金が可能（一定の制限あり）

⑥　電信送金（Telephonic Transfer）制限なし

⑦　企業および外国人駐在員の外貨口座利用が可能

⑧　外国人駐在員の収入の送金が可能（収入の80％まで）

⑨　国内一般関税地域への外注契約の許可あり

⑩　既製服を含む繊維製品の輸出に対する特別なキャッシュインセンティブあり

⑪　外国人駐在員に対する労働許可証の発行（全管理監督者および従業員の5％まで）

⑫　居住者ビザの付与（7万5,000米ドル以上の投資の場合）

⑬　市民権の付与（100万米ドル以上の投資の場合）

3　輸出加工区庁（BEPZA）によるインセンティブ

　輸出加工区庁（BEPZA）により、投資家に対して、優遇措置および便宜供与が付与されている（BEPZA「Incentives & Facilities」〈https://www.bepza.gov.bd/content/incentives-facilities〉、JETRO「外資に関する奨励」〈https://www.jetro.go.jp/world/asia/bd/invest_03.html〉）。

⑴　法人税の免税措置

　輸出加工区庁（BEPZA）により、2012年1月以降に設立した企業は、地域ごとに免税措置を受けることができる。

第2　外資奨励

　モングラ、イシュワルディ、ウットラで受けられる免税措置は、以下のとおりである。

免税期間	法人税免税率
最初の3年間（1年目、2年目、3年目）	100%
次の3年間（4年目、5年目、6年目）	50%
次の1年間（7年目）	25%

　チョットグラム、ダッカ、アダムジー、クミラ、カルナフリで受けられる免税措置は、以下のとおりである。

免税期間	法人税免税率
最初の2年間（1年目、2年目）	100%
次の2年間（3年目、4年目）	50%
次の1年間（5年目）	25%

⑵　その他の優遇措置

　輸出加工庁（BEPZA）により受けられるその他の優遇措置として、以下のようなものがある。

①　建設資材、機械、設備、部品等の輸入関税の免除

②　原材料の輸入関税および完成品の輸出関税の免除

③　二重課税の回避

④　配当課税の免除

⑤　一般特恵関税制度が利用可能

⑥　機械および工場に対する加速償却の許可

⑦　ロイヤリティ、技術指導料、コンサルティング料の送金許可

⑧　EU、カナダ、ノルウェー、オーストラリア等への割当て無制限の免税措置

⑨　外資100％による企業進出が可能

⑩　最恵国待遇を享受

⑪　海外投資、国内投資の上限なし

⑫　資本金、配当の本国への送金許可

57

第4章　外資奨励および外資規制

⑬　海外からの外資ローンの自動承認

⑭　非居住者外貨預金の許可

⑮　外資と地場の合弁、または100％地場資本出資の企業に対する外貨口座運用の許可

(3)　便宜供与

輸出加工庁（BEPZA）により受けられる便宜供与として、以下のようなものがある。

①　オフショアバンキングが利用可能

②　手形引受書類渡し（DA）の輸入の許可

③　見返り信用状（Back to Back L/C）

④　委託加工形態による輸出入の許可

⑤　国内一般関税地域からの輸入

⑥　国内一般関税地域への販売（10％）

⑦　EPZ内外の輸出志向型産業への下請けの許可

⑧　居住資格および市民権の付与

4　その他の優遇措置──ソフトウェア会社

2018年、政府は「ICT Policy 2018」を発表し、IT企業に対して、2024年6月までの法人税の免除、ITの工業地区（ハイテクパーク）、ICTビレッジまたはソフトウェア技術ゾーン、ITパークの入居企業に対して7年間の法人税の免除、ソフトウェア、ITS（Information Technology Enabled Services）、ハードウェアの輸出に対するキャッシュインセンティブ、投資額や雇用人数等の条件を満たした場合に車両の輸入関税の免除等の優遇措置を設けている。

第3　外資規制

1　概　要

外資規制として、禁止業種4種と規制業種22種が定められている（国家産業政策（National Industrial Policy, 2022））。規制業種は、管轄省庁の承認等が

58

第 3　外資規制

必要となる。

⑴　禁止業種

外資の参入が規制されている業種は、以下のとおりである。

武器・爆弾・軍用機器 原子力	機械的方法による植林・森林保護地区の木材伐採 紙幣印刷・造幣

⑵　規制業種

外資の参入が規制されている業種は、以下のとおりである。

深海漁業 銀行・金融業 保険業 電力関連 天然ガス・石油の調査・採掘・供給 石炭の調査・採掘・供給 その他鉱物資源関連 大規模インフラ事業 石油の精製・リサイクル ガス・鉱物資源を原材料として利用する中規模および大規模企業 通信サービス	衛星放送サービス 航空旅客・輸送業 海運業 港湾建設 VoIp/IP電話サービス 沿海部で採取される重金属を利用する産業 爆発物製造業 酸製造業 化学肥料製造業 産業汚泥および汚泥を原料として利用する産業 砕石業

2　特定の業種に対する規制

⑴　出資比率

外資の出資比率の制限は、以下のように定められている（JETRO「外資に関する規制」〈https://www.jetro.go.jp/world/asia/bd/invest_02.html〉）。

①　C&Fエージェントの外資出資比率は40％まで認められている

②　保険業の外資出資比率は60％まで認められている

③　海外への労働者派遣業の外資出資比率は40％まで認められている

⑵　資本金

金融業の最低払込資本金は、以下のように定められている。

①　銀行：50億タカ

59

第 4 章　外資奨励および外資規制

②　デジタル銀行：12.5億タカ

③　一般保険：4億タカ

④　生命保険：3億タカ

⑤　その他特殊保険：1,500万タカ

⑥　その他の金融機関：10億タカ

　支店、駐在員事務所、代表事務所は、設立初期の運転資金として5万米ドル相当以上の資本金を送金しなければならない。なお、現地法人含め、駐在員の就労ビザ（E-VISA）およびワークパーミット申請時に、5万米ドル相当以上の着金証明の提出を求められる。

第5章
不動産の取得

第 5 章　不動産の取得

第 1　不動産法制

1　適用法令

　バングラデシュでは、不動産法制に関する法律として、1882年財産移転法（Transfer of Property Act, 1882。以下、「財産移転法」ともいう）、1908年登記法（Registration Act, 1908。以下、「登記法」ともいう）、1947年非農業賃借法（Non Agricultural Tenancy Act, 1947）、1950年国家収用および賃借法（State Acquisition and Tenancy Act, 1950）、1950年放棄地収用法（Acquisition of Waste Land Act, of 1950）、1972年バングラデシュ土地所有制限令（Bangladesh Land Holding Limitation Order 1972。以下、「土地所有制限令」ともいう）、1984年土地改革法（Land Reforms Ordinance 1984。以下、「土地改革法」ともいう）等が存在する。

2　不動産に対する権利の概要

　バングラデシュでは、個人の不動産の所有権が認められているが、特定の個人または企業による33エーカー（100ビガ）以上の土地の所有は禁止されており、他人を名義人として用いた場合も同様に禁止されている（土地所有制限令3条）。また、農地については、21エーカー（60ビガ）を超える農地の所有が禁止されている（土地改革法4条）。

　バングラデシュにおける不動産に対する主な権利は、フリーホールド（Freehold）およびリースホールド（Leasehold）に大別される。

3　フリーホールド（Freehold）

　フリーホールドは、不動産に対する無期限かつ排他的な権利である。フリーホールドは、売買、贈与または交換により取得することができる。原則として、譲渡人が契約能力を有し、かつ、両当事者が譲渡手続を適式に履践している限り、フリーホールドを譲渡することができる（財産移転法7条）。しかし、財産移転法では、法令上譲渡が禁止されている、対象不動産に関する裁判が係属している、抵当権が設定されている等、譲渡が制限される場合

62

第1　不動産法制

も定められている。また、フリーホールドを有する者が死亡したときは、当該不動産のフリーホールドは、相続人に移転する。

不動産に係る権利の譲渡手続については、すべて登録証書により行われなければならない（登記法17条）。財産に関する登録済みの文書はすべて、当該財産に関する口頭による合意または宣言に対して優先する効力をもつとされている（登記法48条）。

4　リースホールド（Leasehold）

リースホールドは、有価物と引替えに、一定期間において、一定の条件の下で、不動産を使用することができる権利である（財産移転法105条）。賃借期間は、当事者間の合意により定めることができるが、契約が存在しない場合は、農業または製造目的でなされる不動産の貸借は年次契約、その他目的でなされる不動産の貸借については月次契約とみなされる（財産移転法106条）。リースホールドの譲渡は、貸借契約が定める条件に従う必要がある。

また、貸借証書は、関係登録事務所への登録が義務づけられている（登記法17条）。

(1)　賃貸人の権利および義務

当事者間で別途合意しない限り、賃貸人は、以下の権利および義務を有する（財産移転法108条(a)）。

① 物件の重要な欠陥について、その使用目的に照らして、賃貸人が知り、賃借人が知らないことおよび賃借人が通常の注意では発見できないことを賃借人に開示する義務を負う

② 賃借人の請求に基づき、所有権が制限される

③ 賃貸人は、賃借人が賃貸借によって賃料を支払い、賃借人を拘束する契約を履行すれば、賃貸借の期間中、中断することなく不動産を保有できることを賃借人と契約したものとみなされる

(2)　賃借人の権利および義務

貸借人については、以下の権利および義務を有する（財産移転法108条(b)）。

① 賃貸借の継続中に不動産が増築された場合、その増築部分は賃貸契約に含まれるものとみなされる

63

第5章　不動産の取得

② 火災、嵐、洪水、軍事、暴徒またはその他不可抗力により、不動産の重要部分が破壊され、貸借の目的に対し適さなくなった場合、当該貸借は、貸借人の選択により無効とすることができる

③ 賃貸人が通知後、合理的な期間内に不動産に対する修理義務の履行を怠った場合、賃借人は自らこれを行い、当該修理費用に利息を付した額を賃料から控除し、または賃貸人から回収することができる

④ 賃貸人が支払うべき支払いを怠った場合には、賃借人は自らその支払いを行い、賃料から利息をつけて控除し、または賃貸人から回収することができる

⑤ 貸借の契約完了後であっても、貸借を受けている不動産を占有している間はいつでも、土地に付着させたすべての物を除去することができる（ただし、引渡し時の状態で保存すること）

⑥ 期間の定めのない賃貸借が賃借人の過失以外の何らかの手段により終了した場合、賃借人またはその法定代理人は、賃貸借が終了した時点で賃借人が植えまたは種をまいたことにより土地に生えたすべての作物と、それらを採取および運搬するための自由な出入口を得る権利を有する

⑦ 不動産に係る自己の権利の全部または一部を、絶対的にまたは抵当権もしくは転貸により譲渡することができる

⑧ 賃借人は、賃借人が取得しようとしている権利の性質または範囲について、賃借人が知り、賃貸人が知らない事実で、当該権利の価値を著しく増加させるものを賃貸人に開示する義務を負う

⑨ 不動産を使用収益する権利を有し、対価として、賃貸人に対し、対価または賃料を支払う義務を負う

⑩ 貸借の終了時における原状回復義務に加え、当該不動産を占有の開始時と同等の良好な状態に維持する義務を負う。貸借期間中は、賃貸人およびその代理人が当該不動産に合理的な回数立ち入り、その状態を検査することを許可する

⑪ 賃借人は、不動産またはその一部の返還請求をするための訴訟手続を行い、当該不動産に関する賃貸人の権利の侵害または妨害に気づいた場

64

第1　不動産法制

合には、合理的な努力により賃貸人にその旨を通知しなければならない

⑫　不動産を、自己のものとして使用する場合に払う通常の注意をもって、使用する義務を負う。貸借の目的以外の目的で使用しまたは他人に使用させてはならない

⑬　賃貸人の同意なしに、農業目的以外の恒久的な建造物を敷地内に建ててはならない

⑭　賃借に際し、賃借人は賃貸人に不動産を所有させなければならない

5　抵当権

財産移転法は、抵当権の設定を「ローン、既存若しくは将来の負債、又は金銭債務を生じさせる契約の履行により、既存又は将来に実行される金銭の支払を担保する目的で、特定の不動産に係る権利を移転すること」と定めている。そして、権利を移転する者は抵当権設定者（Mortgagor）、権利の移転を受ける者は抵当権者（Mortgagee）、抵当権により担保される元本債権および利息債権は抵当金（Mortgage-Money）、抵当権の設定に効力を与える文書は抵当証書（Mortgage-Deed）とそれぞれ呼ばれる（財産移転法58条(a)）。

財産移転法では、抵当権設定者および抵当権者には、当該抵当権設定者および抵当権者からそれぞれ権原を得た者も含まれるとしており、債務者以外の第三者による抵当権の設定も認められている。

(1)　抵当権の種類

財産移転法は抵当権を6種類に分類しており、①単純抵当権、②条件付き売買による抵当権、③使用収益抵当権、④英国式抵当権、⑤権原証書預託式抵当権および、⑥変則型抵当権が規定されている（財産移転法58条）。

①単純抵当権は、抵当権設定者が、抵当不動産の占有を移転することなく、被担保債権を弁済する義務を負い、明示的または黙示的に、契約に従った支払いを怠った場合、抵当権者が抵当不動産を売却し、売却代金を被担保債権の支払いに充当する抵当権をいう（財産移転法58条(b)）。

②条件付き売買による抵当権は、ⓐ特定の日において被担保債権の弁済が滞った場合、売却が確定的なものになること、またはⓑ弁済が行われた時点で売買が無効になること、もしくは弁済が行われた場合、買主はその財産を

65

売主に譲渡することを条件として抵当権設定者が抵当不動産を表面的に売却することができる抵当権をいう（財産移転法58条(c)）。

③使用収益抵当権は、抵当権設定者が抵当権者に占有を移転する義務を負い、抵当権者は被担保債権の弁済までその占有を保持し、抵当不動産から生じる賃料および収益を取得し、被担保債権の弁済に充当することができる抵当権をいう（財産移転法58条(d)）。

④英国式抵当権は、抵当権設定者が特定の日に被担保債権を弁済する義務を負い、抵当不動産を抵当権者に完全に譲渡し、被担保債権の弁済が行われた場合には、抵当不動産を抵当権設定者に返還する抵当権をいう（財産移転法58条(e)）。

⑤権原証書預託式抵当権は、抵当権設定者が、抵当不動産の権原証書を抵当権者に預け入れ、抵当不動産の衡平法上の権利のみが抵当権者に移転する抵当権をいう（財産移転法58条(f)）。

⑥変則型抵当権は、以上の抵当権のいずれにも該当しない抵当権をいう（財産移転法58条(g)）。

(2) 抵当権設定の登録

抵当権は、抵当権設定者が抵当権設定のために抵当証書を作成することにより設定される。被担保債権が100タカ以上の場合には、権原証書預託式抵当権以外の抵当権については、抵当権設定者および2名以上の証人によって署名された登録証書によってのみ効力を発生させることができる（財産移転法59条）。

また、抵当証書は、当該不動産が所在する地域の関係登録事務所に登録されなければならない（登記法17条）。

抵当証書には、抵当権設定者を委任者、抵当権者または担保代理人（Security Agent）を受任者として、抵当不動産の占有および売却等の権限を授権するための、抵当権設定者が作成した取消不能の全権委任状（Irrevocable General Power of Attorney）が添付されることが一般的である。抵当証書と同様、全権委任状は、登記法に基づき関係登録事務所に登録される必要があり、実務上、抵当証書と同時に登録される（登記法32条）。

6 外国人・外国企業による不動産の取得

バングラデシュ国民に対しては、バングラデシュ憲法上、個人の不動産の所有権が認められている。一方で、外国人の不動産の取得に関する法令上の規定はなく、取得の可否は明確ではない。

実務においては、外国人個人の土地所有は認められていないとされる。外国人が不動産に関して何らかの行為を行う場合には、バングラデシュ政府から許可を取得するよう求められることが多く、登録事務所においても、外国人への不動産の譲渡は法令上明示的に認められていないことを根拠として禁止されていると考えられる。

もっとも、外国人であっても、現地に法人をもつことを条件として、実質的に不動産の所有権をもつことが認められている。バングラデシュでは、外国人投資家は、一部の規制セクターを除き、100%外資企業を設立することが認められており、外国人がバングラデシュにおいて不動産を取得するには、まずは法人を設立することとなる。なお、外国企業は、輸出加工区（EPZ）においては、30年間の土地の使用権（更新可能）が認められているほか、日本・バングラデシュが官民一体となって開発を進めているバングラデシュ経済特区（BSEZ）では、50年間の土地の使用権（更新可能）が認められている。

第2　管轄行政機関

1　概　要

バングラデシュでは、土地省、法・司法・議会省および行政省という3つの省が、土地管理に関する機能を担っている。バングラデシュの土地登記システムは、土地区画の調査および租税地図に基づく権利台帳の作成、土地譲渡証書の登録、権利台帳の更新により成り立っている。これらの業務は3つの省により細分化されて実施されているため、複雑なものとなっている。

第 5 章　不動産の取得

2　権利台帳の作成

　権利台帳の作成は、土地省の管轄下にある土地記録調査局（Directorate of Land Record and Survey）によって行われる。土地記録調査局は、地籍調査を実施し、モウザ（Mouza）と呼ばれる最小の徴税単位ごとに各土地区画を記載した地租地図（Mouza Map）、および土地の所有権、面積、特性を記録したコティアン（Khatian）と呼ばれる権利台帳を作成する。

3　土地譲渡証書の登録

　譲渡証書の登録については、法・司法・議会省の管轄下にある登録局によって行われる。譲渡証書の登録は、基本的に譲渡を記録するためのものであり、特定の取引が行われたことは示されることとなるが、当事者が当該取引を行う法的資格があるかについては登録において問題とはならず、検査も行われないとされている。

　登録局で譲渡証書が登録されると、土地譲渡通知が土地補佐官事務所（Assistant Commissioner's（Land）Office）に送付される。土地記録調査局は、土地記録の確定後、租税地図およびコティアンを副長官事務所（Deputy Commissioner Office）に送付し、地区記録室に保存される。これらの土地記録は、さらなる調査、マスタープラン、構造計画、インフラ開発計画および固定資産税の評価等を行うための基盤となるものであり、公共・民間開発の機能、および公共サービスを提供する会社に対して使用される。

4　権利台帳の更新

　土地の所有権が移転した場合には、権利台帳に記載された名義を変更する必要がある。権利台帳の更新は、行政省の管轄下にあるウポジラ行政（Upazila Administration）によって行われる。権利台帳の更新は、土地譲渡による場合およびウポジラ土地事務所への申請による場合の2つの方法がある。

68

第3 不動産の譲渡

第3　不動産の譲渡

1　譲受人に移転される権利

　「財産の移転（Transfer of Property）」とは、現在または将来において、生存する者が1人または複数の生存する者、または自分自身、または自分自身および1人または複数の生存する者に財産を譲渡する行為を意味し、「財産を移転すること」とは、そのような行為をすることである。財産移転法5条では「生存する者」は、法人化されているか否かにかかわらず、会社、組合、または個人の団体が含まれるが、ここに含まれるものは、会社、組合または個人の団体に対するまたはそれらによる財産の移転に関して当面有効な法律に影響を与えない。別段の明示的または黙示的な意図がない限り、財産の譲渡により、譲渡人が当該譲渡の時点で移転することができるすべての権利が、直ちに譲受人に移転する。移転される権利には、譲渡の対象が土地である場合、当該土地に設定される地役権、譲渡後に発生する当該土地の賃料および利益、並びに当該土地の地面に付着するすべてが含まれる（財産移転法8条）。そして、譲渡対象の不動産に係る権利を売却もしくは処分することを絶対的に制限する条件または制約を付した譲渡は禁止され、そのような条件または制約は、原則として無効となる（財産移転法10条）。

　一定の善意の譲渡人には法的保護に関する規定が適用される。たとえば、無権原の譲渡人により譲渡がなされた場合には、譲渡人の権原につき、譲受人が合理的な注意をもって確認し善意で行動したときは、譲渡人に権原がなかったことを理由に、当該譲渡は無効にならない（財産移転法41条）等の規定が定められている。

2　不動産の譲渡手続

　不動産の譲渡にあたっては、売渡証書の締結および登記が必要となる。有効な契約の条件の1つに「適法な対価の提供」が規定されており（1872年契約法（Contract Act, 1872。以下、「契約法」ともいう）10条）、対価のない契約は

69

第5章　不動産の取得

無効である（契約法25条）。売渡証書の登記は売買契約締結日から30日以内に行わなければならない（財産移転法17A条）。2014年バングラデシュ登記規則（Bangladesh Registration Rules 2014。以下、「登記規則」ともいう）20条(p)により、売渡証書は以下の情報の記載および添付書類が必要であるとされる。

① 不動産の性質
② 不動産の価額
③ 座標軸と境界線が記載された不動産の地図
④ 過去25年間における不動産の所有権の概要

そのほかに、登記官が理解できない言語であり、かつ、英語またはベンガル語以外の言語で記載されている場合には、英語またはベンガル語の翻訳文が添付されていること（登記規則20条(c)）、当事者の意思の詳細、譲渡される財産の概要、および取引の性質に関する記載があること（登記規則20条(i)）、両当事者のパスポートサイズの写真が貼付されており、当事者の署名および写真上に左親指の拇印があること（登記規則20条(j)）、売主が当該不動産の適法な所有権を有し、当該不動産が以前に譲渡されておらず、政府に帰属していないことを確認する宣誓供述書を提出したこと（登記規則20条(o)）等の要件を満たす必要がある。

3　不動産の譲渡方法

財産移転法にて、不動産の移転の方法として、売却（Sale）（財産移転法54条および54A条）、賃貸（Lease）（105条）、交換（Exchange）（118条）、贈与（Gift）（122条）が規定されている。

売却（Sale）とは、支払われたまたは約束されたまたは一部支払われたまたは一部約束された価格に代わるものとして、所有権が移転することである。当該移転は、有形の不動の場合、または復帰（返還）または他の無形のものの場合、登録された証書によってのみ行われうる。有形の不動の資産の引渡しは、売り手が買い手、またはその者が指示する者にその資産を所有させるときになされる。不動産の売買契約とは、当該不動産の売買が、両当事者間で合意された条件で行われる契約である。（契約）それ自体が、当該財産に対する利害を生じさせるものではない。

70

不動産の賃貸（Lease）は、当該不動産について、明示的もしくは黙示的に特定された期間または永続的に、当該条件にて譲渡を受け入れた譲受人により譲渡人に対して、定期的または特定の時期に、支払われたまたは約束された価格、金銭、穀物、役務またはその他の価値あるものの共有としての対価の提供によって、当該不動産を享受する権利の譲渡である。

交換（Exchange）は、一般的に個人間の取引で行われており、会社間の交換も法律にて禁止されていないものの、実務上は行われていない。また、実務では土地の交換の場合は、交換する財産も土地とするのが一般的であり、必ずしも同等の価値である必要はないが、異なる場合は正当な理由の提示が求められることになる。

贈与（Gift）は、財産移転法122条にて自発的かつ対価なしで行われると規定されており、契約法25条(1)にて、対価なしでなされた合意であっても「書面にてなされ、文書の登録のために当面有効である法律に基づいて登録され、互いに密接な関係にある当事者間の自然な愛情によりなされた場合」と認められれば有効であると解される。

第4　不動産に関連する主な税金および費用

1　税　金

不動産の取得に際しては、登記手数料が必要となるほか、印紙税、付加価値税、源泉徴収税、地方税等が課せられる。地方自治体の管理事務所によって、地方税、源泉徴収税および付加価値税の金額は異なり、そのほかにも必要な費用が生じる場合があるため、具体的な費用については、登録局の計算ツール（〈http://www.dolil.gov.bd/calculator〉）（ベンガル語）を確認する必要がある。以下は、参考として一般的な費用を示したものである。

(1)　印紙税（Stamp Duty）

不動産の譲渡に課税される印紙税として、当該不動産総額の1.5%が課される。

第 5 章　不動産の取得

⑵　付加価値税（VAT）

　付加価値税（VAT）は、開発会社または不動産会社から購入する場合に課される。1,600平方フィートまでの建物には当該不動産総額の2％、1,600平方フィート超の建物については、4.5％の付加価値税が課される。再登記の場合は規模にかかわらず、2％の付加価値税が課される。

　土地については、開発会社または不動産会社から購入する場合には、当該不動産総額の2％の付加価値税が課される。

⑶　源泉徴収税（Source Tax）

　建物またはアパートに課される源泉徴収税は、以下のとおり、地域ごとに定められている（6 a,Collecting tax from real estate or Land Developer（SRO NO.-329-LAW/INCOMETAX-22/2023））。

地域（モウザ）	居住目的に使用されるビルの税額（1平米あたり）	商業目的に使用されるビルの税額（1平米あたり）
Gulshan、Banani、Motijheel および Tejgaon Police station	1,600タカ	6,500タカ
Dhanmandi、Wari、Tejgaon Industrial area Police station、Sahbag、Ramna、Platan、Bongshal、Newmarket、Kolabagan Police Stations	1,500タカ	5,000タカ
Khilkhet、Kafrul、Mohammadpur、Sutrapur、Jatrabari、Uttara Model Thana、Cantonment Police Station、Chakbazar Police Station、Kotwali Police Station、Lalbag Police Station、Khilgaon Police Station、Sheyampur Police Station、Gendariya Police Station	1,400タカ	4,000タカ
Bimanbandar、Uttara West、Mugda、Rupnagar、BhashanTek、Badda、Pallabi Police Station、Bhatara Police Station、Sahajahanpur、Mirpur Model Police Station、Darussalam Police Station、	1,300タカ	3,500タカ

72

地域		
Dakshinkhan Police Station、Uttarkhan Police Station、Turag Police Station、Sah Ali Police Station、Sabujbag Police Station、Kadamtali Police Station、Chakbazar Police Station、Kamrangichar Police Station、Kotwali Police Station、Lalbag Police Station、Hajaribag、Demra、Adabar Police Station、Chattagram District、Kulshi、Panchlaish、Pahartali、Halishahar、Kotwali Police Stations、Gazipur District、Sadar、Basan、Konabari、Gacha、Tangi East、Tangi West、Joydebpur および Kaliganj、Narayan Ganj、Sadar、Fatulla、Siddirganj、Bandar、Rupganj、Sonargaon		
Dohar、Nababganj、Keraniganj、Sava、Dhamrai Upazilla. Chittagong Districts' Akbar Sah、EPZ、Karnaphuli、Chakbazar、Chandgaon、Doublemooring、Patenga、Panchlaish、Bandar、Baklia、Bayezid Bostami、Sadarghat Narayanganj District's Araihajar Police Station および Dhaka south、Dhaka North、Chittagong、Narayanganj、Gazipur を除く すべての City Corporation 管轄地域	700タカ	2,000タカ
上記以外	300タカ	1,000タカ

　建物またはアパートに関連する土地に課される源泉徴収税は以下のとおりである（6 a (2), Collecting tax from real estate or Land Developer（SRO NO.-329-LAW/INCOMETAX-22/2023）。

地　域	税　率
Dhaka、Gazipur、Narayanganj、Munshiganj、	契約書に記載されている

第 5 章　不動産の取得

Manikganj、Narshingdi および Chittagong District	土地代の 5 ％
その他	契約書に記載されている土地代の 3 ％

⑷　地方税（Local Government Tax）

　地方税は、不動産の所在地に応じて異なり、当該不動産総額の 2 ％または 3 ％の地方税が課される。

2　登記手数料

　不動産の売買契約の登録に要する登録手数料として、当該不動産総額の 1 ％が必要となる。

第6章
労働者の雇用

第6章　労働者の雇用

第1　はじめに

　バングラデシュでは、2006年バングラデシュ労働法（Bangladesh Labour Act, 2006。以下、「労働法」ともいう）が、労働者の雇用、退職および解雇、労働時間、休日休暇、最低賃金、賃金支払い、労災、労働組合、労働争議、労働安全衛生、福利厚生等について規定しており、労務に関する包括的な法律といえる。労働法のほか、2015年バングラデシュ労働規則（Bangladesh Labor Rules, 2015。以下、「労働規則」ともいう）が施行されている。また、輸出加工区（EPZ：Export Processing Zones）で事業を実施している企業および雇用されている労働者を対象に、2019年バングラデシュ輸出加工区労働法（Bangladesh EPZ Labour Act, 2019。以下、「EPZ労働法」ともいう）および2022年バングラデシュ輸出加工区労働規則（Bangladesh EPZ Labour Rules, 2022。以下、「EPZ労働規則」ともいう）が施行されている。経済特区（EZ：Economic Zones）の入居企業で雇用される労働者には、これまでEPZ労働法およびEPZ労働規則が適用されていたが、2023年11月より、労働法および労働規則を適用することに変更された。

　なお、労働法およびEPZ労働法が対象としている「労働者」に、管理監督者は含まれず、労働条件等は、当事者間の契約に従うとされているが、管理監督者の定義が明確ではなく、管理監督職の労働者と使用者で紛争が生じた場合、一般的に、当該労働者は、労働法の対象となる「労働者」とみなされ、労働法の規定に基づき判断されることになる。バングラデシュでの労務は、労働法を基本に、EPZや特定の業種については、別途制定されている法律や通達等にも従うことになる。

第2　労働法およびEPZ労働法の規定

1　概　要

　労働法は2006年に制定され、2013年、2018年に労働法を一部改正する法律

が成立した。さらに、2023年には改正法案が提出されている。労働法により、労働者災害補償法（1923年）、賃金支払法（1936年）、工場法（1965年）、店舗及び商業施設法（1965年）等、25の法律および施行規則が廃止されている。労働者の雇用、休日休暇、労使関係、最低賃金、賃金支払い、労災、労働組合、労働争議、安全衛生、福利厚生等、労働に関する包括的な法律であるといえる。また、2015年に施行され、2022年に改正された労働規則は労働法の規定全体を補足する内容となっているため、本章にてあわせて解説する。

なお、EPZで事業を実施している企業および雇用されている労働者を対象としたEPZ労働法およびEPZ労働規則も、基本的には労働法および労働規則と同様の規定を定めているため、労働法または労働規則と異なる規定を中心に述べる。

2　適用範囲

政府機関、軍需工場、政府の印刷局、営利目的でない支援施設・教育機関・宿泊所・医療機関、船員、5人未満の農業、家事使用人、家族経営の事業および労働者は労働法の適用外である（労働法1条）。また、労働法において「労働者（Worker）」は、「雇用条件が明示又は黙示されており、雇用又は報酬のために熟練、非熟練、マニュアル作業、技術的、取引、事務の業務をするために直接又は間接的に事業所又は工業に雇用された者で見習いを含む。なお、主に管理、経営、監督の業務に雇用された者は含まない」と定義されている（労働法2条(65)）。

EPZ労働法については、前述のとおり、EPZで事業を実施している企業および雇用されている労働者を対象としており、同様に、管理監督者は含まない。

なお、実務上は、管理監督者に該当することを理由として労働法上の労働者とは異なる扱いをしていたとしても、当該労働者が裁判等を起こした場合には、労働者の範囲を裁判所は広く認定する傾向にあるため、管理監督者として扱う場合には慎重に契約書の内容を精査し、管理監督者としての裁量を有する形で業務を行ってもらう運用を行う必要がある点に留意が必要である。

(1) 労働者の区分

労働者の区分については、それぞれ以下のとおり定義されている（労働法4条(1)～(7)・(11)・(12)）。

① 見習い労働者（Apprentice）

　　研修生として雇用されて研修期間中も手当が支払われている労働者

② 代替労働者（Substitute）

　　無期雇用労働者や試用期間中の労働者が一時的な欠勤期間中に雇用される労働者

③ 臨時雇用労働者（Casual）

　　臨時的な業務のために暫定的に雇用された労働者

④ 有期雇用労働者（Temporary）

　　限定的な期間で終了する一時的な業務のために雇用された労働者

⑤ 試用期間の労働者（Probationer）

　　無期雇用の区分で当面雇用されており、試用期間が終了していない労働者

⑥ 無期雇用労働者（Permanent）

　　無期雇用の区分で雇用されたまたは試用期間を満了した労働者

⑦ 季節労働者（Seasonal Worker）

　　季節的な労働のために、特定の期間雇用される労働者で、製糖所や精米所等特定の季節に稼働する業種で一定期間雇用された労働者

なお、EPZ労働法が定める労働者は、上記のうち、②および⑦以外となっている。

(2) 派遣会社

「派遣会社」とは、労働のための契約に基づき、労働者を供給することを事業目的として登録された会社であると定義されている（労働規則2条(f)）。

2013年改正法にて、派遣会社の政府への登録が義務づけられ（労働法3A条(1)）、派遣会社によって派遣される労働者は派遣会社の労働者として労働法の規定が適用されると定められている（労働法3A条(3)）。

2022年の労働規則の改正により、派遣労働者の賃金について定められ、派遣会社を通じて派遣される労働者の賃金は、正社員として同等の業務に従事

する（派遣先の）労働者の賃金を下回ってはならず、その基本給は、派遣会社が（派遣先へ）請求する賃金額の50％を下回ってはならないと規定された（労働規則16条）。また、すべての派遣会社は、ライセンスの取得後6か月以内に「労働者社会保障基金」の名称で銀行口座を開設のうえ、全労働者の基本給の1か月相当額を当該銀行口座に預金し、翌年からは、既存の労働者は基本給の15％、新入社員は基本給の1か月分をそれぞれ当該基金に預金しなければならないと定められている（労働規則17条）。退職金制度を設置している場合は、新たに「労働者社会保障基金」を設置する必要はない。

　なお、EPZ労働法において、派遣会社に関する規定は存在しない。

　　　㋐　登録および免許

　労働者の派遣を目的とした事業を行うためには、登録および免許を取得しなければならない（労働規則7条(1)）。申請者（会社の場合は取締役全員）の身分証明書や国籍証明、営業許可や課税識別番号証明の写し、電話やインターネット等の通信設備のリスト、派遣労働者のための研修施設または研修サービス組織との契約（あれば）等を提出し、申請する（労働規則7条(2)）。申請を受けた工場・事業所検査局（DIFE：Department of Inspection for Factories and Establishments）は、必要な調査を行い（労働規則7条(3)・(4)）、免許の付与または拒否を決定する（労働規則7条(5)）。免許の申請から発行までオンラインで進めることができるが、印刷したものも保管される（労働規則7条(8)）。免許が付与された事業者は、10日以内に規定の免許料の支払い（労働規則10条(1)）および安全基金の預入れをしなければならない（労働規則11条(1)）。免許料および安全基金の金額は、それぞれ2万タカ〜10万タカ、20万タカ〜100万タカの範囲で、労働者の人数によって決められている（別表7(6)）。

　　　㋑　会社に派遣された労働者、賃金、設備

　派遣会社からの労働者の受入会社は、自社の労働者に支払っている賃金や手当と同等以上を派遣労働者に支払わなければならない（労働規則16条(1)）。また、派遣労働者（運転手や門番を含む）は派遣会社の労働者として扱われ、労働法が適用される（労働法3Ａ条）。派遣会社は、派遣先の会社が労働安全衛生の規則を遵守していることを確認しなければならず（労働規則16条(3)）、

第 6 章　労働者の雇用

これらの確認を怠り、労働安全衛生に関する違反が確認された場合は、派遣会社および派遣先の双方が責任を負わなければならない（労働規則16条⑷）。

3　労働者の雇用

⑴　就業規則（Service Rule）

　労働法では「全ての事業体において、労働者の雇用及びそれに関連するその他の事項は、労働法の規定に従って定められなければならない。労働者の雇用を定める独自の就業規則を定めることができるが、労働法の規定より労働者に不利であってはならない」と規定されており（労働法 3 条）、就業規則の制定は、必ずしも義務ではないと解される。ただし、労働法に規定されていない内容を定めたい場合や（コンプライアンス、情報漏洩防止、義務となっていない保険の加入等）、労働者に対し、特に懲戒処分や解雇の要件等に対する理解を促したい場合等は、就業規則にて定めることができる。なお、前述のとおり、2013年の労働法改正法にて、派遣会社の登録が必須となり、すべての派遣会社は就業規則を作成して 6 か月以内に政府に登録しなければならないとされている。また、実務では、一定以上の人数を雇用する外国会社においては、会社のルールを明確化し、周知し、労働者に対する懲戒等の根拠とするため、就業規則を制定することが一般的である。就業規則を定めた場合は、労働規則で定められている手続に従い、労働者または労働組合から意見聴取をしたうえで必要に応じて変更し、DIFEより承認を得る必要がある（労働規則 4 条、EPZ労働法 4 条）。DIFEの承認を受けていない就業規則は、裁判において法的効果はないが、その場合は、労働法の規定が適用されることになる。

　労働規則にて、以下のとおり、就業規則に記載すべき23項目があげられている。

①労働者区分、②労働時間および休暇、③休暇の申請手続および条件、④職場の閉鎖および再開の時期、業務の一時停止に関する使用者および労働者の権利と責務、⑤一時解雇の手続および補償、⑥人員整理の手続および補償、⑦労働者の心身障害の就労不能による退職の手続および補償、⑧雇用終了の通知・条件・手続・補償、⑨不正行為・出勤停止の条件および補償、⑩定年退職の手続

と退職金、⑪不測の事態による工場閉鎖が生じた場合の責任、⑫死亡給付金と手続、⑬積立基金設立の手続、⑭労働者の企業利益参加および福祉基金の設立、⑮医療給付、⑯グループ保険の手続、⑰昇進規程、⑱年収および昇給規程、⑲苦情処理手順、⑳罰金の手続、㉑請負業者による業務（あれば）、㉒見習い労働者の採用手続、㉓その他関連事項

(2)　試用期間

事務職の労働者の試用期間は6か月で、他の労働者は3か月とされている。労働法では、熟練労働者については、労働者の技能を最初の3か月の試用期間で正しく把握することができないと判断された場合は、試用期間をさらに3か月延長することが可能であるとしている（労働法4条(8)）。EPZ労働法も、同様の試用期間を定めているが、職種問わず、当初の試用期間を、3か月延長することが認められている（EPZ労働法5条(7)）。試用期間を終了した労働者は、終了証明が発行されなくても、無期雇用労働者とみなされる（労働法4条(8)、EPZ労働規則8条(2)）。

(3)　労働者の雇用に必要な書類

労働者の雇用にあたり、使用者は、雇用契約書（Appointment Letter）、写真付き身分証明書、サービスブック、雇用登録、チケット・カードを作成しなければならない（労働法5条・6条・8条・9条、労働規則19条、EPZ労働法6条～8条）。

(ア)　雇用契約書と写真付き身分証明書

使用者は、雇用契約書と写真付き身分証明書を労働者に与えなければならない（労働法5条、EPZ労働法6条）。雇用契約書の必要記載事項は以下のとおりである（労働規則19条(4)）。

①労働者の氏名、②両親および配偶者の氏名、③住所、④所属、⑤職種、⑥入社日、⑦労働者区分、⑧賃金または給与体系（昇給率等があれば）、⑨手当（住居手当、医療手当、教育手当等）、⑩採用条件・就業規則・労働法を遵守する旨

身分証明書は、使用者および労働者が署名した写真付きのもので、記載事項は以下のとおりである。労働規則（Form 6）にひな型が提供されている（労働規則19条(5)）。

81

第6章 労働者の雇用

①ID番号、②発行日、③工場・事業所名、④労働者氏名、⑤職位、⑥所属、⑦業務、⑧採用日、⑨チケット・カード番号

　(イ)　サービスブック

　労働者の勤務履歴で、使用者はすべての労働者（見習い、代替労働者、臨時雇用労働者を除く）にサービスブックを与えなければならない（労働法6条⑴・⑸・⑼、EPZ労働法7条、EPZ労働規則13条）。転職者等で、入社時にサービスブックを所持している労働者は、新しい使用者に提出する（労働法6条⑶・⑷）。サービスブックは、雇用期間中は使用者が保管し、雇用期間終了時に労働者に返却しなければならない（労働法6条⑺）。使用者は、労働者を無期雇用として採用した日から1か月以内にサービスブックに必要事項を記載しなければならず（労働規則21条8⑴）、記載内容に変更が生じた場合は、15日以内に新しい情報を入力しなければならない（労働規則21条8⑵）。

　サービスブックとは、労働者の写真付きのもので、記載事項は以下のとおりである（労働法7条）。労働規則にて様式が提供されている（Form7）。

①労働者の氏名、②住所、③生年月日、④父母・配偶者の氏名、⑤身分証明書、⑥配属先、⑦チケット・カード番号、⑧前職（あれば）の使用者の氏名と住所、⑨雇用期間、⑩職業または配属先、⑪賃金額、⑫休暇の取得状況、⑬労働者の品行

　(ウ)　雇用登録

　使用者は、雇用登録を整備し、DIFEから求めがあった場合はいつでも提示できるようにしておかなければならない（労働法9条⑴、EPZ労働法8条）。事業所にて日常的に管理している名簿や登録に、労働法で規定されている雇用登録の記載内容が含まれる場合は、DIFEの裁量にて、当該名簿や登録を雇用登録として扱うこともできる（労働法9条⑶）。雇用登録はベンガル語で作成されるが、必要に応じてベンガル語とともに英語で作成することもできる（労働規則23条⑵）。

　雇用登録の記載事項は以下のとおりである（労働法9条⑵）。労働規則にて様式が提供されている（Form8）。

①労働者の氏名、②生年月日、③父母の氏名、④採用日、⑤業務内容、⑥配属

82

第2　労働法およびEPZ労働法の規定

先、⑦チケット・カード番号、⑧労働時間、⑨休憩、⑩休日、⑪所属する職務上のグループ（あれば）、⑫シフト制の場合は担当シフト、⑬その他規則にて規定される事項

（エ）　チケット・カード

使用者は、無期雇用労働者、代替労働者、有期雇用労働者、臨時雇用労働者、見習い労働者の区分に分けられたチケット・カードを全労働者に支給しなければならない（労働法9条(5)、EPZ労働法8条）。

(4)　青少年の労働

労働法にて、「青少年」は、14歳以上18歳未満の者であると定義されている（労働法2条(8)）。14歳未満の児童労働は認められておらず（労働法34条(1)）、青少年は、医師による健康証明書等の一定の事項を条件に、労働が認められている。政府が定める有害業務（労働法39条）、危険な機械の取扱い（労働法40条）、地下または水中での労働（労働法42条）は禁止または制限されている。ただし、青少年の労働者が、①当該機械に関連して生じる危険性および遵守すべき予防措置について十分な指導を受けていること、②機械で作業するための十分な訓練を受けているか、機械についての十分な知識と経験をもつ人の監督下にあることを条件に労働を認めている。

労働時間は、工場または鉱山勤務の場合は、1日5時間、週30時間まで、その他の事業所の場合は、1日7時間、週42時間までと定められている（労働法41条(1)・(2)）。また、夜7時から朝7時までの労働は認められておらず（労働法41条(3)）、時間外労働を含めて、工場または鉱山勤務の場合は週36時間、その他の事業所の場合は週48時間を超えて労働させてはならない（労働法41条(4)）。

なお、EPZ労働法およびEPZ労働規則では、青少年の労働に関する規定はない。

4　退職、解雇

退職や解雇について、一時解雇、整理解雇、就労不能による解雇、不正行為または違反行為による懲戒解雇、使用者の都合による解雇、労働者の自己都合による退職、定年退職があげられている。

83

第6章　労働者の雇用

退職（懲戒解雇および一時解雇を除く）において、労働法では、謝礼金（Gratuity）と補償金（Compensation）のいずれか高額のほうが支給される。一方、EPZ労働法では、謝礼金（Gratuity）について定めがなく、補償金（Compensation）の支給で統一されている。

補償金（Compensation）は、労働法が適用されるすべての労働者が対象となるが、謝礼金については、「Gratuity Fund」の制度を任意で設けている会社のみが対象となると解されている。補償金は、勤務年数ごとに（240日以上を1年とみなす）直近で受けていた1日あたりの賃金（基本給）の30日分が支給される（懲戒解雇の場合を除く）。

謝礼金（Gratuity）は、雇用が終了する際に労働者に支払われる謝礼金で、勤務年数ごとに（6か月を超える場合は1年とみなす）直近で受けていた1日あたりの賃金（基本給）の30日分、勤務年数が10年を超える場合は45日分がその他の給付金とは別に支給されると定義されている（労働法2条(10)）。たとえば、勤務年数が2年7か月の場合、1日あたりの賃金×30日分×3年（2年7か月は3年とみなされる）＝90日分となる。

(1)　一時解雇（Lay-off）

一時解雇は、「石炭、電力、原材料、在庫の不足、又は機械の故障により、使用者が労働者に雇用を提供しない、拒否する、又はできないこと」と定義され（労働法2条(58)、EPZ労働法2条(45)）、勤務期間が1年以上で雇用登録に登録されている労働者を一時解雇する場合、週休を除き、一時解雇の期間、補償金を支払わなければならない（労働法16条(1)）。なお、雇用しているまたは直近12か月に雇用していた労働者が5人に満たない事業所は規定の対象外である（労働法15条、EPZ労働法14条）。

一時解雇の期間が1日から45日の場合、基本給、物価上昇手当および臨時的な賃金の半額と住宅手当全額が補償金として支払われる（労働法16条(2)）。使用者と労働者の間で別段の合意がない限り、45日を超えて、補償金は支払われない（労働法16条(4)）。ただし、一時解雇の期間が60日以上となる場合、使用者と労働者の間で別段の合意がない限り、基本給、物価上昇手当および臨時的な賃金の4分の1と住宅手当の全額が補償金として支払われる（労働法16条(5)・(6)）。なお、一時解雇が45日を超える場合は、整理解雇することが

84

できる（労働法16条(7)）。EPZ労働法では、15条で一時解雇について労働法と同様の定めをしている。

(2) 整理解雇（Retrenchment）

整理解雇により雇用を終了する場合、継続勤務年数が1年以上の労働者に対しては、1か月前に文書による通知または1か月の賃金を支給し、DIFEおよび団体交渉代理人[1]（存在する場合）に通知を提出し、労働者の勤務年数ごとに30日分の賃金にあたる補償金または謝礼金の高いほうを支給しなければならない（労働法20条(2)）。通知に記載する内容は労働規則27条にて定められており、人員削減の理由、補償金、未消化の休暇に対する賃金等が含まれる。また、整理解雇が一時解雇の代わりになされるときは、通知は不要だが、15日分の賃金にあたる補償金を上乗せして支払う必要がある（労働法20条(3)）。また、特定の分野の労働者を整理解雇する場合、使用者と労働者間に別段の合意がない限り、最も新しく雇用された労働者が整理解雇の対象となる（労働法20条(4)）。EPZ労働法では、19条で整理解雇について定めており、勤務年数が1年以上の労働者に対して、1か月前の通知および勤務年数ごとに30日分の補償金を支払わなければならない。

(3) 就労不能による解雇（Discharge）

使用者は、労働者が身体的または精神的な障害により就労不能となった場合、もしくは医師より継続的な病気であることが証明された場合は解雇することができる（労働法22条(1)）。労働者の勤務年数が1年以上の場合は、勤務年数ごとに30日分の賃金額または謝礼金の高額のほうが補償金として支払われる（労働法22条(2)）。EPZ労働法20条では、勤務年数が1年以上の労働者に対し、勤務年数ごとに30日分の賃金額を補償金として支払うことが定められている。

(4) 不正行為や違法行為による解雇

労働者の行為が以下に該当する場合、通知または通知に代わる賃金の支払いなしに解雇することができる（労働法23条(1)・(2)）。

① 犯罪行為で有罪になった場合

② 労働法24条に基づき、不正行為が認められた場合：不正行為が認めら

---

1 団体交渉代理人については、「12 労働組合(5)団体交渉」参照。

第 6 章　労働者の雇用

れた労働者の場合、情状酌量すべき事情があれば、不正行為による解雇
ではなく、以下の処罰を与えることもできる（労働法24条⑵）。

ⓐ　退　　職
ⓑ　1年を超えない期間の降格、減給
ⓒ　1年を超えない期間の昇進の保留
ⓓ　1年を超えない期間の昇給の保留
ⓔ　罰　　金[2]
ⓕ　7日を超えない期間の賃金または特別手当なしの停職[3]
ⓖ　厳重注意および警告

ⓐの「退職」に該当する労働者は、勤務年数が1年以上の場合は、勤務年
数ごとに15日分の賃金が補償金として支払われる。以下②または⑦に該当す
る不正行為により解雇された労働者は、補償金を受ける権利はないが、法律
で定められたその他の手当は支払われる（労働法23条⑶）。

不正行為として、以下の行動が規定されている（労働法23条⑷）。

①　上長からの適法または正当な指示に対して、個人または複数で故意に
　　従わないこと
②　事業や使用者の資産に関連した窃盗、横領、詐欺、不正行為
③　業務に関連した贈収賄
④　常習的および一度に10日を超える無断欠勤
⑤　常習的な遅刻
⑥　常習的なルール違反や規則違反
⑦　事業所における無秩序、暴動、放火、破壊行為
⑧　常習的な職務怠慢
⑨　DIFEから承認を受けた、業務遂行や規律を含む雇用に関するルール
　　の常習的な違反

2　罰金は、労働者の賃金の10分の1の金額を超えることは認められておらず（労働法25
　条⑴）、分割払いまたは罰金が科された日から60日を過ぎた支払いも認められない（労
　働法25条⑶）。すべての罰金は使用者によって記録され、事業所の労働者の福利厚生の
　ために活用されなければならない（労働法25条⑸）。

3　特別手当は、基本給の半額および一時的な手当（あれば）と定義されている（労働法
　2条（9A））。

86

⑩　使用者の公的な記録の改変、偽造、不当な変更、損傷、損害をもたら
すこと

犯罪行為で有罪判決を受けたことにより解雇された労働者が上訴して無罪
となった場合は、前の職位または適切な新しい職位で再雇用しなければなら
ない。再雇用が不可能な場合は、すでに支払われた補償金を控除のうえ、就
労不能による解雇と同様の補償金を支払わなければならない（労働法23条(5)）。

不正行為または違法行為による解雇は、以下の手順をとる（労働法24条(1)）。
当該労働者に対する主張（不正行為の容疑）を文書にて記録する
↓
当該労働者に対し、文書の写しおよび7日間以上の釈明の期間を与える
↓
当該労働者に聴聞の機会を与える
↓
使用者側および労働者側の同数の代表者で構成される審査委員会による審査を
行う。審査委員会は60日以内に結論を出さなければならない
↓
不正行為が認められた場合、使用者または管理者が解雇を決定する

不正行為について審査中の労働者は出勤停止となり、出勤停止期間は、基
本的に60日を超えることはできない。出勤停止中、労働者は特別手当および
その他の手当を満額支給される（労働法24条(2)）。審査により、不正行為が認
められた場合は、出勤停止期間の賃金を支給される権利を失うが、特別手当
は支給される（労働法24条(6)）。一方、不正行為が証明されなかった場合は、
出勤停止期間も勤務期間とみなされ、すでに支給されている特別手当と調整
のうえ、該当期間の賃金を支給される（労働法24条(7)）。

EPZでも同様に、労働者が、刑事犯罪で有罪になった場合または不正行
為が認められた場合は、通知またはそれに代わる賃金の支払いなしに解雇す
ることができると規定されており（EPZ労働法21条(1)）、不正行為について
は、EPZ労働規則23条(1)にて規定されている。EPZ労働規則では、勤務中
の睡眠、安全服を着用しないこと、業務がずさんであること、セクシュアル
ハラスメント、工場内での喫煙、使用者の許可なく寄付金集めやキャンペー
ンを行うこと、当局の許可なく事業所や工場にて、パンフレットやポスター

第 6 章　労働者の雇用

を配布したり掲示すること等、より具体的な項目が定められている。また、EPZ労働規則24条では、労働法と同様の解雇手続を定めており、さらに、EPZ労働規則25条にて、審査委員会や審査方法を規定している。

⑸　使用者の都合による解雇

　使用者は、以下の措置をとることで労働者を解雇することができる。解雇の理由についての規制は定められておらず、無条件での解雇が可能である（労働法26条）。

　　㋐　無期雇用労働者の雇用を終了する場合

　無期雇用労働者のうち、月給労働者の場合は、120日前までの書面による通知が必要であり、その他の労働者は、60日前までの書面による通知が必要である（労働法26条⑴）。なお、通知期間の賃金を支払うことで、事前の通知なく解雇することが可能である。退職にあたり、労働者の勤務年数ごとに30日分の賃金または謝礼金（勤務年数ごとに（6か月を超える場合は1年とみなす）直近で受けていた1日あたりの賃金の30日分、勤務年数が10年を超える場合は45日分）のいずれか高額なほうを支払わなければならない。労働法にて定められている他の給付金（積立基金、未消化有給休暇の買取金等）とは別に支給される（労働法26条⑷）。

　　㋑　有期雇用労働者の雇用を終了する場合（業務の完了、停止、廃止、中止によるものでない）

　有期雇用労働者のうち、月給労働者の場合は、30日前までの書面による通知が必要であり、その他の労働者は、14日前までの書面による通知が必要である（労働法26条⑵）。無期雇用労働者と同様に、通知期間日数の賃金を支払うことで、通知せずに解雇することが可能である（労働法26条⑶）。補償金の支払義務は規定されていない。

　なお、2022年の改正労働規則にて、180日以上継続して行われた仕事は「無期雇用労働（Permanent Work）」とみなされるとしている。すなわち、労働者が180日以上継続して従事した場合は、「無期雇用労働者（Permanent Worker）」と解されるので、注意が必要である。

　　㋒　EPZ労働法が適用される場合

　EPZ労働法が適用される場合、無期雇用労働者に対しては120日前、その

他の労働者には60日前までに通知しなければならず、労働者の勤務年数ごとに30日分の賃金を補償金として、EPZ労働法に定められている他の給付金とは別に支給することが規定されている。また、安全および関連法令遵守のために、一度に10人以上の労働者と雇用を終了する場合は、DIFEに相談しなければならない（EPZ労働法22条）。

(6) 労働者の自己都合による退職

(ア) 無期雇用労働者の退職の場合

無期雇用労働者は、60日前に使用者に書面による通知をすることで退職することができる（労働法27条(1)）。無期雇用労働者に支払われる補償金として、勤務年数が5年以上10年未満の場合は勤務年数ごとに14日分の賃金または謝礼金のいずれか高額のほう、勤務年数が10年以上の場合は勤務年数ごとに30日分の賃金または謝礼金のいずれか高額のほうが、その他の手当等とは別に支払われる（労働法27条(4)）。

(イ) 有期雇用労働者の退職の場合

有期雇用労働者は、月給労働者は30日前、その他の労働者は14日前に使用者に書面にて通知をすることで退職することができる（労働法27条(2)）。

(ウ) 通知なしの退職の場合

無期雇用労働者、有期雇用労働者ともに、通知をせずに退職したい場合は、通知期間日数の賃金を使用者の代わりに自ら支払うことで退職することができる（労働法27条(3)）。

(エ) 労働者の欠勤による退職の場合

労働者が会社の許可や会社への通知なしに10日以上欠勤した場合は、使用者は当該労働者に対して、欠勤理由を明らかにし、10日以内に職務に復帰するよう書面で通知しなければならない。当該労働者が決められた期間内に欠勤理由を明らかにせず、職務にも復帰しない場合には、さらに7日間の猶予を与えなければならない。その期間を過ぎても欠勤理由を明らかにせず、職務にも復帰しない場合は、欠勤開始日をもって退職とみなされる（労働法27条（3 A））。

(オ) EPZ労働法が適用される場合

EPZでは、無期雇用労働者は30日前まで、その他の労働者は15日前まで

第 6 章　労働者の雇用

に通知しなければならず、無期雇用労働者で勤務年数が 5 年以上10年未満の場合は勤務年数ごとに15日分の賃金、勤務年数が10年以上25年未満の場合は勤務年数ごとに30日分の賃金が、その他の給付金とは別に支払われる（EPZ労働法23条）。なお、勤務年数が25年以上の場合は、30日前までの通知で定年退職することができ、定年退職における補償金（勤務年数ごとに45日分の賃金）を受けることができる。

労働者による会社の許可または会社への通知なしの欠勤について、EPZ労働規則も、労働法と同様に規定している（EPZ労働規則27条）。

⑺　定年退職

定年は満60歳で、サービスブックに記録されている生年月日に基づく（労働法28条⑴・⑵）。退職金は、使用者による無期雇用労働者の雇用の終了と同じ条件（労働者の勤務年数ごとに30日分の賃金に相当する補償金または謝礼金のいずれか高額なほうを支払う）で支給されるか、事業所の就業規則の規定に従う（労働法28条⑶）。謝礼金は労働法にて定められている他の給付（積立基金、未消化有給休暇の買取金等）とは別に支払われる。定年退職後も、契約に基づいて労働者を雇用することは可能で、その場合は、個別の労働契約書の内容に準拠するものとする（労働法28条）。

EPZ労働法が適用される労働者も、定年は満60歳（サービスブックに記録されている生年月日に基づく）だが、60歳に満たない労働者であっても、勤務期間が25年以上の者は、30日前の書面通知で定年退職することができる。また、無期雇用労働者は、勤務年数ごとに45日分の賃金を補償金として、EPZ労働法の規定で支払われる他の給付金に加えてまたは事業所の就業規則の規定に従い支払われる（EPZ労働法24条）。ただし、勤続年数が25年に満たない場合は、勤務年数ごとに30日分の賃金が支払われる（EPZ労働規則28条）。

⑻　業務停止

火災、災害、機械の故障、電力供給の停止、感染症拡大、暴動、その他使用者の力が及ばない不測の事態が生じた場合、使用者は、速やかに、業務再開の時期および待機について労働者に通知し、事業のすべてまたは一部を停止することができる（労働法12条⑴〜⑷）。なお、雇用しているまたは直近12か月に雇用していた労働者が 5 人に満たない事業所は本規定の対象外である

（労働法15条）。職場での待機を命じられた労働者に対し、待機時間が1時間を超えた場合は、待機時間中の賃金が支払われる（労働法12条(5)）。業務停止が2日以上の場合は、影響を受けるすべての労働者（臨時雇用労働者や代替労働者は除く）に対して、2日目以降の日数分の賃金が支払われる（労働法12条(7)）。業務停止が3日を超える場合は、一時解雇の扱いとなり、一時解雇は業務停止の初日から有効となるが、すでに支払われた最初の3日間の賃金については、一時解雇として労働者に支払われる補償金の額と調整される（労働法12条(8)・(9)）。出来高払い賃金の労働者は、前月の平均日給額を基に支払われる（労働法12条(10)）。

EPZ労働法が適用される労働者も同様で、職場での待機を命じられた労働者は、待機時間が1時間を超えた場合は、待機時間中の賃金が支払われる。業務停止が2日以上の場合は、影響を受けるすべての労働者（臨時雇用労働者を除く）は、2日目以降の日数分の賃金が支払われる。業務停止が3日を超える場合は、一時解雇の扱いとなり、一時解雇は業務停止の初日から有効となるが、すでに支払われた最初の3日間の賃金については、一時解雇として労働者に支払われる補償金の額と調整される（EPZ労働法11条・15条）。

⑼　事業所の閉鎖

使用者は、違法ストライキが起きた場合に事業所のすべてまたは一部を閉鎖することができ、当該ストライキに参加した労働者に賃金は支払われない（労働法13条(1)、EPZ労働法12条(1)）。ストライキが起きた部署以外の部署も影響を受けて閉鎖した場合、影響を受けた労働者に対し、3日間は一時解雇の場合と同様に補償金が支払われるが、それ以降の賃金は支払われない（労働法13条(2)、EPZ労働法12条(2)）。

⑽　死亡給付金

2年以上勤務した労働者が死亡した場合は、当該労働者の勤務年数ごとに30日分の賃金に相当する補償金、職場での勤務中または事故による死亡の場合は、勤務年数ごと（1年未満の場合、6か月を超えた期間は1年とみなす）に45日分の賃金に相当する補償金または謝礼金のいずれか高額のほうが、受取人または扶養家族に支給される。これらは退職時に支払われたであろう支給額とは別に支払われる（労働法19条）。

第6章　労働者の雇用

EPZ労働法18条では、支給対象者が、継続勤務年数が1年を超える労働者である以外は、労働法と同様に定められている。

⑾　解雇に対する異議申立て

解雇された労働者で、異議がある者は、再考を求める権利をもち、解雇の通知を受けた日から30日以内に、これに対する異議を書留郵便にて使用者に通知することができる（労働法33条⑴）。同通知を受け取った使用者は、30日以内に、異議を審査し当該労働者に聴聞の機会を与えた後、当該労働者に結果を通知しなければならない（労働法33条⑵）。労働者は、本手続を経ないで訴訟を起こすことはできないが、使用者が異議に対する回答を怠った場合や労働者が回答に納得しない場合は、30日以内に対象事案を労働裁判所に訴えることができる（労働法33条⑶）。訴えを受けた労働裁判所は当事者の主張を聴取し、労働者の再雇用や解雇に代わる降格や減給等の措置に変更すること等を命令することができる（労働法33条⑷・⑸）。労働裁判所の命令により、自己の権利を侵害されたと考える者は、30日以内に労働上訴審判所に申し立てることができ、労働上訴審判所が終審となる（労働法33条⑹）。なお、労働法33条に基づく申立てまたは上訴に対して、料金は課されない（労働法33条⑺）。ただし、使用者の都合による解雇に対する申立ての場合、解雇が、労働組合の活動が理由でない、使用者の悪意により主張されたものでない、法律に規定されている労働者の利益が奪われていない限り、認められない（労働法33条⑼）。

EPZ労働法でも同様に、労働者は、解雇の通知を受けた日から30日以内に書留郵便で使用者に再考を求めることができる（EPZ労働法28条）。当該申立てを受け取った使用者またはその権限を受けた者は10日以内に、事案を調査するために、当事者より上位の者を任命し、任命を受けた者は、申し立てた労働者に対してヒアリングについて通知し、労働者が対応した場合は、そのヒアリング後15日以内に、調査を完了し使用者に報告する（EPZ労働規則31条⑵・⑶）。使用者は、報告を受けてから5日以内に、当該労働者に書面にて決定を通知する（EPZ労働規則31条⑷）。EPZ労働法28条に基づき、申立てを受けた使用者が、30日以内に決定を通知しなかった場合または当該労働者が、使用者の決定に満足しない場合は、決定の日から30日以内に、輸出加

92

工区庁（BEPZA）の共同監察官（Joint Inspector General）に申し立てること
ができる（EPZ労働規則32条(1)）。申立てを受けた共同監察官は、調査委員会
を設置し、同委員会は関係者にヒアリングを行った後、共同監察官に報告す
る（EPZ労働規則32条(3)）。ただし、労働者が、紛争としての対応を求める場
合、顧問官兼検察官（Councilor cum Inspector）に直接申し立てることがで
き、顧問官兼検察官は、事案を却下するか特別な事案として決定を下し、
共同監察官に送付する。共同監察官は、当該決定を考慮するものとする
（EPZ労働規則32条(4)）。これらの手続を経て下された決定に権利を侵害さ
れたと考える労働者は、決定から15日以内に、監察官（Inspector General）
に対して、書面にて異議を唱えることができ（EPZ労働規則32条(5)）、監察
官は、共同監察官より上位の職員で構成される調査委員会を設置し、調査委
員会は15日以内に関係者にヒアリングを行い、決定を下すものとする（EPZ
労働規則32条(6)）。EPZ労働規則32条(4)に基づき、顧問官兼検事官による決
定を踏まえた共同監察官による決定に異議がある場合、労働者は、EPZ労
働裁判所に申し立てることができ（EPZ労働規則32条(7)）、EPZ労働裁判所
は、当事者から審問を行い（EPZ労働規則32条(8)）、賃金ありまたはなしで
の再雇用か、解雇より軽い罰則にするよう指示することができる（EPZ労
働規則32条(9)）。労働者は、EPZ労働裁判所の指示に対して、30日以内に
EPZ労働上訴審判所に上訴することができ、EPZ労働上訴審判所の決定が
終審となる（EPZ労働規則32条(10)）。なお、EPZ労働規則に基づく申立てま
たは上訴に対して、料金は課されない（EPZ労働規則32条(11)）。ただし、使
用者の都合による解雇に対する申立ての場合、労働組合員として労働争議に
関与したことが理由でない、または法律に規定されている労働者の利益が奪
われていない限り、本条に基づく申立ては認められない（EPZ労働規則32
条(9)）。

　なお、2024年2月時点で、EPZ労働裁判所およびEPZ労働上訴審判所の
設置や運用に関する官報は確認できず、EPZにおける事案も、既存の労働
裁判所および労働上訴審判所にて取り扱われることとなる。

5 出産給付金

　産後8週間の産休が定められており、使用者は、産後8週間は勤務させてはならず、労働者も労働してはならないと定められている（労働法45条(1)・(2)、EPZ労働法29条(1)・(2)）。また、労働者の申請に基づき、産前8週間の産休を与えなければならない（労働法47条(3)(a)、EPZ労働規則35条(3)）。産後10週間以内は、重労働や長時間の立ち仕事、健康を害する可能性のある仕事をさせてはならない（労働法45条(3)、EPZ労働法29条(3)）。

　出産前に6か月以上勤務している労働者は、産前産後各8週間の産休について出産給付金を受ける権利がある（労働法46条(1)、EPZ労働法30条(1)）。ただし、すでに2人以上の子どもがいる場合は、出産給付金支給の対象外であるが（労働法46条(2)、EPZ労働法30条(1)）、年次有給休暇および医療休暇は与えられ、さらに休暇が必要な場合は、使用者は無給休暇を与えることができる（労働規則38条、EPZ労働規則34条）。

　出産給付金支給の対象となっている労働者は、口頭もしくは書面にて使用者に申請しなければならない（労働法47条(1)、EPZ労働規則35条(1)）。

　出産給付金の申請は、労働規則に様式（Form17〜19）が提供されている（労働規則39条）。出産給付金の支給時期について、対象となる労働者の希望に応じて、産前8週間以内である旨の医師による証明書の発行日から3日以内に産前8週間の出産給付金を支給しなければならず、出産証明書の発行日から3日以内に産後8週間の出産給付金を支給しなければならないとしている（労働法47条(4)、EPZ労働規則35条(4)）。

　出産給付金額は、申請があった日の直近3か月の実働賃金を基に算出され、現金で支給される（労働法48条(1)・(2)）。EPZ労働規則も、労働法48条と同様に規定しているが、現金での支給について規定はなく、労働者が産前8週間より前に無給で取得した妊娠に伴う休暇は実労働日に含め、対象の3か月に支給された未消化の年次有給休暇の換金、祝祭賞与は賃金に含まないと規定されている（EPZ労働規則36条）。

　産前6か月および産後8週間以内に、正当な理由なく解雇してはならず、正当な理由なく解雇された場合でも、出産給付金を受ける権利は失われない

（労働法50条、EPZ労働法34条）。

6 職場環境

⑴ 職場の健康、衛生、安全

労働者の健康と衛生を保つため、使用者は職場環境を適切に整えなければならない。労働法51条から60条にわたり、清掃、換気、温度調整、粉塵、煙、廃棄物処理、排水処理、清潔な水での加湿、過密の解消、照明、水の供給、トイレと洗面所、ゴミ箱の設置について、使用者がとるべき措置が定められており、労働規則40条から52条にて、具体的な数値等が補足されている。

また、職場での安全確保のために、労働法61条から78A条にわたり、建物と機械の安全性、火災への対策（避難経路の確保、50人以上労働者を雇用している事業所は6か月に1回以上火災避難訓練を実施しなければならない等）、機械の囲い、動力機械の取扱い、電力を切るための装置、自動機械、クレーン等リフト機、巻き上げ機、加圧器、フロアや階段、ピットや汚水槽、目の保護、有害ガスに対する予防措置、爆発または可燃性ガスや粉塵の適切な取扱いや対応について定められている。労働規則53条から67条にて、具体的な措置が補足されている。

事故や特定の疾病が発生した場合は、速やかにDIFEへ報告しなければならない。労働規則にて、報告書の様式が提供されている（Form27〜29）。

EPZ労働法35条およびEPZ労働規則39条から104条では、安全管理のための措置（危険物の取扱い、労働者への教育、安全委員会の設置、安全管理簿の保管等）および健康管理（産業廃棄物の処理、換気や温度管理、危険作業に対する措置等）について定めている。

⑵ 医療サービス

事業所は救急箱を備えつけ、300人以上の労働者を雇用している場合は医師および看護師を配置した医務室（Sick Room）を設置しなければならない（労働法89条⑸）。また、5,000人以上の労働者を雇用している事業所は、医療センター（Permanent Medical Center）を設置しなければならない（労働法89条⑹）。労働規則76条⑴〜⑷は、労働者の人数ごとに、事業所が備えつける

95

べき救急箱の内容を定めており、労働規則77条にて、医務室に配置すべき医療従事者および備えつけるべき備品、労働規則78条では、医療センターに配置すべき医療従事者および設置すべき設備が規定されている。

EPZ労働法では、各輸出加工区では、医療センターを設置し、入居企業は医療センターの会費を支払わなければならないと定められている（EPZ労働法37条）。

(3) 保険加入

現行の保険法に従い、100人以上の無期雇用労働者を雇用している事業所は、団体保険に加入しなければならない。団体保険は永久労働不能および死亡の場合に給付金が支払われる（労働法99条、労働規則98条(1)）。保険料は使用者が支払う必要があり、労働者の賃金から控除することはできない（労働規則98条(4)）。労働者が死亡した場合は、会社が保険金受給の手続を行い、受取人に直接支払われるよう手配しなければならない（労働法99条(2)）。

EPZでは、25人以上の無期雇用労働者を雇用している事業所は、団体保険に加入する義務があり、労働者が死亡した場合は、会社が保険金受給の手続を行い、受取人に直接支払われるよう手配しなければならない（EPZ労働法36条、EPZ労働規則105条）。

7 労働時間

1日あたりの最大労働時間は8時間と規定されているが、時間外労働手当が支給される場合には、1日あたり10時間までの労働が認められる（労働法100条、EPZ労働法38条）。時間外労働が発生する場合は、2時間以上前に労働者に通知し同意を得なければならない（労働規則99条(1)）。週あたりの最大労働時間は48時間と規定されているが、時間外労働手当が支給される場合は、週あたり60時間までの労働が認められるものの、年間で週あたりの平均労働時間が56時間を超えてはならない（労働法102条、EPZ労働法40条）。また、労働者の拘束時間は、政府による特別の承認がない限り、休憩なしで10時間を超えてはならない（労働法105条）。

夜間シフトが深夜0時を過ぎる場合、週休は夜間シフトの終了時間から連続した24時間となる。また、翌日とは、シフトの終了時間から連続した24時

間で、深夜を過ぎてからの勤務時間は前日の勤務時間として計算される（労働法106条、EPZ労働法43条）。

女性の労働者は、本人の書面による同意がない限り、午後10時から午前6時までの時間帯に勤務させてはならない（労働法109条）。EPZの女性労働者は、本人およびDIFEの同意がない限り、午後8時から午前6時まで勤務させてはならない（EPZ労働法46条）。労働者は、DIFEの承認を受けずに、同日に複数の事業所で労働することは認められない（労働法110条、EPZ労働法47条）。

1日あたりの労働時間が5時間を超える労働者は、30分の休憩（食事休憩含む）を取得させなければならない。同様に、1日あたりの労働時間が6時間を超える労働者は、1時間の休憩、8時間を超える労働者は1時間の休憩または30分の休憩を2回取得させなければならない（労働法101条、EPZ労働法40条）。

規定の労働時間を超過した場合の時間外労働手当は、通常の基本給および物価上昇手当＋一時または中間手当（ある場合）の2倍である。出来高払い制の労働者は、使用者が、労働者の代表と協議のうえ、実際の賃金の平均金額に可能な限り近い時間給を算出する（労働法108条）。別段の合意がなければ、時間外労働手当は、以下の計算式で算出する（労働規則102条(1)）。

月給労働者の場合：
時間外労働手当＝ ｛(基本給月額＋物価上昇手当＋一時または中間手当（ある場合)）×2×時間外労働時間／208｝

時間外労働は、労働規則で提供されている様式に従って記録、管理されなければならない（労働規則102条(4)）。

EPZ労働法では、時間外労働手当として、基本給＋物価上昇手当＋一時または中間手当（ある場合）の2倍と規定されている（EPZ労働法45条）。

8 休日・休暇

(1) 週休

店舗や商業施設、工業施設の労働者は週に1.5日、工場の労働者は週に1日の週休を取得する権利が与えられている。いずれも、週休に対して賃金か

ら控除することはできない（労働法103条）。EPZの労働者は週に1日の週休を取得する権利が与えられており、週休に対して賃金から控除することはできない（EPZ労働法41条）。事情により週休が取得できない場合は、労働法が適用される場合は3日以内、EPZ労働法が適用される場合は6日以内に、他の日に代替して取得させなければならない（労働法104条、労働規則101条、EPZ労働法42条）。また、週休をとらずに連続して10日以上の労働をさせることはできない（労働規則101条）。なお、バングラデシュでは、政府機関や銀行を含め、一般的な週休は金曜日および土曜日である。

(2) 各施設の定義

(ア) 店　舗

「店舗（Shop）」とは、日用品や品物を、現金または信用取引による卸売りまたは小売りのために、全部または一部を使用している建物や敷地、顧客へのサービス提供をしている場所を意味し、事務所、倉庫、貯蔵所、それらの事業または取引に関連して利用されている職場や建物、政府が通知にて店舗であると指定した場所と定義されている（労働法2条(21)）。

(イ) 商業施設

「商業施設（Commercial Establishment）」とは、広告、代理、運送事業または貿易代理業を行う施設であると定義されており、①工場、産業または商業施設の事務、②商業または工業施設との契約履行を目的として労働者を雇用する事務所、③株式会社の部門、④保険会社、金融会社、銀行、⑤仲介業者、⑥証券取引会社、⑦クラブ、ホテル、レストラン、食堂、⑧劇場、映画館、⑨政府が通知にて商業施設であると指定した場所を含むとされている（労働法2条(41)）。

(ウ) 工業施設

「工業施設（Industrial Establishment）」とは、品物が生産、改良、加工、製造されている、または使用、運送、販売、配送または廃棄を目的とした品物または物質の作成、改変、修理、装飾、仕上げ、清澄化、包装、取扱いをしている工場、製造工程その他の施設、または政府が通知にて工業施設であると指定した場所と定義されており（労働法2条(41)）、①陸運または鉄道運送業、②河川運送業、③空運業、④港、岸壁、桟橋、⑤鉱山、採石場、ガス

田、油田、⑥プランテーション、⑦工場、⑧新聞社、⑨建物、道路、トンネル、下水管、水路または橋、造船、船の解体のための建設、復旧、修繕、改変、取壊し、もしくは、船舶への貨物の積下しを目的として設立された請負業者の施設、⑩造船、⑪船舶の再利用、⑫溶接、⑬外注業者または警備員を派遣する請負業者もしくは下請業者、⑭港（海、河川、陸上）、⑮携帯電話のネットワークサービスプロバイダー、固定電話オペレーター、⑯民間のラジオ、テレビ、ケーブルのオペレーター、⑰不動産、宅配便業者、保険会社、⑱肥料およびセメント製造会社、⑲営利目的のクリニックまたは病院、⑳精米所、㉑製材機械工場、㉒底引き網漁、㉓魚加工産業、㉔海上船舶を含むとされている（労働法 2 条(61)）。

EPZ労働法においては、これらは定義されていない。

(3) 店舗の休業

店舗、商業施設または工業施設は、週に1.5日以上は完全に休業しなければならず（労働法114条(1)）、DIFE は、事業所が休業する曜日を確定する（労働法114条(2)）。すべての店舗は夜 8 時以降閉店しなければならないが、店内に客がいる場合は30分間延長することができる（労働法114条(3)）。なお、①運送業の港、岸壁、駅、空港、②野菜、肉、魚、乳製品、パン、パン菓子、砂糖菓子、花きを扱う店舗、③薬品、手術用品、包帯、他の医療品を扱う店舗、④葬式または埋葬の品物を扱う店舗、⑤タバコ、氷、新聞、定期刊行物を扱う店舗、店内で飲食する軽食を提供する小売店、⑥ガソリン販売のガソリンポンプおよび修理工場ではない自動車サービス、⑦理髪店および美容院、⑧公衆衛生のシステム、⑨公共に電力や水を供給する産業、事業または事業所、⑩クラブ、ホテル、レストラン、ケータリングサービス、映画館、劇場に該当する場合は、本規定の適用から除外される（労働法114条(5)）。

同じ店舗または商業施設において、複数の事業が行われており、そのうち主要な事業が店舗休業の規定の対象外である場合は、当該店舗または商業施設全体が対象外となる。また、本規定の対象外となる事業所の開店時間と閉店時間は、DIFE が決定し、官報にて通知することができる。本規定の対象外となる店舗や商業施設であっても、市場やショッピングモール内にある場合は、週に1.5日以上は休業しなければならない（労働法114条(6)）。

第6章　労働者の雇用

⑷　休暇の申請

　労働者は、休暇の取得を希望する場合は、書面にて使用者に申請しなければならない（労働法10条⑴）。使用者または担当者は、申請から7日以内または休暇初日より2日前のいずれか早い日までに、緊急の場合は申請を受けた日に、決定を下さなければならない（労働法10条⑵）。申請された休暇が認められる場合は、労働者に休暇許可証を発行し、申請された休暇が認められないまたは保留となる場合は、申請された休暇の開始前に労働者に説明し、当該内容を記録しなければならない（労働法10条⑶～⑸）。休暇の記録について、労働規則にて様式（Form 9）が提供されている（労働規則24条・108条）。EPZにおいても、EPZ労働法15条に同様の定めがある。

⑸　臨時休暇（Casual Leave）

　年間10日の有給の臨時休暇が認められており、翌年に繰り越すことはできない（労働法115条、EPZ労働法50条）。年の途中で採用された労働者は、勤務期間の割合に応じた日数を臨時休暇として取得することができる（労働規則106条、EPZ労働規則112条⑴）。なお、EPZ労働法では、「年」について、カレンダー月またはカレンダー年（Calendar Month or Year）は、西暦を意味すると定義されている。労働法では、暦について定義されていないが、実務では、EPZと同様に西暦に基づき休暇を付与している。

　使用者は、可能な限り、同一家族に属する労働者（配偶者や子）が同じ日に臨時休暇を取得できるよう配慮すべきとされている（労働規則109条⑴）。EPZ労働規則112条⑵では、臨時休暇は、緊急の用事で事前に予定されない場合に取得されるものと規定されている。労働法には、臨時休暇の目的について規定はないが、一般的には家族の病気や葬式等に使用されている。

⑹　病気休暇（Sick Leave）

　新聞労働者を除き、すべての労働者は年間14日の有給の病気休暇が認められている。病気休暇の取得にあたり、使用者が指定した医師による診断が必要で、診断書に記載されている療養に必要な期間の休暇を取得することができる。病気休暇は翌年に繰り越すことはできない（労働法116条、EPZ労働法

4　「新聞労働者」とは、ジャーナリスト、新聞発行の運営をしている労働者、新聞印刷労働者と定義されている（労働法2条⑺③）。

100

51条）。臨時休暇と同様に、年の途中で採用された労働者は、割合に応じた日数を病気休暇として取得することができる（労働規則106条、EPZ労働規則112条(1)）。

(7) 年次有給休暇（Annual Leave／Earned Leave）

(ア) 労働法が適用される場合

1年間継続勤務した労働者に対し、翌年から、直近12か月の勤務日数を基本に、有給休暇が与えられる。①店舗、商業施設、工業施設、工場、道路交通施設の労働者は、18日の勤務日数ごとに1日、②茶プランテーションの労働者は22日の勤務日数ごとに1日、③新聞労働者は11日の勤務日数ごとに1日の有給休暇が与えられる（労働法117条(1)）。年次有給休暇の間に休日があたる場合は、これらの休日も年次有給休暇に含まれる（労働法117条(3)）。労働者が12か月以内に有給休暇を消化しなかった場合は、翌年に繰り越すことができるが（労働法117条(4)）、有給休暇が一定の日数（工場および陸運施設は40日まで、茶畑、店舗、商業施設または工業施設の場合は60日まで）に達した場合は、それ以上取得することはできない。

年次有給休暇取得の条件である勤務期間について、①休日、②有給休暇、③病気または事故による有給または無給の休暇、④16週を超えない産休、⑤一時解雇期間、⑥合法ストライキまたは違法なロックアウト（労働法117条(8)）で勤務が中断された場合も、継続勤務期間とみなされる。

労働者が未消化の年次有給休暇の換金を希望した場合、年に1回まで、全年次有給休暇の半分まで換金ができる（労働規則107条(2)）。現金化は、前月の賃金額（時間外労働手当および賞与を除く）を30で割った1日分の賃金に基づいて算出される。労働者が死亡した場合、未消化の休暇分の賃金は、指定または法定の受取人に支払われる（労働規則107条(3)）。

(イ) EPZ労働法が適用される場合

EPZも同様に、1年間継続して勤務した労働者に対し、直近12か月の勤務日数18日ごとに1日の年次有給休暇が与えられる（EPZ労働法52条(1)）。未消化の年次有給休暇の現金化の手続については、労働法と異なる規定を定めている。EPZ労働規則114条にて、未消化の年次有給休暇の現金化が認められており、労働者は前年度の未消化休暇を現金化することができ、使用者は

毎年、年次有給休暇の現金化をしなければならない。現金化は、前月の賃金額（基本給、住居手当および医療手当）を30で割った1日分の賃金に基づいて算出される。労働者が死亡した場合、未払いの未消化年次有給休暇に対する賃金は、被相続人または法定相続人に支払われる。労働法の規定では、現金化は有給休暇の半分以下かつ年に1回に制限されており、また、有給休暇は一定の日数に達すると、それ以上は付与されないという制限があるが、EPZには同様の規定は存在しない。

⑻　祝祭休暇

年間11日の有給の祝祭休暇が認められており、祝祭休暇に勤務する場合は、2日の補償賃金および1日の代休が与えられなければならない（労働法118条）。使用者は、団体交渉代理人[5]と協議のうえ、毎年12月31日までに翌年の祝祭休暇を決定しなければならず、同休暇は11日以上でなければならない。団体交渉代理人が存在しない場合は参加委員会[6]と協議し、同委員会が存在しない場合は、労働者と可能な限り協議し、使用者が祝祭休暇を決定しなければならない（労働規則110条）。

EPZ労働法も同様に年間11日の有給の祝祭休暇を認めており（EPZ労働法53条⑴）、使用者またはその権限を受けた者が祝祭休暇を決定する（EPZ労働法53条⑵）。祝祭休暇に勤務する場合は、30日以内に、2日の有給の補償休暇を与えなければならないと規定している（EPZ労働法53条⑶）。

9　賃金支払い

使用者は、1か月を超えない範囲で賃金計算期間を決めなければならない（労働法122条⑴・⑵）。賃金は、労働法では、賃金計算期間の締め日から7日以内の営業日に支払われなければならず（労働法123条⑴）、退職者の場合は、30営業日以内に支払う（労働法123条⑵）。賃金の支払日と支払方法を労働者に通知し、賃金の支払日はベンガル語で明確に記載のうえ、10日以上前に掲示板にて通知しなければならない（労働規則112条）。すべての賃金はバングラデシュ通貨タカの現金または銀行小切手によって支払われるが（労働法

5　団体交渉代理人については、前掲（注1）参照。
6　参加委員会については、「12 労働組合⑹参加委員会」参照。

124条(1))、労働者から要請があれば、銀行振込みによる支払いも可能である（労働法124条(2)）。

EPZも同様に、賃金計算期間は1か月を超えてならず、締め日から7営業日以内に支払わなければならない（EPZ労働法26条）。また、退職の場合は、退職日から15営業日以内に支払う旨が規定されている（EPZ労働法56条）。賃金の支払日と支払方法を労働者に通知し、賃金の支払日はベンガル語で明確に記載のうえ、5日以上前に掲示板にて通知しなければならない（EPZ労働規則29条(2)）。すべての賃金は現金または銀行小切手によって支払われるが、労働者から要請があれば、銀行振込みその他の方法による支払いも可能である（EPZ労働規則120条(2)）。

(1) 賃金控除

(ア) 労働法が適用される場合

労働法にて定められる項目以外を賃金から控除してはならない（労働法125条(1)）。以下のいずれかに該当する場合は、基本給からの控除ができる（労働法125条(2)）。

① 　罰　金：労働法25条に基づき、労働者に科される罰金は、賃金期間ごとの賃金額（月給の場合は1か月の給与額）の10分の1までに制限されており、15歳未満の者に対して科してはならない。罰金の回収は分割払いで行ってはならず、罰金が科された日から60日を超えてはならない。違反行為があった日が、罰金が科された日とみなされる。使用者は、規則に従い、すべての罰金とその使途を文書化した記録簿を管理することが義務づけられており、徴収された罰金はもっぱら事業所の労働者の福利のためにあてられるものとする。

② 　無断欠勤：職場にいながら、ストライキや不当な理由により労働を拒否する場合も欠勤とみなされ、労働組合の役員にも適用される（労働法126条(2)）。

③ 　保管義務があるにもかかわらず、労働者の怠慢によって生じた商品の損害や損失、金銭の消失が生じた場合

④ 　使用者より宿泊施設・住居が与えられている場合

⑤ 　政府に承認され使用者が支給している業務に必要な原材料や設備以外

第 6 章　労働者の雇用

　　の設備

⑥　ローンや前借りの回収、賃金の過払いの調整の場合

⑦　所得税

⑧　裁判所や管轄の当局による命令に従う場合

⑨　法定または政府により承認された積立基金の会費、前金の支払いに該
　　当する場合

⑩　政府により承認された組合基金や公的保険機関による保険金の支払い
　　に該当する場合

⑪　使用者によって形成され、公的認可を受けた労働者並びにその家族の
　　福祉のための基金への会費で、労働者による書面の同意がある場合

⑫　賃金からの天引きによる団体交渉代理人（CBA Union）への会費

　　(イ)　EPZ労働法が適用される場合

　EPZ労働法にて定められる項目以外を賃金から控除してはならない（EPZ
労働法58条(1)）。EPZ労働法58条(2)では、基本給からの控除が可能な項目と
して、積立基金への積立金または前借りの返済、労働組合費、無断欠勤によ
る控除が定められている。なお、積立基金の前借りの返済は36回を超える分
割払いは認められておらず、返済額は賃金の３分の１を超えてはならない
（EPZ労働規則122条(2)）。

(2)　賃金委員会

　政府は、最低賃金について議論をするために、議長、独立委員１名、使用
者代表委員１名、労働者代表委員１名で構成される最低賃金委員会を設立し
なければならない（労働法138条(1)・(3)）。議長その他の委員は政府により任
命される（労働法138条(4)）。

　賃金委員会は、原則として、政府による指示を受けた後６か月以内に、労
働者の区分に応じた最低賃金額を提言しなければならない（労働法138条(2)・
(3)）。最低賃金は、全国統一または地域ごとに定めることができ（労働法138
条(5)）、政府の指示により５年ごとに見直される（労働法138条(6)）。

　政府は、賃金委員会からの提言を官報にて通知するが（労働法140条(1)）、
使用者または労働者に公平でないと判断した場合は、45日以内に賃金委員会
に再考を求めることができる（労働法140条(2)）。賃金委員会は提言を修正す

るか修正しない場合は理由を述べて、政府に再度提出し（労働法140条(3)）、政府は賃金委員会の提言、政府による変更、提言に従った改正案に基づいて、最低賃金額を通知する（労働法140条(4)）。最低賃金額を検討する際、生活費、生活水準、生産コスト、生産性、製品の価格、インフレーション、労働の性質、リスクと水準、事業能力、国や地域の社会経済状況およびその他の関連要素を考慮しなければならない（労働法141条）。これらの要素に変更が生じ、提言を見直す必要がある場合は、最低賃金額を見直して政府に提言しなければならないが、提言の後1年未満または3年を過ぎた場合は除く（労働法142条）。すべての使用者は、最低賃金額を下回る賃金を支給することはできない（労働法149条(1)）。定められた最低賃金額より低い賃金を支払った使用者は、1年以下の禁錮もしくは5,000タカ以下の罰金、またはその両方が科される（労働法289条(1)）。

なお、2023年12月に、縫製業に従事する労働者の最低賃金が発表され、同月1日から施行されている。最低賃金額（タカ）は以下のとおりである。

	基本給	住居手当	医療手当	出勤手当	食 費	総 額
Grade-4	6,700	3,350	750	450	1,250	1万2,500
Grade-3	7,400	3,700	750	450	1,250	1万3,550
Grade-2	7,882	3,941	750	450	1,250	1万4,273
Grade-1	8,390	4,195	750	450	1,250	1万5,035
見習い						9,875

アパレル関連の労働者

	基本給	住居手当	医療手当	出勤手当	食 費	総 額
Grade-4	6,900	3,450	750	450	1,250	1万2,800
Grade-3	8,500	4,250	750	450	1,250	1万5,200
Grade-2	9,000	4,500	750	450	1,250	1万5,950
Grade-1	1万900	5,450	750	450	1,250	1万8,800
見習い	5,000	2,500	750	450	1,250	9,950

第6章　労働者の雇用

EPZにおいては、政府は、議長として長官または政府から任命された者、輸出加工区庁（BEPZA）の委員1名、首相府代表委員1名、財務省財務部代表委員1名、労働雇用省代表委員1名、輸出加工区庁代表委員2名、使用者代表委員2名、労働者代表委員2名で構成される最低賃金委員会を設立することができる（EPZ労働法65条(1)。使用者代表委員および労働者代表委員は、輸出加工区庁が推薦する（EPZ労働法65条(2)））。政府は、同最低賃金委員会に最低賃金の提案をするよう指示し（EPZ労働法66条）、同提案額に政府の承認が得られた場合、官報にて、労働者の区分に応じた最低賃金額を公表し、確定する（EPZ労働法67条(3)）。最低賃金額の提案額は、輸出加工区外の最低賃金額や給与体系を考慮するが（EPZ労働法68条）、その際に考慮された要素に変更が生じた場合は、政府は同委員会に見直しおよび修正を指示することができる（EPZ労働法69条）。官報で発表された最低賃金額について、関係する全使用者は従う義務があり、労働者は、同最低賃金額以上の賃金を受ける権利がある（EPZ労働法70条）。使用者が労働者に対して決められた最低賃金額より低い賃金を支払った場合は、輸出加工区庁は適切な措置をとることができる（EPZ労働法71条(3)）、労働者は、賃金の不足分および賠償金として不足分の半額を求めることができる（EPZ労働規則141条）。

なお、2023年12月に、EPZの入居企業に勤務する労働者の最低賃金が発表された。従事している製品ごとの最低賃金月額（タカ）は以下のとおりである。

別表－A

衣類／衣服付属品／靴／靴付属品／革製品／サービスプロバイダー／テントとテント付属品／プラスチック製品／おもちゃ／帽子／その他の関連製品

	基本給	住居手当 （基本給の50％）	医療手当	総　額
熟練 （High Skilled）	9,750／－	4,875／－	2,375／－	1万7,000／－
シニアオペレーター	8,550／－	4,275／－	2,375／－	1万5,200／－
オペレーター	8,050／－	4,025／－	2,375／－	1万4,450／－

106

ジュニアオペレーター	7,617／－	3,808／－	2,375／－	1万3,800／－
ヘルパー	6,950／－	3,475／－	2,375／－	1万2,800／－
見習い	5,200／－	2,600／－	2,375／－	1万175／－

別表－B

電子・電気製品／ソフトウェア／レンズ・ガラス製品／金属および鋳物／自動車および自動車部品／自転車／重工業メーカー／船舶／ゴルフシャフト／漁具／その他の関連製品

	基本給	住居手当 （基本給の50%）	医療手当	総 額
シニアオペレーター	9,050／－	4,525／－	2,375／－	1万5,950／－
オペレーター	8,300／－	4,150／－	2,375／－	1万4,825／－
ジュニアオペレーター	7,767／－	3,883／－	2,375／－	1万4,025／－
見習い	5,200／－	2,600／－	2,375／－	1万175／－

別表－C

繊維／化学／染色／石油精製／農産物／器具／木竹製品／その他の関連製品

	基本給	住居手当 （基本給の50%）	医療手当	総 額
熟練 （High Skilled）	9,750／－	4,875／－	2,375／－	1万7,000／－
熟 練（Grade-2）	8,300／－	4,150／－	2,375／－	1万4,850／－
準熟練	7,867／－	3,933／－	2,375／－	1万4,175／－
非熟練	7,250／－	3,625／－	2,375／－	1万3,250／－
見習い	5,200／－	2,600／－	2,375／－	1万175／－

別表－D

テリータオル／セーター／ウィッグ／その他の関連製品

① 出来高払いの労働者

	基本給	住居手当 （基本給の50%）	医療手当	総　額
出来高払いの労働者	7,250／－	3,625／－	2,375／－	1万3,250／－
見習い	5,200／－	2,600／－	2,375／－	1万175／－

② 月給で働く労働者

	基本給	住居手当 （基本給の50%）	医療手当	総　額
熟練 （High Skilled）	9,750／－	4,875／－	2,375／－	1万7,000／－
熟　練（Grade-2）	8,300／－	4,150／－	2,375／－	1万4,825／－
準熟練	7,867／－	3,933／－	2,375／－	1万4,175／－
非熟練	7,250／－	3,625／－	2,375／－	1万3,250／－
見習い	5,200／－	2,600／－	2,375／－	1万175／－

10　賞　与

　勤務期間が1年以上の労働者に対し、年に2回の祝祭賞与を与えなければならない。賞与の1回あたりの金額は基本給を超えることはできないと規定されているが（労働規則111条(5)）、実務では、目安と考えられ、基本給の金額以上の祝祭賞与を与えることはできる。EPZでは、毎年、基本給2か月分の祝祭賞与を与えなければならないと定められている（EPZ労働法53条(4)）。

11　労働者災害補償

(1)　労災の対象範囲

　労働者が業務中の事故で障害を負った場合、以下の場合を除き、使用者は

補償金を支払う義務がある（労働法150条(1)・(2)）、EPZ労働法73条(1)）。

① 負傷による全体または部分的な労働能力の損失が3日を超えない場合

② 労働者の飲酒または薬物使用に起因する事故、労働者が安全確保を目的とした明確な指示または規則に故意に従わなかった場合、労働者の安全確保を目的として支給されていることを知りながら、労働者が故意に安全装備を外したり、無視した場合に直接起因する事故による負傷の場合

「職業病」として、労働災害補償の対象となる31項目の職種は、①蒸気、他の機械動力または電気によって推進されるリフトまたは車両の操作または保守に関連した業務に従事する者（鉄道または事務作業を除く）、②5人以上が雇用されている職場で、蒸気、水または他の機械的動力または電力が使用される製造工程、付随する業務、製造工程に関する業務に従事する者（製造工程が行われていない場所で事務作業のみに従事しているものは除く）、③5人以上が雇用されている職場で、建物または敷地内で、物品の使用、輸送または販売のために、製造、改造、修理、装飾、仕上げ、改良する業務に従事する者、④10人以上が雇用されている職場で、爆発物の製造または取扱いに従事している者等があげられている（労働法150条(8)）。EPZ労働法では、別表4にて、労災の対象となる11種類の労働があげられている。

労働法およびEPZ労働法により特定された業務により指定の職業病（Part A）[7]に罹患したり、特定された業務（Part B）[8]に6か月を超えて継続的に勤務し、指定の職業病に罹患した場合には労災とみなされ、使用者が反証しな

---

7 労働法およびEPZ労働法の別表3に、Part Aの業務として、商品の積込み・積下し・輸送、テトラエチル鉛を使用する工程、亜硝酸ガスの暴露を含む工程、マンガンの煙・粉塵または蒸気・マンガンの化合物またはマンガンを含む物質の使用・取扱いまたは暴露、農薬の散布等、8種類の業務が列挙されており、それらに対する職業病として、炭疽菌、テトラエチル鉛による中毒、亜硝酸ガスによる中毒、マンガンによる中毒、農薬による中毒等があげられている。

8 労働法およびEPZ労働法の別表3に、Part Bの業務として、ネズミが多い場所での労働、ジニトロフェノールまたはその均質物質の煙・粉塵・蒸気の使用、取扱い、暴露、トリクレシルを含む物質の煙・粉塵・蒸気の使用、取扱い、暴露等、15種類の業務が列挙されており、それらに対する職業病として、レプトスピラ症、ジニトロフェノールによる中毒、トリクレシルによる中毒等があげられている。

い限り、勤務中に生じたとみなされる（労働法150条(3)、EPZ労働法73条(3)）。

(2) 補償金額

労働不能の程度に応じた補償金額が定められている。永久一部労働不能について、労働法別表１にて、負傷の程度に対する労働不能の割合が記載されている。一時労働不能の場合、労働不能となった日から４日の待機期間後の支払月の初日に１か月の補償金が支払われ、労働不能の期間または１年の短いほうの期間、支給される（労働法151条(1)、EPZ労働法74条(1)）。同一の事故により複数の負傷があった場合は、永久全労働不能による補償金額を超えない範囲で増額される（労働法151条(2)、EPZ労働法74条(2)）。

労災による補償金額は、労働法およびEPZ労働法の別表５にて、以下のとおり規定されている。

負傷した労働者の月給額	補償金額		一時労働不能の場合の補償月額
	死　亡	永久全労働不能	
労働者の基本給	20万タカ（労働法、EPZ労働法）	25万タカ（労働法、EPZ労働法）	補償金は、労働不能期間または１年の短いほうの期間、支払われる。一時労働不能の場合の補償金は、最初の２か月は月給満額、次の２か月は月給の３分の２、５か月目以降は月給の半額が支給される。長期化した職業病の場合、労働不能に対する補償金は、労働不能である期間は月給の半額で、支給期間は２年を超えないものとする。

12　労働組合

労働法に基づき、すべての労働者（地域の監視員・警備員、消防隊員、秘書官を除く）と使用者は労働組合（Trade Union）を設立し、加入する権利を有するが、労働組合設立の要件の１つとして、事業所の労働者の20％以上の加入が必要である等、一定の条件が課されている。輸出加工区においても、労

働者（地域の監視員・警備員、運転手、秘書官、暗号アシスタント、臨時労働者、調理人、事務職で雇用されている者を除く）は、労働組合（Workers' Welfare Association。以下、「WWA」という）を設立し、加入する権利を有するが、事業所の無期雇用労働者の20％以上の加入が必要である（EPZ労働法94条(1)・(2)）。輸出加工区では、WWAの設立および加入が認められている労働者に「臨時労働者」が含まれず、「無期雇用労働者」の20％による加入が設立要件の１つになっている。また、使用者団体（Employers' Association）がWWAとは別に定められている（EPZ労働法114条）。

(1) 労働組合の設立

　すべての労働者は、労働者と使用者間、または労働者間の関係を規制することを目的として労働組合を設立する権利を有し、労働組合の規約に従い、自身の選択で労働組合に加入する権利を有する。同様に、すべての使用者は、使用者と労働者間、または使用者間の関係を規制することを目的として労働組合（使用者組織）を設立する権利を有し、労働組合の規約に従い、自身の選択で労働組合に加入する権利を有する（労働法176条、EPZ労働法94条）。複数の労働組合に所属することはできず、加入申請時に、以前加入していた労働組合の退会届の提出が求められる（労働規則167条(1)・(2)）。また、労働組合は、連盟を組織または加入する権利を有し、当該組合または連盟は、国際組織や労働者連盟、使用者組織と提携する権利がある。EPZでは、事業所に複数のWWAの設立は認められておらず、労働者は自分が雇用されている事業所のWWAにのみ加入することができる（EPZ労働法100条・102条(1)）。

　労働組合の執行委員会の委員の構成について、労働規則169条で定められている。女性労働者が20％を占める組織においては、労働組合の執行委員会に最低10％の女性組合員を含めなければならない（労働法176条(e)、労働規則169条(2)）。労働組合は、規約に定めた目的の範囲外の活動をしてはならない（労働法349条）。

　輸出加工区においては、WWAの役員ポストの30％以上は女性の無期雇用労働者でなければならない（EPZ労働法94条(5)）。

111

第6章　労働者の雇用

(2)　労働組合の登録

　労働組合は、役員の情報、加入者の誓約書や規約等を提出して、組合長および事務局長が署名のうえ、労働局長もしくは関連当局にて登録しなければならず（労働法177条・178条）、労働規則にて登録のための申請書の様式（Form56）が提供されている。規約に記載すべき事項は、以下のとおりである（労働法179条(1)）。

> ①労働組合の名称および住所、②設立の目的、③組合員の申請方法、他の労働組合の組合員ではない旨の宣言をしないと組合員になれないと明記すること、④基金の原資および基金の利用目的、⑤規約により保証される利益や科される罰金の条件、⑥組合員名簿の管理、役員や組合員による施設の検査の方法、⑦規約の改正、変更、破棄の方法、基金の管理、年間監査、監査方法、役員および組合員による会計の検査の方法、⑧解散の方法、⑨一般組合員による役員選挙の方法、役員の任期（2年を超えてはならない。事業所団体の場合は3年を超えてはならない）、⑩役員は5名以上35名以下、⑪役員の不信任手続、⑫執行委員会および一般組合員の会議は、執行委員会は3か月に1回以上、一般組合員は年に1回以上実施すること

　なお、労働組合の登録には、前述のとおり、事業所で雇用されている労働者の20％以上が加入していることが必要である。ただし、同一の使用者の下、事業所に複数の労働組合が同一業界で連携して活動している場合は1つの労働組合とみなされる（労働法179条(2)）。1つの事業所または複数の事業所につき、労働組合は3つの組織まで登録できる（労働法179条(5)）。労働組合の議長および役員は、本人の同意がない限り、他の地域（District）に異動させることはできない（労働法187条）。

　EPZも同様に、WWAの名称および住所、設立日、組合員の情報等に署名し、申請書とともに輸出加工区庁（BEPZA）の長官に提出する（EPZ労働法95条(1)・(2)）。規約に含まなければならない事項は、以下のとおりである。

> ①労働組合の名称および住所、②設立の目的、③組合員の資格要件、申請方法、④執行委員会（執行委員はWWAの組合員である無期雇用労働者でなければならない）、⑤WWAの代表者（5人以上15人以下）、⑥WWAの原資およびそれが使用される分野、⑦規約により保証される利益や科される罰金の条件、⑧組合員名簿、役員や組合員代表による検査対象の施設の管理、⑨規約の改正、変

112

更、破棄の方法、⑩基金の管理、年間監査、監査方法、代表者および組合員による帳簿の検査の方法、⑪解散の手続、⑫執行委員会選挙の方法、⑬WWAの執行委員からの退任および組合員の退会の手続、⑭WWAの代表の不信任手続、⑮執行委員会およびWWA一般組合員の会議は、総評議会は3か月に1回以上、一般組合員は年に1回以上実施すること

　なお、WWAの登録には、事業所で雇用されている無期雇用労働者の20%以上が加入していることが必要である。ただし、同一の使用者の下、EPZに複数の事業所が同じ分野で連携して活動している場合は、その場所に関係なく、1つの事業所とみなされる（EPZ労働法97条(5)）。また、各EPZにおいて、1事業所につき複数のWWAを設立することはできない（EPZ労働法100条）。WWAの組合員および活動について、雇用されている事業所のWWAのみに加入する権利があり（EPZ労働法102条(1)）、WWAの活動は、事業所に関する分野に制限されている（EPZ労働法102条(2)）。WWAは、WWA連盟の設立を除き、EPZ内外で、他のWWAと提携や連携をしてはならない（EPZ労働法104条(4)）。

(3)　使用者による不当な労働慣行

　使用者および使用者組織は、以下の行動をとってはならない（労働法195条、EPZ労働法115条）。

① 　雇用契約で、労働組合／WWAへの加入または継続にかかわる労働者の権利を制限する条件を課すこと

② 　労働組合／WWAの組合員または役員であるか否かの条件で、雇用または雇用の継続を拒否すること

③ 　労働組合／WWAの組合員または役員であるか否かの条件で、雇用、昇進、雇用条件、労働条件に関して労働者を差別すること

④ 　労働組合／WWAの組合員もしくは役員であることまたはなること、他の者になるよう勧めること、労働組合の設立、活動、拡大に参加することを理由に、労働者を解雇や異動させること、またはそのように脅すこと、雇用に害を及ぼすと脅迫すること

⑤ 　便宜を図ることによって、労働組合／WWAの組合員もしくは役員になることを控えるまたは役職から退任するよう労働者等を説得すること

第6章　労働者の雇用

⑥　威嚇、強制、圧力、脅迫、監禁、身体的な傷害、水、電力、電話設備の切断、その他の手段によって、団体交渉代理人／WWAの代表に対し、和解または和解の覚書への署名を強要または強要を試みること

⑦　適法に実施される団体交渉代理人等の選挙を妨害または影響を与えること

⑧　違法ではないストライキの間に労働者を新規で雇用すること（ただし、仲裁人／輸出加工区庁長官が深刻な損害を与える可能性が高いことを認め、一時的な雇用または限られた人数の労働者の雇用を認めた場合は除く）

⑨　参加委員会[9]が推奨した措置を故意に講じないこと

⑩　労働争議に関し、団体交渉代理人[10]とのコミュニケーションに返答しないこと

⑪　労働法／EPZ労働法の規定に反して、労働組合の議長等の役員を異動させること

⑫　違法なロックアウトを開始、継続、または他の人々を参加するよう扇動すること

これらの規定に違反した場合、労働法では、1年以下の禁錮もしくは1万タカ以下の罰金、またはその両方が科される（労働法291条(1)）。EPZ労働法では、6か月以下の禁錮または5万タカ以下の罰金が科される（EPZ労働法151条）。

⑷　労働者による不当な労働慣行

労働者は、使用者の承認を得ずに労働時間中に労働組合の活動に従事してはならない。ただし、団体交渉代理人の議長または事務局長による労働組合の委員会、交渉、仲裁や和解その他労働法に基づいて実施される手続に関する活動は除く（労働法196条(1)、EPZ労働法116条(1)）。

労働者や労働組合／WWAは、以下の行動をしてはならない（労働法196条(2)、EPZ労働法116条(2)）。

①　労働者に対し、労働組合／WWAの組合員もしくは役員になるよう

9　参加委員会については、前掲（注6）の項目参照。

10　団体交渉代理人については、前掲（注1）の項目参照。

に、もしくはならないように、またはそれらの役職を控えるように強要すること

② 便宜を図ることによって、労働組合／WWAの組合員もしくは役員になることを控えるまたは役職から退任するよう労働者等を説得すること

③ 労働者に対し、威嚇、強制、圧力、脅迫、監禁、身体的な傷害、水、電力、電話設備の切断、その他の手段によって、労働組合の会費を支払わせるまたは支払わせないよう強要または強要を試みること

④ 威嚇、強制、圧力、脅迫、監禁、身体的な傷害、水、電力、電話設備の切断、その他の手段によって、使用者に対し、和解の覚書への署名、要求の受入れもしくは同意を強要または強要を試みること

⑤ 違法なストライキ、サボタージュを開始または継続すること、他の者の参加を扇動すること

⑥ 労働組合／WWAの要求または目的を達成するために、使用者や管理者を監禁すること、輸送または通信システムを妨害すること、財産を破壊すること

そのほか、労働者または労働組合／WWAが、法令に基づく選挙の投票に影響を与えること、または執行委員会またはその代理人を通じた脅迫、なりすまし、贈収賄による妨害は、不当行為である。

労働者がこれらの規定に違反した場合、6か月以下の禁錮もしくは5,000タカ以下の罰金、またはその両方が科される（労働法291条(2)）。労働組合または労働者以外の者が違反した場合、2年以下の禁錮もしくは1万タカ以下の罰金、またはその両方が科される（労働法291条(3)）。

EPZでは、使用者による不当な労働慣行（EPZ労働法115条(1)）の規定に違反した者は、6か月以下の禁錮および5万タカ以下の罰金が科される（EPZ労働法151条(1)）。WWAによる不当な労働慣行（EPZ労働法116条(1)）の規定に違反した労働者は、6か月以下の禁錮および2,000タカ以下の罰金（EPZ労働法116条(2)）、WWAまたは労働者以外の者が違反した場合、6か月以下の禁錮および2万タカ以下の罰金が科される（EPZ労働法116条(3)）。

115

第6章　労働者の雇用

⑸　団体交渉代理人

㋐　労働法が適用される場合

団体交渉代理人は、労働法2条⑸では、「事業所や事業所グループにおける団体交渉のための労働者の代理人である事業所又は事業所グループの労働組合又は労働組合連盟」と定義されている。

事業所で労働組合が1つの場合は、当該労働組合が団体交渉代理人とみなされる（労働法202条⑴）。一方、事業所に複数労働組合が存在する場合は、選挙委員を任命して団体交渉代理人の選挙を実施するか、労働組合または使用者からの申請に基づき、申請から120日以内に、労働局長が実施する秘密投票により、事業所の団体交渉代理人を決定する（労働法202条⑵）。

団体交渉代理人の任期は通常2年で、複数の組合からなる連合の場合は、3年である（労働法202条⒃）。

すべての使用者は、事業所に団体交渉代理人のための執務室を割り当てなければならない（労働法202条㉖）。また、使用者は、団体交渉代理人が要請する組合会費を組合員である労働者の同意を得たうえで賃金から控除し、15日以内に団体交渉代理人に預け入れなければならない（労働法204条⑴・⑵）。

団体交渉代理人は、事業所に関する団体交渉について以下の権限を有する（労働法204条㉔）。

①　労働者の失業、労働条件または労働環境に関する使用者との交渉

②　訴訟手続における労働者の代表

③　適法なストライキの通知、宣言

④　労働法の規定に基づき設置された福祉機関、積立基金、労働者企業利益参加基金の執行委員会において労働者の代表を任命すること

⑤　労働法に基づき、労働者または労働者グループを代表して訴訟を進めること

㋑　EPZ労働法が適用される場合

団体交渉代理人は、EPZ労働法2条㊶では、「事業所の登録WWAの執行委員会の代表として選ばれた者で、当該事業所の団体交渉代理人である」と定義されている。

WWAの代表は、新しい執行委員会の設置から15日以内に団体交渉代理人

の承認を申請し（EPZ労働規則195条）、執行委員長は15日以内に申請を承認し、承認の受領後に団体交渉代理人の活動が開始される。

すべての使用者は、事業所に団体交渉代理人のための執務室を割り当てなければならない（EPZ労働法196条）。また、使用者はWWAの執行委員が要請に基づき、労働者の同意を得たうえで組合費を賃金から控除し、15日以内にWWA基金に預け入れなければならない（EPZ労働法120条(1)・(2)、EPZ労働規則198条(1)・(2)）。

団体交渉代理人は、事業所に関する団体交渉について以下の権限を有する（EPZ労働法119条(2)・(3)）。

① 雇用および労働条件に関する使用者との団体交渉
② 訴訟手続における労働者の代表
③ 適法なストライキの通知、宣言
④ EPZ労働法の規定に基づき設置された福祉機関、積立基金、労働者企業利益参加基金の理事会において労働者の代表を任命すること
⑤ EPZ労働法に基づき、労働者または労働者グループを代表して訴訟を進めること

⑹ 参加委員会

㋐ 労働法が適用される場合

50人以上が雇用されている事業所の使用者は、労使の問題を協議するために、使用者および労働者の代表で構成される参加委員会を組織しなければならない（労働法205条(1)・(2)）。労働者の代表者は、使用者の代表者の人数より多くなければならない（労働法205条(3)）。労働組合が存在する事業所は参加委員会の設置は必須ではなく、労働組合が組織されていない事業所の場合、参加委員会の労働者の代表は、労働組合が組織されるまで、労働者の利益に関する活動を行うことができる（労働法205条（6a））。参加委員会の主な機能は、労働者と使用者の間に事業所への帰属意識を教え込み発展させること、また、労働者の事業所に対するコミットメントと責任を意識させることとされており、具体的には、以下のとおり規定されている（労働法206条(1)）。

① 使用者と労働者の相互の信頼や理解、協力を促進するよう努めること

117

② 労働法を確実に適用すること

③ 規律を守るよう育成すること、安全・労働衛生および労働条件を改善し維持すること

④ 職業訓練、労働者の教育、家族の福祉を奨励すること

⑤ 労働者とその家族の福祉サービスを改善する対策をとること

⑥ 生産目標の達成、生産性の向上、生産コストの削減、無駄を防ぎ、生産の質を向上させること

参加委員会は少なくとも2か月に1回は会議を実施し、7日以内に、議事録を労働局および仲裁人に提出しなければならない（労働法207条(1)・(2)）。使用者および労働組合は、参加委員会による提案を実現するために必要な手段をとらなければならない（労働法208条）。

(イ)　EPZ労働法が適用される場合

WWAが設立されていないまたは解散した場合、参加委員会を設立することができるが、事業所にてWWAの執行委員会が設置されたら、参加委員会は自動的に解散するものとする（EPZ労働法122条）。労働者の代表者と使用者の代表者の人数は同数でなければならず（EPZ労働法122条(2)）、合計で6人以上16人以下とし、委員の任期は2年とする（EPZ労働法122条(3)）。使用者は、参加委員会の代表をその任期中に本人の同意なく異動させてはならない（EPZ労働法122条(5)）。参加委員会の主な機能は、労働法と同様に、労働者と使用者の間に事業所への帰属意識を教え込み発展させること、また、労働者の事業所に対するコミットメントと責任を意識させることとされており、具体的には、以下のとおり規定されている（EPZ労働法123条）。

① 使用者と労働者の相互の信頼や理解、協力を促進するよう努めること

② EPZ労働法の適用に協力すること

③ 規律を守るよう育成すること、安全・労働衛生および労働条件を改善し維持すること

④ 職業訓練、労働者の教育、家族の福祉を奨励すること

⑤ 労働者とその家族の福祉サービスを改善する対策をとること

⑥ 生産目標の達成、生産性の向上、生産コストの削減、無駄を防ぎ、生産の質を向上させること

参加委員会は少なくとも3か月に1回は会議を実施し（EPZ労働規則法232条）、7日以内に、議事録を労働局および仲裁人に提出しなければならない（EPZ労働規則233条(2)）。

13　労働争議

労働者や使用者は、労働争議が起こる可能性を認識した場合は、話合いをもつことが定められており（労働法211条、EPZ労働法124条(1)）、事前の話合いや調停、場合によっては仲裁を経ずに、ストライキまたはロックアウトを行うことはできない。また、事業所が新しいものであるか、外国人に所有されている、または外国人と共同で設立されている場合、ストライキもしくはロックアウトは、生産を開始して3年間は禁止される（労働法211条(8)）。EPZにおいても、製造開始から3年間は禁止される（EPZ労働法131条(9)）。

これらの規定は、外国投資家にとって事業を進めるうえで好ましい規定ともいえるが、ストライキは法律に基づく手続を経て実施されることは少なく、いずれにしても、持続的で安定した事業の遂行のためには、日常的に労使間の意思疎通を図り、信頼関係を構築することが肝要である。

(1)　労働争議の解決

(ア)　労働法が適用される場合

労働争議は、使用者または団体交渉代理人によって労働法の規定に従って開始されなければ認められない（労働法209条）。労働争議の解決について、以下のとおり規定されている（労働法210条）。

119

第6章　労働者の雇用

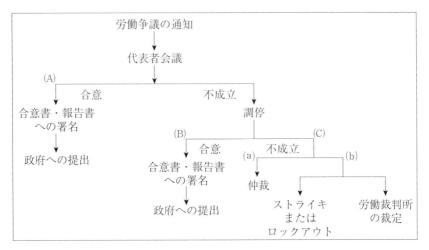

　使用者または団体交渉代理人は、労働争議が起こる可能性を認識した場合、相手側に書面にて通知しなければならない。また、通知を受けた当事者は、15日以内に相手側と協議のうえ、問題や合意に至るための考え方について協議する代表者会議を設定しなければならない。

　(A)　合意もしくは不成立の場合

　会議を経て合意に至った場合、合意書に双方が署名し、使用者が政府に合意書を提出しなければならない。会議が調わなかった場合、または、最初の会議から1か月以内もしくは双方の合意によりさらに延長した期間に対話により合意に至らなかった場合、管轄の調停人に対し、調停による解決を書面にて求めることができる。要請を受けた調停人は、10日以内に当事者間の調停を開催しなければならない。

　(B)　調停を経て合意に至った場合

　調停人は双方が署名した合意書および報告書を政府に提出する。

　(C)　調停人が要請を受けて30日間に合意に至らなかった場合

　調停の不成立または両当事者間が書面により合意した延長期間、調停が継続される。調停による和解が成立しなかった場合、調停人は、両当事者に対して仲裁人に付託することに合意するよう説得しなければならない。

　　(a)　当事者が仲裁に付託することを合意した場合

　書面による共同の要請をしなければならない。仲裁人は、要請を受けた日

から30日以内または当事者が書面にて合意した延長期間内に裁定し、裁定を当事者および政府に送付しなければならない。仲裁人による裁定で確定し、上訴することはできない。裁定の有効期間は、2年を超えない範囲で仲裁人が決定する。

(b) 調停による和解が成立せず、仲裁人に付託することにも当事者が合意しなかった場合

調停人は、調停の不成立について、3日以内にその旨の証明書を発行する。ストライキまたはロックアウトの通知、または労働裁判所に裁定を求める。

使用者は、調停、仲裁、労働裁判所、労働上訴審判所で係争中に、労働争議にかかわった労働者に対して、不利になるような雇用条件等の変更をすることはできず、労働争議と関係のない不正行為の場合を除き、調停人、仲裁人、労働裁判所または労働上訴審判所の許可なく、解雇、懲戒等の措置をとることはできない（労働法228条(1)）。労働組合の役員に対して、労働裁判所の許可がない限り、不正行為によるものであっても、解雇、懲戒は認められておらず（労働法228条(2)）、違反した使用者は、1年以下の禁錮もしくは5,000タカ以下の罰金またはその両方が科される（労働法297条）。

和解、裁定、決定に違反したものは、1年以下の禁錮もしくは1万タカ以下の罰金またはその両方が科され（労働法292条）、故意に従わなかった者は、2年以下の禁錮もしくは1万タカ以下の罰金またはその両方が科される（労働法293条）。

(イ) EPZ労働法が適用される場合

労働争議は、使用者または団体交渉代理人によって労働法の規定に従って開始されなければ認められない。労働争議の解決について、以下のとおり規定されている（EPZ労働法124条ないし150条）。

使用者または団体交渉代理人は、労働争議が起こる可能性を認識した場合、相手側に書面にて通知しなければならない。通知を受けた当事者は、15日以内に相手側と協議のうえ、問題や合意に至るための考え方について協議する代表者会議を設定しなければならない。

121

第 6 章　労働者の雇用

(A)　合意もしくは不成立の場合

　会議を経て合意に至った場合、合意書に双方が署名し、輸出加工区庁
（BEPZA）長官および調停人に合意書を提出しなければならない。会議が調
わなかった場合、輸出加工区庁（BEPZA）長官および調停人に対しその旨
を報告し、調停による解決を書面にて求めることができる。要請を受けた調
停人は、当事者間の調停を開催しなければならない。

　調停人が、要請を受けて15日以内に紛争を解決できなかった場合、団体交
渉代理人または使用者は、法律の規定に従い、ストライキまたはロックアウ
トの事前通知を30日以上前に相手方に送付することができる。団体交渉代理
人は、規定に基づき、その目的のために実施される秘密投票によって、
WWAの執行委員会の 3 分の 2 の同意を得ない限り、ストライキの通知を出
すことはできない。

(B)　調停を経て合意に至った場合

　調停人は、双方が署名した合意書および報告書を輸出加工区庁（BEPZA）
長官に提出する。

(C)　ストライキまたはロックアウトの通知に記載した期間内に、調停に
　　よる合意に至らなかった場合

　調停の不成立または両当事者が書面により合意した延長期間、調停が継続
される。調停による和解が成立しなかった場合、調停人は、両当事者に対し
て仲裁人に付託することに合意するよう説得しなければならない。

(a)　当事者が仲裁に付託することを合意した場合

　書面による共同の要請をしなければならない。仲裁人は、要請を受けた日
から30日以内または当事者が書面にて合意した延長期間内に裁定し、裁定を
当事者および輸出加工区庁（BEPZA）の長官に送付しなければならない。
仲裁人による裁定で確定し、上訴することはできない。裁定の有効期間は、
2 年を超えない範囲で仲裁人が決定する。

(b)　調停による和解が成立せず、仲裁人に付託することにも当事者が
　　合意しなかった場合

　調停人は、調停の不成立について、 3 日以内にその旨の証明書を発行す
る。証明書の受領後、当事者はストライキまたはロックアウトの通知を出す

122

ことができる。なお、ストライキまたはロックアウトの前後のいつでも、EPZ労働裁判所に裁定を求めることができる。

使用者は、調停、仲裁、EPZ労働裁判所、EPZ労働上訴審判所で係争中に、労働争議にかかわった労働者に対して、不利になるような雇用条件等の変更をすることはできない。また、労働争議と関係のない不正行為の場合を除き、解雇、懲戒等の措置をとることはできない（EPZ労働法146条(1)）。WWAの役員に対して、EPZ労働裁判所の許可がない限り、不正行為によるものであっても、解雇、懲戒は認められておらず（EPZ労働法146条(2)）、違反した使用者は、6か月以下の禁錮もしくは1万タカ以下の罰金またはその両方が科される（EPZ労働法157条）。

和解、裁定、決定の条件に故意に違反したものは、6か月以下の禁錮および2万タカ以下の罰金が科される（EPZ労働法153条）。

(2) ストライキおよびロックアウト

㋐ 事前通知の義務

労働争議を起こす当事者は、労働法の規定に基づく調停により合意に至らなかった証明書を受領した後15日以内に、相手方にストライキまたはロックアウトについて通知することができ、通知には開始日を記載しなければならない。ストライキまたはロックアウトの開始日は当該通知の後7日〜14日の間でなければならない。ただし、ストライキの通知には、規定された方法で実施された秘密投票にて組合員の51%以上の同意が必要である。当事者は、労働裁判所に裁定を申請することもできる（労働法211条(1)）。調停の継続中、労働裁判所または労働上訴審判所で係争中に、ストライキやロックアウトの通知を出すことはできない（労働法225条）。

EPZにおいては、当事者が仲裁人に付託することに合意せず、EPZ労働法130条(7)に基づく和解不成立の証明を受けてから30日以内に、団体交渉代理人はストライキの通知を発行する目的のための秘密投票を行うよう、輸出加工区庁（BEPZA）長官に書面にて要請しなければならない（EPZ労働規則242条(1)）。輸出加工区庁長官またはその権限を受けた者は、要請を受けてから15日以内に秘密投票を行わなければならず（EPZ労働規則242条(2)）、秘密投票から24時間以内に、団体交渉代理人および使用者に結果を知らせなけれ

第6章 労働者の雇用

ばならない（EPZ労働規則242条(5)）。なお、51％以上の同意がなければ、団体交渉代理人はストライキの通知を出すことができない。

　　㈣　政府による禁止

　ストライキまたはロックアウトが30日を超えて実施された場合は、政府は禁止することができるが、ストライキまたはロックアウトの継続が公共の生活に深刻な問題または国益の損害を引き起こすと認めた場合は、30日以内であってもいつでも禁止することができる（労働法211条(3)、EPZ労働法131条(3)・(4)）。労働法において、公共サービスの場合は、政府は書面により、いつでもストライキまたはロックアウトを禁止することができる（労働法211条(4)）。

　政府がストライキまたはロックアウトを禁止した場合、当該労働争議は直ちに労働裁判所／EPZ労働裁判所に付託されなければならない（労働法211条(5)、EPZ労働法131条(5)）。

　　㈥　一定期間の禁止

　事業所が新しいものであるか、外国人に所有されている、または外国人と共同で設立されている場合、ストライキおよびロックアウトは、生産を開始して3年間は禁止されるが、他の労働争議解決に関する規定は適用される（労働法211条(8)）。EPZにおいても、製造開始から3年間は、ストライキおよびロックアウトは禁止される（EPZ労働法131条(9)）。

　　㈧　違法なストライキおよびロックアウト

　労働法227条、EPZ労働法145条に、違法なストライキおよびロックアウトについて規定されている。

　①　規定された方法に基づく通知なしにまたは通知に記載した日付の前後にまたは労働法225条／EPZ労働法143条に違反して、労働争議の宣言、開始または継続した場合

　②　労働法209条／EPZ労働法142条（規定に従い使用者または団体交渉代理人により提起された労働争議でなければ、労働争議とみなされない）に規定された方法以外で提起された労働争議の結果として宣言、開始または継続した場合

　③　労働法211条（労働争議の解決）または226条（ストライキまたはロック

124

アウトを禁止する労働裁判所および労働上訴裁判所の権限）／EPZ労働法
144条（EPZ労働裁判所およびEPZ労働上訴審判所がストライキ等を禁止す
る権限）に基づき発出された命令に違反して継続した場合

④　当該労働争議について和解または裁定が実施されている期間中に宣
言、開始または継続した場合

違法なストライキの結果として宣言されたロックアウト、違法なロックア
ウトの結果として宣言されたストライキは違法とはみなされない。

労働法において、違法なストライキを開始、継続、推進した労働者は、6
か月以下の禁錮もしくは5,000タカ以下の罰金またはその両方が科され（労
働法294条⑴）、違法なロックアウトを開始、継続、推進した使用者も同様の
刑罰が科される（労働法294条⑵）。違法なストライキまたはロックアウトに、
他の者を参加するよう扇動したり、その他推進する者は、6か月以下の禁錮
もしくは5,000タカ以下の罰金またはその両方が科され（労働法295条）、サボ
タージュを推進する者も同様の刑罰が科される（労働法296条）。

EPZ労働法においては、違法なストライキを開始、継続、推進した労働
者は、6か月以下の禁錮もしくは5,000タカ以下の罰金またはその両方が科
され（EPZ労働法155条⑴）、違法なロックアウトを開始、継続、推進した使
用者は1年以下の禁錮もしくは2万タカ以下の罰金またはその両方が科さ
れ、繰り返した場合は、違反が継続している限り、1日につき2,000タカ以
下の罰金が科される（EPZ労働法155条⑵）。違法なストライキまたはロック
アウトに、他の者を参加するよう扇動したり、資金を提供したり、その他推
進した者は、6か月以下の禁錮もしくは1万タカ以下の罰金またはその両方
が科される（EPZ労働法156条）。

⑶　労働争議の訴訟

㋐　労働裁判所／EPZ労働裁判所

労働法に基づき、団体交渉代理人、使用者または労働者は、労働法にて規
定されている権利、裁定や和解等の行使のために、労働裁判所に訴えを提起
することができる（労働法213条）。労働裁判所は、訴訟が提起されてから10
日以内に、相手方に供述書または反論書を提出するよう指示しなければなら
ない（労働法216条⑶）。相手方が、定められたまたは延長された期間内に供

述書または反論書を申し立てなかった場合、当事者の一方だけで審問し、処理される（労働法216条(5)）。相手方が審理に欠席した場合も同様である（労働法216条(8)）。労働裁判所は、それが不可能である場合を除き、訴訟が提起されてから60日以内に判決、決定または裁定をしなければならず、書面にて理由を記録することで、90日まで延長することができる（労働法216条(12)）。

EPZにおいては、団体交渉代理人、使用者または労働者は、EPZ労働法にて規定されている権利、裁定や和解等の行使のために、労働裁判所に訴えを提起することができる（EPZ労働法132条）。EPZ労働裁判所は、当事者が書面にて延長に合意しない限り、申立てが提起された日から25日以内に裁定を下さなければならない。

　　(イ)　労働上訴審判所

労働裁判所の判決に異議がある場合は、60日以内に労働上訴審判所に訴訟を提起することができ、労働上訴審判所の決定が最終判決となる（労働法217条）。審理については、民事訴訟法の規定に従う（労働法218条(7)）。労働上訴審判所は、労働裁判所の決定を確定、変更、棄却または再審理のために労働裁判所に差し戻すことができる（労働法218条(10)）。労働上訴審判所は、訴訟が提起されてから60日以内に判決を下さなければならない（労働法218条(11)）。ただし、労働上訴審判所が60日以内に判決を下すことができない場合、その理由を書面に記録することにより、90日まで延長することができる（労働法218条（11A））。

EPZにおいては、EPZ労働裁判所の裁定に権利を侵害されたと考える当事者は30日以内に、EPZ労働上訴審判所に上訴することができ、EPZ労働上訴審判所の決定が最終判決となる。労働上訴審判所は、上訴が申し立てられた日から40日以内に決定を下さなければならないと規定されている（EPZ労働法136条(4)）。

14　労働者企業利益参加基金

(1)　労働者企業利益参加基金および労働者福祉基金（労働法）

会計年度最終日に払込資本額が1,000万タカ以上または会計年度最終日に固定資産価値が2,000万タカの企業および政府が通知にて特定する企業や事

業所は、労働者企業利益参加基金（以下、「参加基金」ともいう）および労働者福祉基金（以下、「福祉基金」ともいう）を設立しなければならないと規定されている（労働法232条(1)・(2)、234条(1)）。100％輸出指向企業は、中央基金を設立しなければならない（労働規則212条(1)）。毎年、年度の締め日から9か月以内に、前年度の純利益の5％を、80：10：10の割合で、参加基金、福祉基金、労働者福祉財団基金[11]に支払わなければならない（労働法234条(1)）。参加基金および福祉基金を設立後に、執行委員会を設立しなければならない（労働法235条(1)）。同委員会は、規定の方法で選出された議長と委員で構成され、団体交渉代理人、団体交渉代理人が存在しない場合は労働者により任命された2人、使用者側は会社のマネジメントから任命された2人でうち2人は会計部門の者でなければならないと定められている（労働法235条(1)(a)(b)）。

　参加基金は企業の事業に利用されるか（労働法240条(1)）、執行委員会の決定で投資をすることができ（労働法240条(2)）、事業に利用される場合は、銀行の金利より2.5％高い率または普通株の申告した分配金額の75％のいずれか高いほうを金利として支払わなければならない（労働法240条(3)）。毎年、参加基金の合計の3分の2は、受益者に同じ割合で現金で分配され、残りの3分の1は労働法に基づいて投資される（労働法242条(1)）。「受益者」とは、職位や地位に関係なく、9か月以上勤務している者で、試用期間中の労働者も含むが、使用者、共同経営者や管理委員会の委員は除く（労働法233条(1)(i)）。年度の中途採用で6か月以上勤務している者は、その年から加入することができる（労働法241条）。

　福祉基金は、規定に従って執行委員会が決定する目的と方法により活用される（労働法235条）。経済特区（EZ）では、バングラデシュ経済特区（労働者福祉基金）政策（(Bangladesh Economic (Workers Welfare Fund) Policies, 2017) にて、経済特区庁（BEZA）は、EZの労働者の福祉のために福祉基金を設立しなければならない旨が規定されている。会費は、雇用人数によって異なり、企業が支払う。基金は、調停人や仲裁人への手当、宿舎等の維持管理、労働者への各種トレーニングプログラム、EZのデジタル化等にあてられる。

11　バングラデシュ労働者福祉基金法（2006）の14条を根拠として設立される基金。

(2)　使用者―バイヤー―労働者参加基金（EPZ労働法）

　使用者－バイヤー－労働者参加基金（Employer-Buyer-Participatory Fund）は、EPZで働く労働者の福利厚生のために、BEPZAによって設立されるものであり、その目的は、緊急支援、社会保障等の経費の負担、法律の規定を施行するための管理、解決およびその他の関連経費を負担することを目的としている（EPZ労働法172条）。基金の原資は、発注ごとに受ける固定の金額、バイヤーまたは発注する組織による寄付、政府の寄付、国内または外国の個人または組織からの寄付、労働者が支払う固定額、基金の投資からの利益である（EPZ労働法173条）。基金の運用、管理、利用については、規定にて定めるとしているが（EPZ労働法174条）、2024年2月時点で、これらを定める規定は確認できない。

(3)　積立基金

㋐　労働法が適用される場合

　民間セクターの企業は、労働者の利益のために、積立基金を設立することができる（労働法264条⑴）。政府が任命する議長、使用者および労働者からのそれぞれ同人数の代表で構成される執行委員会が基金を管理する（労働法264条⑷・⑸）。積立基金の設立は、使用者の義務でないものの、全労働者の4分の3以上の書面による要望を受けた場合は、設立しなければならない（労働法264条⑽）。また、要望を受けた日から6か月以内に基金の規約を定め、開始しなければならない（労働法264条⑾）。

　積立基金が設立されている場合、使用者や執行委員を除き、勤務期間が1年以上の労働者は会員になるとされ、基金への積立金は、別段の合意がない限り、労働者の月給の7％〜8％相当額と規定されており、使用者も労働者と同額を積み立てなければならない（労働法264条⑼）。また、使用者は、基金の維持管理費を負担しなければならない（労働法264条⒀）。積立基金に加入している労働者は、退職や解雇にかかわらず、使用者の負担分を含む給付金を受け取る権利がある（労働法29条）。使用者は小切手または銀行為替手形等、毎月決められた形で、月末より15日以内に管理費を支払わなければならない（労働法267条）。基金の積立金や手数料のために、労働者の賃金や手当を減額してはならない（労働法272条）。

(イ)　EPZ労働法が適用される場合

　使用者は、労働者の利益のために、積立基金を設立することができる（EPZ労働法164条(1)）。積立基金が設立されている場合、使用者またはそのパートナーまたは取締役を除き、無期雇用労働者は会員にならなければならず（EPZ労働規則253条(1)）、基金への積立金は、労働者の月給の8.33％以上と規定されており、使用者も労働者と同額を積み立てなければならない（EPZ労働規則268条(1)・(2)）。また、使用者は、基金への積立金を賃金から控除し、月末から15日以内に、基金に預けなければならない（EPZ労働規則268条(3)）。積立基金に加入している労働者は、勤続2年目以降に退職する場合、使用者の負担分を含む給付金を受け取る権利があり（EPZ労働規則280条(1)）、勤続2年に満たない場合または基金に加入して1年に満たない場合は、自身の積立分のみ受給することができ、使用者による積立金は、使用者の銀行口座に送金される（EPZ労働規則280条(2)）。使用者は、管理費を支払わなければならない（EPZ労働法276条）。積立基金に加入している労働者は、会員資格の期間にかかわらず、また、死亡または退職や解雇にて雇用が終了する場合は、労働者および使用者の積立金に対する利益を受け取る権利がある（EPZ労働法276条(3)）。

第3　労働者の雇用および給与支払いの実務

　外国人駐在員および現地労働者の雇用および給与支払いの実務に関する情報提供を行う。

1　労働者の雇用

(1)　外国人駐在員の雇用

(ア)　雇用の要件

　バングラデシュで設立された法人は、外国人駐在員を雇用することができるが、外国人の雇用は、現地では供給できない専門家や技術者等の人材であることとされている。

129

第6章 労働者の雇用

(イ) ビザおよびワークパーミットの申請手続

バングラデシュにて雇用される外国人駐在員は適切なビザ（就労ビザ（E-VISA）、投資家ビザ（PI-VISA）または政府の開発プロジェクトに従事する民間の駐在員に発行されるビザ（A 3 VISA））を取得し、ワークパーミットを取得しなければならない。一般的な手続は、以下のとおりである。

① 就労ビザ（E-VISA）取得

投資開発庁（BIDA）から就労ビザ（E-VISA）推薦状を取得し、赴任予定の駐在員が日本または居住国のバングラデシュ大使館にて就労ビザ（E-VISA）を申請する。会社の立上げ等で、バングラデシュに法人が存在しない場合は、ビジネスビザ（B-VISA）で入国し、会社が設立された後、バングラデシュ国内でビジネスビザ（B-VISA）から就労ビザ（E-VISA）に切り替えるか、日本または居住国のバングラデシュ大使館にて就労ビザ（E-VISA）を申請する。

② ワークパーミット申請

就労ビザ（E-VISA）にてバングラデシュに入国した日から15日以内にワークパーミットの申請をしなければならない。

③ セキュリティ・クリアランス

特別警察と国家安全情報局により、セキュリティ・クリアランスが行われる。セキュリティ・クリアランスは、駐在員がワークパーミット申請にあたって申告した内容に基づく身元確認で、実際に勤務先に訪問して確認を行う。

④ e-TINの取得および給与の送金

ワークパーミットの取得後、納税者番号（e-TIN）を取得し、銀行口座に給与を送金した証明を提出しなければならない。

(ウ) ビザおよびワークパーミットの更新手続

最初に発行される就労ビザ（E-VISA）の有効期間は、通常 3 か月であり、その間にワークパーミットを取得することになる。ワークパーミットを取得した後、就労ビザ（E-VISA）の更新手続が必要となり、就労ビザ（E-VISA）は、ワークパーミットの有効期限まで または 1 年間延長できるが、その時点でセキュリティ・クリアランスが完了していない場合は、3 か月または 6 か

月の延長となる。ワークパーミットの有効期間は、1回につき最長2年まで認められているが、累計で5年とされている。

　　(エ)　その他の事項

　駐在員は、バングラデシュ国内に銀行口座を開設し、銀行送金にて給与を受け取らなければならない。また、バングラデシュ国外で収入を得てはならず、ワークパーミット申請時に申告した給与額以外の収入を得ることは認められていない。すなわち、日本での給与の支払いは認められておらず、給与の全額をバングラデシュに送金する必要がある。政府のプロジェクトに従事する駐在員については、事前の調整で当該要件が緩和されることもある。なお、収入の80％まで、本国に送金することが認められている。

　ワークパーミット申請時に、給与額の申告が求められるが、BIDAガイドラインにて役職ごとに給与の最低額が決められており、その金額を下回る場合は、ワークパーミットの申請が受理されない可能性が高い。

　ワークパーミットの申請時に、所属先の法人に対する5万米ドル以上の資金の入金証明の提出が求められる。

　ワークパーミット申請時に、組織図（労働者の配置）について提出が求められるが、外国人駐在員と現地労働者の人数の比率は、管理職も含めて、製造業では操業開始時は外国人1人に対して、現地労働者10人、通常操業時はその割合が1：20、非製造業では操業開始時は1：5、通常操業時は1：10であり、外国人駐在員の数は、その割合を超えてはならない。ただし、外国人駐在員が高い専門性や技術を有している等は、当該割合の緩和が認められることもある。

　法人が設立される前に、ビジネスビザ（B-VISA）にて入国を繰り返し、法人設立後に、就労ビザ（E-VISA）を申請する際に、ビジネスビザ（B-VISA）での入国を「許可のない雇用」とみなし、罰金を科すケース（50万タカ）が散見されるので、ビジネスビザでの入国の回数や滞在日数について、注意が必要である。

(2)　現地人材の雇用——平均賃金

　現地の労働者の基本給・月額の平均値は、以下のとおりである。なお、労働法にて、基本給は賃金総額の50％以上でなければならないと規定してお

第 6 章　労働者の雇用

り、実務では、手当を含む賃金総額は、非製造業の場合で基本給の1.5倍程度、製造業の場合は1.7倍程度である。

役　　職	基本給・月額（平均値）
製造業・作業員	114米ドル
製造業・エンジニア	302米ドル
製造業・マネージャー	619米ドル
非製造業・スタッフ	362米ドル
非製造業・マネージャー	846米ドル

　前年比昇給率の平均は、2022年から2023年で、製造業で7.4％、非製造業で7.7％、2023年から2024年で、10％、7.7％である。[12]

2　給与収入に対する課税

(1)　給与からの収入

給与収入および手当に対する課税は、以下のとおりである。

収入の種類	課　　税
基本給	全額が課税対象
家賃手当	全額が課税対象
家賃不要の宿泊施設	使用者が家賃を全額支払う場合または住居が提供される場合、家賃の価値
通勤手当	全額が課税対象
医療費	全額が課税対象
	心臓、腎臓、目、肝臓および癌に関連する手術のために労働者（株主取締役を除く）に支払われる医療費は、係る労働者の総収入額に含まれないものとする
旅　費（国内外）	領収書に基づく実費は非課税だが、追加で支払われた手当は課税
祝祭ボーナス	全額が課税対象
業績ボーナス	全額が課税対象

12　JETRO「2023年度 海外進出日系企業実態調査（アジア・オセアニア編）」。

公共料金	全額が課税対象
通信手当（電話）	業務目的の場合は非課税
交際費	全額が課税対象
その他の手当	全額が課税対象
払戻し	業務目的で生じた場合は非課税

　所得税率については、第9章第3を参照のこと。

(2)　使用者の責務

(ア)　税金の計算および控除

　使用者は、源泉徴収税を計算して控除する責任がある。使用者が法律に従って税の計算をしなかった場合または給与から税金を控除しなかった場合、税務当局によって給与に関連する経費として認められず、収入として扱われ、通常の税率で直接課税される。

(イ)　給与の支払い

　給与または報酬という名目での支払いは、税込給与額が2万タカ以上の労働者に対しては銀行口座への送金が必要で、怠った場合は、給与に関連する費用は税務当局によって認められず、認められない費用は個別に収入として扱われ、通常の税率で直接課税される。

(ウ)　源泉徴収税の提出

　源泉徴収税は、以下のスケジュールで納税しなければならず、期日までの納税を怠った場合、納税される税額の月率2％の罰金が科せられる。

控除の時期	支払い日
7月～5月	控除した月の末日から2週間以内
6月1日～20日	控除した日から7日以内
6月21日以降かつ最終営業日2日を除いた他の日	翌日
6月の最終営業日2日	同日

133

第6章　労働者の雇用

3　長期の給与インセンティブ

　各基金について、主に税制優遇の点から述べる。基金の設立手続や管理については、本章第2の規定を参照のこと。

(1)　積立基金

　バングラデシュでは、積立基金の設定は任意である。積立基金は、退職後の労働者を支援するための長期貯蓄として、使用者と労働者が共同で設定する任意の投資基金である。基金からの利益は、雇用契約の終了時に労働者が受け取る。

　使用者は2種類の積立基金を設定することができる。

(2)　登録積立基金

　この基金は、執行委員会とともに創設され、税務当局に登録しなければならない。2023年所得税法の規定に基づき登録された積立基金は、使用者および労働者の双方にとって一定の税制優遇策を享受することができる。

① 　労働者：登録積立基金に預け入れられた使用者および労働者からの基金は、税額控除の対象となる。5年以上同じ使用者のもので継続して勤務していた労働者は、退職時に支払われる基金が税額免除となる

② 　使用者：登録積立基金に基づき使用者が預け入れた基金は、使用者の収入から控除することが認められる

　積立基金の承認申請は、基金が設立された信託証書の写しや、基金の規則の写し等を添付のうえ、執行委員会により書面にて国家歳入庁（NBR）に提出しなければならない。承認日について、使用者からの要求がない限り、承認の申請が受理された月の最終日から有効になる。基金は、独立して管理され完全に別の法人として扱われ、執行委員会は、使用者および労働者双方からの同数の代表者で構成されていなければならない。信託証書に従って、使用者と労働者の両方から基金に拠出する必要がある。また、基金は、定期的な会計報告、監査および監査済み財務諸表の税務署への提出等、労働法と所得税法にて管理される（労働法264条(5)・(9)、所得税法Part-3、別表2）。

　なお、使用者によって管理される内部の基金は、非登録積立基金となり、税制優遇策を享受することはできない。

⑶ 退職金積立基金

　使用者が労働者に支払う任意の退職金である。労働法に基づいた雇用期間等の一定の要件を満たした労働者に受給資格がある。2023年所得税法に基づいて国家歳入庁（NBR）に承認された退職金積立基金は、使用者および労働者の双方が税制優遇策を受けることができる。

　申請手続として、退職金積立基金の承認申請は、基金が設立された信託証書の写し、基金の規則の写し、会計報告の写し（すでに設立されている場合）等を添付のうえ、執行委員会により書面にて国家歳入庁（NBR）に提出しなければならない。国家歳入庁（NBR）は、通常、申請の受理日から6か月以内に承認する。要件が満たされていない場合、国家歳入庁（NBR）は承認を取り下げる権限を有する。基金は、独立して管理される別の法人として扱われる。使用者は、信託証書に従い、基金へ積み立てなければならない。基金は、定期的な会計報告、監査および監査済み会計報告の税務署への提出等、労働法と所得税法にて管理される。

⑷ 労働者企業利益参加基金

　一定の要件（会計年度の最終日付で会社の払込み済み資本金額が1,000万タカ以上または会計年度の最終日付で会社の固定資産価値が2,000万タカ以上）に該当する企業は、労働者企業利益参加基金および労働者福祉基金を設立し、前年の純利益の5％を年度の締めから9か月以内に納め、当該積立金は、80：10：10の割合で、それぞれ労働者企業利益参加基金、労働者福祉基金および労働者福祉財団基金に支払うと規定されている（労働法234条）。労働者企業利益参加基金の3分の2は、毎年労働者に公平に分配され、3分の1は投資するものと定められている。なお、6か月以上勤務している労働者は分配を受けることができる。労働者福祉基金については、執行委員会が決定する目的に使用される。なお、2024年2月時点で、外資100％の企業および100％輸出志向企業は適用の対象外である。

4　給与に関する使用者のコンプライアンス

⑴ 給与に関する申告

　使用者は、所得税法に基づき、労働者の所得税を支払い、毎月および毎

第6章　労働者の雇用

年、必要な給与申告を行わなければならない。また、労働者の税務申告について、すべての労働者が申告を完了し、規定の期限内に必要な情報を使用者に共有していることを確認しなければならない。共有された情報に基づいて、使用者は法律に基づいて申告書および労働者のリストを提出する必要がある。使用者が、法律に基づいて労働者の情報を開示しなかった場合、その税務当局によって労働者に関連する経費として認められず、収入として扱われ、通常の税率で直接課税される。

⑵　特別な手当

　毎年、年次報告書の提出時に、使用者は総収入の計算とともに、別添にて特別な手当の報告を提出する必要がある。

　特別な手当とは、以下を除く任意の形式により、使用者が労働者に支払うものと定義される。

①基本給、②祝祭手当、③インセンティブ手当、④未払給与、⑤前払給与、⑥退職金、⑦時間外手当、⑧承認された積立基金への捻出金、⑨承認された退職金基金への捻出金

　労働者への特別な手当の上限額は年に55万タカ（障がいのある労働者は250万タカ）である。上限額を超える金額は、税務当局に認められず、収入として扱われ、通常の税率で直接課税される。

第 7 章
知的財産権の登録・保護

第7章　知的財産権の登録・保護

第1　はじめに

　バングラデシュで知的財産制度に関する主な法律として、2009年商標法（Trademarks Act, 2009。以下、「商標法」ともいう）、2023年著作権法（Copyright Act, 2023。以下、「著作権法」ともいう）、2023年意匠法（Bangladesh Industrial Designs Act, 2023。以下、「意匠法」ともいう）、2023年特許法（Patents Act, 2023。以下、「特許法」ともいう）、2013年商品に関する地理的表示法（Geographical Indication of Goods（Registration and Protection）Act, 2013。以下、「地理的表示法」ともいう）があげられる。また、知的財産権侵害をしている製品の押収や破棄等、知的財産権の国境での保護を目的とした2019年知的財産権施行（輸入および輸出）規則（Intellectual Property Enforcement(Import and Export) Rules, 2019）のほか、1969年税関法（Customs Act, 1969）や2009年消費者権利保護法（Consumer Rights Protection Act, 2009。以下、「消費者権利保護法」ともいう）、2023年税関法（Customs Act, 2023）等にも該当する規定がある。さらに、これらの法律の隙間を埋めるものとして、コモンローに基づく法理が適用されうる。

　バングラデシュが加盟している主な知的財産権関連の条約として、①文学的および美術的著作物の保護に関するベルヌ条約、②工業所有権の保護に関するパリ条約、③WIPO設立条約、④知的所有権の貿易関連の側面に関する協定（TRIPS協定）があげられる。

　TRIPS協定は、著作権、商標、工業意匠、特許等、知的財産権の保護に関する幅広い分野を対象とし、義務の履行と規律の執行を求めているが、後発開発途上国（LDC）に対しては、66条1項で、協定適用の日から最初の10年間の移行期間を付与しており、この移行期間中はTRIPSのほとんどの義務の実施が免除され、バングラデシュも享受してきた。最初の10年間の移行期間の終了後も2回の延長を経て、2回目の延長の満了前に実施された2021年6月29日の会合にて、さらに、2034年7月1日までの13年間の延長が承認されたが、LDCは、LDCとしての期間に加えて「LDCを卒業してから12年間」の延長を求めており、議論は続いている。バングラデシュは2026年に

138

LDCを卒業するため、「LDCを卒業してから12年間」の延長が認められない場合は、法整備や人材の育成等、TRIPS協定の遵守のための体制強化が求められる。

バングラデシュにおける知的財産制度の運用は、主として工業省（Ministry of Industries）の管轄下にある特許意匠商標局（DPDT：Department of Patents, Designs and Trademarks）に委ねられているが、著作権については、文化省（Ministry of Cultural Affairs）の管理下にある著作権局（Bangladesh Copyright Office）が担当機関である。

バングラデシュでの知的財産制度は、審査官の人員不足や、審査の電子化の遅れから各種手続に時間を要することや、法律が十分に施行されておらず、偽造品その他知的財産権の侵害に対する取締りが適切に行われていないこと、事業者および一般消費者の知的財産の価値や権利保護の重要性の認識が不十分であること等、多くの課題を抱えているのが現状である。

第 2 　商標法

1 　概 　論

⑴ 　概 　要

バングラデシュは、1971年の独立により、1889年の商品標章法、1940年商標法および1963年商標規則をパキスタンから継承し、バングラデシュの商標を保護する法律として適用されてきたが、2009年商標法（Trademarks Act, 2009）および2015年商標規則（Trademarks Rules, 2015）の制定によって、それぞれ廃止された。商標法は、11章で構成されており、商標の登録要件、登録手続および登録期間、登録の効果、譲渡および移転、商標の使用および登録使用権者、罰則規定を定めている。

商標法では、商標登録に対する異議申立手続を120日以内に終結するものと規定されていたが、2015年の改正法で330日に延長されている。また、2015年商標規則（Trademarks Rules, 2015）では、団体商標の登録手続について定められているほか、各種様式がベンガル語で提供されており、ベンガル

語および英語での書類提出が認められている（以前は英語のみ認められていた）。商品および役務の区分はニース国際分類に従うと規定されている。

(2) 商標の定義等

商標法において、関連用語は以下のように定義されている（商標法2条）。

「商標」とは、以下のものである（商標法2条(8)）。

① 取引の過程において、商品と、標章の使用権を専有する者の間の関係を示す目的で商品に関連して使用される登録商標または標章

② 取引の過程において、標章の使用権を専有する者であることを示すために、役務に関連して使用される標章

③ 取引の過程で、標章の使用権を専有する所有者または登録使用者としての権利を有する者との関係を示す役務または商品に関連して使用または使用が提案される標章

④ 証明商標

「証明商標」とは、原産地、材料、製造方法、品質、精度または他の特性に関して、証明される商品を、取引上使用するのに関連して、証明されていない商品から識別するために商品または役務に関連して適用される標章を意味し、商標法の規定に基づき、証明商標の所有者として、登録することができるものである（商標法2条(28)）。

「標章」とは、図案、ブランド、見出し、ラベル、チケット、名称、署名、単語、文字、記号、数字、図形要素、色の組合せをいい、またはそれらの組合せが含まれる（商標法2条(23)）。

2 商標登録

(1) 概 要

1911年特許意匠法（Patents and Designs Act, 1911。以下、「特許意匠法」ともいう）に基づいて設立された特許意匠商標局の商標登録部門が担当機関であり（商標法3条(1)(a)）、登録を含む商標に関するすべての職務を執行する（商標法3条(3)）。商標は、区分ごとに規定されている要件を満たすことによって、商品または役務の一定の区分に関し、登録することができる（商標法5条(1)）。

140

商標出願に瑕疵もしくは拒絶理由または異議申立てがない場合は、出願日から150業務日内に登録証が与えられる（商標法20条(3)）。また、商標登録は出願日から7年間有効で、その後は10年ごとに更新することができる（商標法22条(1)・(2)）。

なお、繊維製品については、登録に関する制限や押印表示等の特則が設けられており、該当する場合は留意する必要がある（商標法66条〜70条）。

(2) 商標登録の要件

㋐ 必須項目

以下の必須項目のうち、少なくとも1項目を含むまたは構成要素でないと登録されない（商標法6条(1)）。

① 特別または特定の方法で表現された会社、個人または事務所の名称

② 登録出願人またはその事業の前身にあたるものの標示

③ 1つ以上の考案された単語

④ 商品または役務の性質または品質に直接言及していない単語で、その通常の意味に従って、地理名、姓、個人名、またはそれらの一般的な略語、またはバングラデシュの宗派、カースト、または民族の名前でないこと

⑤ その他の識別力を有する標章

⑤を除いて、①〜④の条件に該当しない名前、署名または単語は、その識別性の証明がなければ登録されない（商標法6条(2)）。

㋑ 登録禁止の事項

以下に該当する標章は、商標として登録されない（商標法8条）。

① 中傷的または猥褻なものを含むまたは構成するもの

② その使用が現行法に違反するもの

③ その使用が誤認させるか混乱を引き起こす可能性が高いもの

④ バングラデシュ国民のあらゆる階級の宗教的感受性を傷つける可能性のある事項を含むもの

⑤ 国家または国際条約、憲章またはその他の文書によって設立された国際組織の承認なく、それらの紋章、旗または記章、名称または名称の略語または頭文字、それらが採用する公的な記号または特徴と同一である

　　　　か、それらの模倣、または要素として含んでいるもの

　⑥　そのほか、裁判所での保護を受ける資格がない標章

　⑦　出願が悪意で不誠実に行われた標章

　　㈡　同一または誤認を生ずるほど類似する商標の登録禁止

　商品もしくは商品表示、または役務もしくは役務表示に関して、異なる所有者の名前ですでに登録されている商標と同一または誤認を生ずるほど類似性のある商標は、当該同一の商品もしくは商品表示、または当該同一の役務もしくは役務表示に関し、登録することはできない（商標法10条⑴）。ただし、善意の同時使用の場合または特許意匠商標局が適切と認めるその他特別の状況がある場合は、特許意匠商標局は、適当と認める条件および制限を付して許可することができる（商標法10条⑵）。

　また、他の事業体と同一または類似の商品または役務について、バングラデシュで周知の標章または取引表示と同一または混同を生ずるほど類似性があるか、その翻訳である商標は、当該商品または役務に関して、登録できないと規定されており（商標法10条⑷）、登録されていない商標であっても、よく知られている標章について、登録できない。

　さらに、他社の商品または役務と同一または類似性がある商品または役務に関し、バングラデシュ国内で周知された商標と同一または混乱を生じる程度に類似性があるもしくは当該商標の翻訳またはマークまたは商品表示で構成されている場合、当該商標は登録されない（商標法10条⑷・⑸）。

　商品または役務の商標が、他の所有者の周知されている登録商標と類似または誤解を生じる程度に類似していない場合でも、以下に該当する場合、当該商標は登録されない（商標法10条⑸）。

　①　商標が、それらの商品または役務と登録商標の商品または役務および所有者との間に関係があるという誤認を生み出す可能性のある方法で使用されている場合

　②　登録商標の利益が、そのような使用によって損なわれる可能性がある場合

　なお、先行商標またはその他の先行権利の専有権者が当該登録に同意する場合は、商標の登録を妨げない（商標法10条⑺）。

上記のほか、色彩使用に関する制限（商標法7条）、化学物質の名称（商標法9条）、生存者または故人の名称の使用（商標法11条）に関する制限が定められているため、該当する場合は留意する必要がある。

(エ) 商標の部分登録および連続商標登録

商標の所有者は、商標の全部および一部の登録を個別に出願することができるが（商標法12条(1)）、一部の登録を出願する場合、個別の商標が、独立の商標に適用されるすべての条件および独立の商標のすべての付帯事項を充足しなければならない（商標法12条(2)）。

それぞれがその主要部において類似するが、次に掲げる事項において異なる同一の商品もしくは商品の表示、または同一の役務または役務の表示に係る数個の商標の所有者となることを請求する場合、単一の登録で連続商標として登録しなければならない（商標法12条(3)）。

① 相互の関係において個別に使用されており、または個別に使用することが意図されている数個の商品または役務の記述

② 数、価格、品質または場所の名称の記述

③ その他の、商標の同一性に実質的には影響しない非識別的性格の事項

④ 色　彩

(オ) 連合商標の登録

登録商標、または出願中の商標が、同一の商品もしくは商品表示または同一の役務もしくは役務表示につき同一の所有者の名称による他の登録商標または出願中の商標との商品または役務が同一である場合、または当該所有者以外の者が使用する場合、誤認または混同を生ずるおそれがあるほど非常に類似している場合、特許意匠商標局は随時当該商標を連合商標として登録簿に登録するよう求めることができる（商標法13条(1)）。商標および商標の一部が同一所有者の名前で個別の商標として登録される場合（商標法13条(2)）、または、単一の登録により1個の連続商標として登録されるすべての商標は連合商標とみなされ、連合商標として登録される（商標法13条(3)）。

(3) 商標登録手続および登録期間

(ア) 登録出願

商標の登録を希望する者は、商品または役務の分類ごとに、商標登録部門

第7章　知的財産権の登録・保護

または事業の地域を管轄している支局に規定された方法で出願し、出願は受理の順番に従って審査される（商標法15条(1)~(3)）。特許意匠商標局は、①制限を付さずに出願を受理する、②理由を記録したうえで出願を拒絶する、③適切な修正や条件を付して出願を受理する、のいずれかで対応することができると規定されている（商標法15条(5)）。

　　(イ)　出願の公告および登録に対する異議申立て

　特許意匠商標局は、商標登録の出願の受理後、条件または制限とともに（ある場合）規定された方法で速やかに公告する（商標法17条(1)）。商標登録に異議のある者は、登録出願が公告された日から2か月以内に、異議申立てをすることができる（商標法18条(1)）。特許意匠商標局は、異議申立てを受理してから1か月以内に、異議申立て通知の写しを出願人に送付し、出願人は異議申立て通知の写しを受領してから2か月以内に出願申請を理由あるものとする意見書を送付しなければならず、送付しない場合は出願を放棄したものとみなされる（商標法18条(2)）。出願人が意見書を提出した場合、特許意匠商標局は1か月以内に異議申立人にその写しを送付しなければならない（商標法18条(3)）。

　出願人および異議申立人は、証拠を所定の方法で所定の期間内に提出しなければならず、また、出願人および異議申立人が希望する場合、特許意匠商標局は聴聞の機会を与えなければならない（商標法18条(4)）。特許意匠商標局は、聴聞後に登録を認めるか、書面にて理由を示して登録を拒絶するか、変更、修正、条件または制限を付して認めるかを決定し（商標法18条(5)）、変更、修正、条件または制限を付す決定をする場合は、その決定について記録しなければならない（商標法18条(6)）。当事者の一方がバングラデシュ国内に居住しておらず、事業も実施していない場合、特許意匠商標局は手続を進める費用の保証金の納付を求めることができ、納付を怠った場合は、その当事者は出願または異議申立てを放棄したものとして扱う（商標法18条(7)）。異議申立てに関する手続は、異議申立ての通知が行われた後120業務日以内に終結するものと規定されていたが、2015年の改正によって330日まで延長された（商標法18条(8)）。

144

㈦　登　録

　以下に該当する場合、特許意匠商標局は、登録簿に商標を登録し、当該商標は、登録の出願日から有効となる（商標法20条⑴）。

①　特許意匠商標局が商標の登録出願を受理したとき

②　異議申立てがなく異議申立て期間が経過したとき

③　異議申立てがされ、出願人を支持する決定がなされたとき

　商標が登録されたときは、特許意匠商標局は、出願人に対して特許意匠商標局の公印を捺印した所定の様式による登録証を交付する（商標法20条⑵）。

　出願人が登録に係る条件を遵守することを条件として、当該商標出願に瑕疵もしくは拒絶理由または異議申立てがない場合は、出願日から150業務日内に登録証が与えられる（商標法20条⑶）。出願人側の懈怠を理由として出願の日から１年以内に商標登録が完了しない場合、特許意匠商標局が出願人に未完了の通知を送達した後、通知書に記載された期間内に完了されない限り、当該出願は放棄されたものとして取り扱われる（商標法20条⑷）。

　　㈢　登録期間、更新、回復

　商標登録の存続期間は、７年と規定されているが、存続期間を随時更新することができる（商標法22条⑴）。商標権者が、法律に従って登録更新の申請をしたときは、特許意匠商標局は、原登録の期間満了の日または直近の登録更新の期間満了の日から10年間、商標登録の存続期間を更新する（商標法22条⑵）。

　商標の登録期間が満了する日以前に、特許意匠商標局は、商標権者に対して、当該満了の日、登録を更新するための手数料の支払条件およびその他の条件を通知しなければならないとされており、所定の期間満了時にそれらの条件が充足されないときは、特許意匠商標局は、当該商標を登録簿から抹消することができる（商標法22条⑶）。

　商標が所定の手数料の不納付のために登録簿から抹消された場合であっても、商標の直近の登録の期間満了の日から１年以内に、所定の方法により申請し、特許意匠商標局が適切と判断する場合は、登録簿に当該商標を回復させ、当該商標の登録について、最後の登録の期間満了の日から10年間、更新することができる（商標法22条⑷）。

第 7 章　知的財産権の登録・保護

　さらに、商標が更新手数料の不納付のため登録簿から抹消されたときにおいても、登録の有効期限が切れた商標は、他の登録出願に対し、登録期間が満了してから 1 年間、登録簿に記載された商標とみなされる。ただし、審判機関が、抹消された商標について、登録抹消の直前の 2 年間、誠実な業としての商標の使用がなかったこと（商標法23条(a)）、および、抹消された商標が従前使用されていなかったことにより、登録出願されている商標が使用されても、欺瞞や誤解が生じないと認めた場合は、当該他の出願は登録の対象となる（商標法23条(b)）。

3　商標権の侵害

(1)　概　要

　商標権者は、商標法の規定に基づき、登録商標に係る商品または役務について商標を使用し、当該商標の侵害に係る救済を受ける排他的権利が付与される（商標法25条(1)）。商品または役務に関する商標権者以外の者は、商標権者の同意なくその商標を使用してはならない（商標法25条(2)）。登録していない商標は侵害に対する損害賠償の訴訟を提起する権利を有しないと規定されているが（商標法24条）、原告の商標と同一または誤認を生ずるほど類似する商標を被告が使用することによって生ずる詐称通用については非登録の場合でも、適用される（商標法96条・97条）。

　商標権者は、商標を不正に使用する者や偽造する者に対して法的手段をとることが可能となる（商標法97条）。

(2)　登録商標の侵害

登録商標の侵害について、以下のとおり規定されている。

①　商標権者または登録使用権者でない者が、登録商標と同一または誤認を生ずるほど類似する商標を、自身の取引上の商品または役務に関連するものに使用する場合、その行為は侵害とみなされる（商標法26条(1)）。

②　商標権者または登録使用権者でない者が、取引の過程において標章を使用する場合で、その標章が、以下のいずれかに該当する場合、その者による侵害とされる（商標法26条(2)）。

ⓐ　登録商標と同一であり、登録商標に係る商品もしくは役務と類似し

ている商品もしくは役務に関して使用されている場合

ⓑ　登録商標と類似性があり、登録商標に係る商品もしくは役務と同一もしくは類似している商品もしくは役務に関連して標章が使用される場合

ⓒ　登録商標と同一であり、登録商標に係る商品もしくは役務と同一である商品もしくは役務に関連して使用される場合で、そのために、登録商標との関連性を含め、公衆に混同を生じさせる可能性がある場合

また、商標権者または登録使用権者でない者が、取引の過程において標章を使用し、その標章が以下のいずれかに該当する場合、その者による侵害とするまたは侵害とみなす（商標法26条(3)）とされている。

① 登録商標と同一または類似するとき

② 登録商標に係る商品または役務に類似しない商品または役務に関連して使用されるとき

③ 登録商標がバングラデシュにおいて評判が高く、かつ、正当な理由なく標章を使用することが当該登録商標の識別性もしくは評判を不当に利用しまたはそれを損なうとき

⑶　登録商標の使用

「登録商標の使用」とは、以下のことを意味すると規定されている（商標法26条(4)）。

① 標章を商品または商品の包装に貼付すること

② 標章を付して、商品を販売のために供し、展示し、市場に出し、それらの目的で貯蔵しまたは標章を付して役務を申し出るか供給すること

③ 標章を付して商品を輸出入すること

④ 標章を商業文書または広告に使用すること

⑷　商業文書、広告等に付した場合の侵害者

商業文書として、または、商品もしくは役務の広告向けとして、商品のラベル付けまたは包装に用いられる材料に登録商標を付する者は、その者が当該標章を付した時点で、当該標章を付することが所有者もしくは登録使用権者またはその他法律に基づいて当該標章の利用権を有する者により正当に許諾を得ていないことを知っていたか知っていたと信ずるに足る理由を有して

第7章　知的財産権の登録・保護

いた場合、当該商標の侵害者として取り扱われる（商標法26条(5)）。

⑸　周知されている登録標章に関する侵害

周知されている登録標章は、商標権者または登録使用権者でない者が、以下の行為を行う場合に侵害され、または侵害されるとみなされる（商標法26条(7)）。

① 登録されている商品または役務と同一または類似の商品または役務に関して周知の標章を使用するとき（商標法26条(7)(a)）

② 周知の標章が登録されている商品または役務と同一または類似でない商品または役務に関して標章を使用し、その使用により、それらの商品または役務と周知されている当該登録標章の所有者との間の関連性を示すこととなり、周知されている登録標章の所有者の利益がそのような使用によって損なわれるおそれがあるとき（商標法26条(7)(b)）

商標法のいかなる規定も、登録商標もしくは周知標章の所有者に対して、当該登録商標の使用より前から、商品または役務に関して同一または類似している商標を継続して使用している者に対する使用に干渉する権限を与えていない。また、特許意匠商標局は、出願された商標がすでに登録されているとの理由のみによって、後に出願された商標の登録を拒絶してはならないと規定されている（商標法30条）。

4　商標権侵害に対する救済措置

商標権者は、登録商標の侵害に対し、以下の救済を裁判所または審判機関に求めることができる。

⑴　民事上の救済措置

以下の商標権の侵害に対して、地方裁判所に提起することができる（商標法96条）。

① 登録商標の侵害に対する訴訟

② 登録商標の権利に関する訴訟

③ 登録商標の訂正された権利に関する訴訟

④ 登録非登録を問わず、原告の商標と同一または誤認を生ずるほど類似する商標を被告が使用することによって生ずる通用に関する訴訟

148

これらの訴訟において裁判所が与える救済は、差止命令、並びに、原告の選択により、侵害ラベルおよび標章の削除・廃棄・引渡命令、損害賠償または不当利益弁済金を含む（商標法97条）。

(2) 刑事罰

商標法の規定に基づき、商標権の侵害に対して、以下のとおり罰則が科せられる。

違反行為	罰則	条文
不正な商標、虚偽の商品表示等の使用	6か月以上2年以下の禁錮もしくは5万タカ以上20万タカ以下の罰金またはその併科 再犯または累犯の場合は、1年以上3年以下の禁錮もしくは10万タカ以上30万タカ以下の罰金またはその併科 裁判所は関連する商品の没収を政府に命令することができる	73条 79条(1)
不正な商標、虚偽の商品表示が使用された商品の販売	2年以下の禁錮もしくは罰金、またはその併科 再犯または累犯の場合は、3年以下の禁錮もしくは罰金、またはその併科 裁判所は関連する商品の没収を政府に命令することができる	74条 79条(1)
必要な押印表示のない反物、綿織糸、綿糸等の販売のための搬出、販売、展示、取引目的または製造目的での所有	商品を政府に没収され、5,000タカ以下の罰金を科せられる	75条
商標登録の虚偽表示	6か月以上1年以下の禁錮もしくは5万タカ以上10万タカ以下の罰金またはその併科 商品の登録状況、事業地、登録情報についての虚偽表示は、裁判所の命令により、商品没収の対象となりうる	76条 77条 78条 79条

5 商標権の譲渡および移転

(1) 登録商標および非登録商標の譲渡および移転

登録商標は、関係する営業権とともにするか否かを問わず、かつ、指定商品もしくは役務の全部または一部のみのいずれでも、譲渡および移転することができる（商標法34条）。非登録商標は、基本的には関係する営業権が伴う場合にのみ譲渡または移転が可能であるが（商標法35条(1)）、以下の場合は、営業権が伴わない場合でも、譲渡または移転することができる。

① 非登録商標の譲渡または移転のとき、同じ事業で登録商標として使用されている場合

② 登録商標が、非登録商標と同時に同じ者に対して譲渡または移転される場合

③ 非登録商標が、登録商標が譲渡または移転される商品または役務に関連している場合

一方、複数の排他的権利が発生する譲渡または移転に関する制限（商標法36条）や、排他的権利がバングラデシュ国内の他の地域で生じる場合の譲渡または移転に関する制限（商標法37条）等、一定の制限が設けられているため、譲渡または移転が制限される条件に該当しないかの確認が必要である。

(2) 譲渡および移転の登録

譲渡または移転によって登録商標の所有者となる者は、所定の方法により、特許意匠商標局に対して自己の権利の登録を申請しなければならない。特許意匠商標局は、申請を審査したうえ、適切とみなせば、申請者を商標権者として登録する（商標法40条(1)）。

6 登録使用権者

商標権者以外の者は、規定に従い、防護商標を除き、指定商品もしくは役務の全部または一部を使用する権利をもつ登録使用権者として条件付きまたは条件を付さず登録を受けることができ（商標法44条(1)）、その使用は、商標の許諾使用に該当する（商標法44条(2)）。

(1) 商標使用権者の登録申請

商標使用権者としての登録を希望する場合、商標権者および登録予定使用権者は共同で所定の方式で特許意匠商標局に書面で申請する。申請には、商標の許諾使用の契約書、商標使用の詳細、商標権者および登録予定使用権者の詳細を記載した宣誓供述書等を添付する（商標法45条(1)）。提出書類の要件を満たし、かつ登録予定使用権者による商品または役務に関する商標の使用が公共の利益に反しないと判断されれば、登録することができ、新しい登録使用権者は、特許意匠商標局の指示および条件に従い、商標を使用することができる（商標法45条(2)）。

特許意匠商標局は、新たに登録使用権者を認めた場合、他の登録使用権者に対し、所定の方式で、登録使用権者として登録されたことを通知しなければならない。一方、申請者から請求があれば、申請のために提供された情報（登録簿に記載された事項を除く）が取引の競争相手に開示されないことを担保する措置をとらなければならないと規定されている（商標法45条(6)）。

(2) 登録使用権者の譲渡または移転の権利

商標の登録使用権者は、当該商標の使用について譲渡または移転を認められていない（商標法48条）。

7 国際登録

バングラデシュは、パリ条約および世界貿易機関（WTO）に加盟しており、パリ条約の同盟国または世界貿易機関の加盟国において商標の登録出願を行った者、またはその法定代理人もしくは譲受人が、その出願日から6か月以内に優先出願に必要な詳細と認証謄本を添付してバングラデシュ国内において商標の登録出願を行う場合、その商標が、商標法に基づいて登録が認められるとき、当該締約国における出願の日付で登録され、その日がバングラデシュにおいて登録日とみなされる（商標法120条）。なお、バングラデシュは、マドリッド協定議定書には未加盟である（2024年11月5日現在）。

第 7 章　知的財産権の登録・保護

第 3　著作権法

1　概　論

⑴　概　要

　2000年著作権法（Copyright Act, 2000）は2000年に制定され（2005年に一部改正）、2000年著作権法により、執行機関として「著作権局」が設置された。2006年に著作権法規則が制定され、著作権の登録、利用許諾や各種申請に関する手数料および様式が規定されるほか、著作権委員会の任期、著作権団体の登録や監査について定めている。2023年に、2023年著作権法（Copyright Act, 2023）が制定され、2000年著作権法は廃止された。

　著作権法に基づいた著作権の保護については、いくつか課題が指摘されており、たとえば、著作権法にて規定されている罰金は、著作権を侵害した商業的利用から得る利益と比較して非常に軽微な額であり、罰則の有効性について見直しが必要である。また、著作権に関する法令を執行する行政機関の実施体制強化および法律の見直しに加え、事業者および利用者への啓発活動の必要性も求められている。

⑵　管轄機関

　著作権局は、著作権法を執行するために設けられた機関であり、政府の監督および指示を受けて行動する著作権登録官の直接の管理下に置かれる。また、著作権委員会は、著作権法に基づいて設立された組織で、政府に任命された委員長と 2 名から 6 名の委員で構成されており、著作権法に基づく規則に従い、手続等を規定する権限をもつ。

　さらに、法律に従って政府に登録された著作権団体は、利用許諾の発行または付与を行うことができると規定され（著作権法 8 条）、著作権について実務を担う組織だが、現時点[1]で著作権団体は設立されておらず、著作権登録や利用許諾の効率的で適切な運用がされていない。

1　2024年 1 月時点。

152

第 3 　著作権法

2 　著作権

(1) 　著作権の定義

　「著作権」とは、著作権法の規定に従い、著作物またはその主要な部分に関して、以下のいずれかの行為を行う、または行うことを許可する権利を意味すると規定されている（著作権法 2 条(7)）。

　　(ア) 　文学、演劇、音楽著作物の場合

　文学、演劇、音楽著作物の場合、以下のとおりである。

① 　手書きもしくは手動、電子、デジタルまたはその他の聴覚、視覚または知覚可能な手段によるものであるかにかかわらず、著作物を複製および物質的に保存すること

② 　すでに流通しているコピーを除き、著作物のコピーを一般に発行すること

③ 　公共の場で著作物を実演するまたはあらゆる手段で公衆または消費者に著作物を聴覚、視覚、知覚的に伝達すること

④ 　著作物の翻訳を作成、複製、実演または公開すること

⑤ 　著作物に関して映画フィルムまたは録音物を作成すること

⑥ 　拡声器または他の同様の機器によって著作物を放送することまたは放送を公衆に伝達すること

⑦ 　著作物を翻案すること

⑦の「翻案」とは、以下の行為をいう（著作権法 2 条(3)）。

ⓐ 　演劇著作物に関しては、非演劇著作物への転換

ⓑ 　文学著作物または美術著作物に関しては、公の実演その他の方法による著作物の転換

ⓒ 　文学または演劇著作物に関しては、当該著作物の抄本、または、書籍・新聞・雑誌もしくは類似の定期刊行物における複製に適した形式で絵画により主題または行動の全部または主要部分を伝達するような当該著作物の翻訳の作成

ⓓ 　音楽著作物に関しては、当該著作物の編曲または音写、並びに

ⓔ 　いずれの著作物に関しても、その再編または改変を伴う当該著作物の

153

第7章　知的財産権の登録・保護

使用

　㈤　情報技術デジタル活動の場合

情報技術デジタル活動の場合、以下のとおりである。

① 前記㈠①～⑦のいずれかの行為

② 類似のコピーがすでに販売または商業的に貸与されているか否かにかかわらず、情報技術デジタル活動のコピーの販売、商業的貸与、販売もしくは商業的貸与に供すること、役務を提供すること、商業的貸与の許諾

　㈥　美術著作物の場合

美術著作物の場合、以下のとおりである。

① 一次元の著作物の他次元の著作物への変換を含む、あらゆる形式における著作物の複製

② 当該著作物を公衆に伝達すること

③ すでに流通しているコピーを除き、当該著作物のコピーを公衆に発行すること

④ 当該著作物を映画フィルムに含めること

⑤ 当該著作物の翻案物を作成すること

⑥ 当該著作物の翻案に関連して、①～⑤に定める行為を行うこと

⑦ 拡声器またはその他の類似の機器または情報技術デジタルの手段によって、著作物を放送または著作物の放送を公衆に伝達すること

　㈦　映画フィルムの場合

映画フィルムの場合、以下のとおりである。

① VCP、VCR、VCD、DVD、デジタルまたはその他の方法もしくは形式で、著作物の一部を形成する画像の写真を含む、著作物のコピーを作成すること

② VCP、VCR、VCD、DVD、デジタル媒体またはその他にかかわらず、映画のコピーを、販売もしくは商業的貸与、販売もしくは商業的貸与に供することを申し出ること、または、同様の活動に対して販売もしくは商業的貸与に供すること、販売もしくはその他の商業目的で著作物を保管、運搬、流通、公共に展示すること

154

③ VCP、VCR、VCD、DVD、VTR、ケーブル、衛星、携帯電話、イン
ターネット、デジタルまたはその他の手段で映画の聴覚的、視覚的、知
覚的なコピーを一般の人々に公表および表示すること

　　(オ)　録音物の場合

録音物の場合、以下のとおりである。

① 電子またはその他の手段によって、複製した録音
② 録音物の類似のコピーを以前に販売、許諾または商業的貸与したかに
関係なく、録音物のコピーを販売もしくは販売に供すること、許諾また
は商業的貸与すること
③ 録音物を公衆に伝達すること

(2)　著作物

著作権は、以下の種類の著作物に対してバングラデシュ全域に及ぶものと
すると規定されているが（著作権法14条(1)）、著作権の出願人のバングラデ
シュ居住等の一定の要件が定められている（著作権法14条(2)・(3)）。

① 創作的な文学、演劇、音楽および（民俗的）芸術著作物
② 情報技術デジタル活動
③ 美術著作物
④ 映　画
⑤ 録音物

3　著作権の登録

(1)　概　要

著作物の著作者が最初の著作権者になると規定されているが（著作権法15
条）、雇用の過程において作成された著作物や有償で撮影された写真や絵画
等についてはその限りではない。著作権は、登録官に登録を申請することが
でき、著作権者は、その権利を譲渡または利用許諾をすることができる。著
作権は発行年または著作者の死亡年の翌年から60年間有効である。

(2)　最初の著作権者

前述のとおり、著作物の著作者が、最初の著作権者となると規定されてい
るが（著作権法15条）、雇用の過程で作成された著作物についての最初の著作

権者は、当事者の合意に従う。合意がない場合、新聞等の定期刊行物については、業務または徒弟契約に基づく著作者の雇用の過程において作成された著作物の場合は、定められた目的の範囲内に限り、経営者が最初の著作権者となるが、その他すべてに関しては著作者が最初の著作権者になる（著作権法15条(a)）。また、依頼により有償の対価をもって撮影された写真、描かれた絵画もしくは肖像画、または作成された版画もしくは映画フィルムの場合には、当該依頼者がその最初の著作権者となるものとする（著作権法15条(b)）。政府著作物の場合や、公共事業体によりまたはその指示や管理の下に作成、発行された著作物の場合には、政府または公共事業体がその最初の著作権者となる（著作権法15条(e)）。また、コンピュータプログラムの場合は、プログラムを作成することを任命された者または機関がその最初の著作権者となるものとする（著作権法15条(g)）。その他、国際著作権の規定が適用される著作物の場合には、これに関連する国際機関がその最初の著作権者となるものとする（著作権法15条(f)）。

(3) 著作権の登録

著作物の著作者もしくは発行者、著作権の保有者等は、所定の様式にて所定の料金を支払い、著作権登録官に対して著作権の登録の申請を行うことができる（著作権法53条(1)）。著作権登録官は、要件を満たした申請を受領したときは、適切とみなす調査を行った後に、当該著作物の詳細を著作権登録簿に記載し、登録証を発行する。一方、著作物が登録簿に記載される場合でも、損害を受けた者からの申立てまたは登録官の主導により、他の登録著作物の著作権が侵害されていないか調査することができ、調査により、著作権の侵害が証明された場合は、登録官は、登録の修正または取下げを行う（著作権法53条(3)）。譲渡または許諾によって著作権を供与された利害関係者についても、同様である（著作権法54条(1)・(2)）。

著作権規則では、異議を受け付ける日数が規定されており、著作権登録官は、申請を受理してから30日以内に異議がなく、申請の要件を満たしている場合は登録し（著作権規則4条(4)）、30日以内に登録に対する異議があった場合または申請書が要件を満たしていない場合は、適切だと考える調査を行う（著作権規則4条(5)）。

著作権登録簿は、その記載された事項の一応の証拠となり、その写しや抄録であって著作権登録官が認証し著作権局の印を押されたものは、さらなる証明または原本の提出なくすべての裁判所において証拠として採用できるものとする（著作権法57条(1)）。著作権の登録証は、当該著作物に著作権が存在する一応の証拠となり、著作権所有者として登録証に示される者は当該著作権の所有者である（著作権法57条(2)）。

著作権法規則別紙1様式1に、登録申請書の記載事項14項目が示されている。

(4) 著作権の譲渡

既存の著作物の著作権者または将来の著作物の予定著作権者は、その著作権の全部または一部について、包括的にまたは条件付きで、著作権の全期間にわたりまたは一定の期間、譲渡することができる。ただし、将来の著作物に対する著作権の譲渡の場合には、当該譲渡は当該著作物が発生したときにのみ効力を生じるものとする（著作権法16条(1)）。

譲渡の方法について、譲渡人またはその授権代理人が署名した書面によらなければならない（著作権法17条(1)）。また、譲渡する著作物、権利、期間および地理的範囲を特定しなければならず（著作権法17条(2)）、譲渡の期間の定めがない場合は、その期間は5年間とみなされ（著作権法17条(5)）、地理的範囲の定めがない場合は、バングラデシュ国内に及ぶものと推定される（著作権法17条(5)）。著作物に対する著作権の譲渡は、譲渡の存続中に著作者またはその法定相続人に支払うべき使用料があればその額も特定し、また、当該譲渡は、当事者らが相互に合意する条件にて修正、延長または解除されるものとする（著作権法17条(3)）。

また、譲受人が譲渡の日から1年以内に譲り受けた権利を行使しない場合には、別段の定めがなければ、当該権利に関する譲渡は当該期間の終了後に消滅したものとみなされる（著作権法17条(4)）。

(5) 利用許諾

既存の著作物の著作権者または将来の著作物の予定著作権者は、著作権の譲渡と同様に、自らまたはその授権代理人が署名した書面での利用許諾により、当該権利に対する利益を付与することができる。ただし、将来の著作物

157

の著作権に関連する利用許諾の場合には、当該利用許諾は当該著作物が発生したときにのみ効力を生じるものとする（著作権法45条）。また、利用許諾の方法についても、譲渡の場合と同様である（著作権法45条(2)）。

(6) 著作権の保護期間

著作権の保護期間は、著作者の死亡年の翌暦年または発行年の翌暦年から起算して60年間である。

対象の著作物	著作権の期間	条文
文学、演劇、音楽または美術著作物（写真を除く）	著作者の死亡年の翌暦年の開始時から60年間。共著の場合、最後に死亡した著作者を基準とする（ただし、翻案された場合は除く）	22条
映画フィルム	発行年の翌暦年の開始時から起算して、60年間	23条
録音物		24条
写真		25条
情報技術デジタル著作物		26条
政府著作物		28条
国際機関の著作物		29条
作者不明または匿名で発行された文学、演劇、音楽または美術著作物（写真を除く）	発行年の翌暦年の開始時から起算して、60年間。ただし、当該期間の終了前に著作者の身元が開示された場合には、著作権は、当該著作者が死亡した年の翌暦年の開始時から起算して60年間	27条

4 著作権侵害に対する救済手続

(1) 著作権の譲渡に関する紛争

譲受人が譲り受けた権利を十分に行使せず、かかる不行使が譲渡人の作為または不作為によらない場合には、著作権委員会は、譲渡人からの申立てを受けその必要と考える調査を行った後に、かかる譲渡を取り消すことができる（著作権法18条(2)）。

また、著作権の譲渡に関して紛争が生じた場合には、著作権委員会は、不

服ある当事者から申立てを受け、必要と考える調査を行った後に、命令を発することができる。ただし、著作権委員会は、譲渡人が著作者でもあるときは、譲渡の条件が譲渡人に不利であると判断する場合でない限り、当該譲渡を取り消す命令を発してはならない（著作権法18条(2)）。

(2) 著作権の侵害

著作権の所有者または委員会により付与された許認可なく、または著作権団体による許認可もしくは課す条件に反して、以下の行為をする場合、著作権が侵害されたものとみなす（著作権法69条）。

① 本法により著作権所有者に独占的に与えられている行為を行うこと

② 当該上演が著作権の侵害であることを知らなかったまたは侵害になると考える合理的な理由がないことが証明されない限り、利益を目的として、著作権を侵害する作品の上演を許可すること

以下に該当する場合、著作権が侵害されたものとみなす。

① 著作物の販売、貸与、販売のための調整、商業目的での貸与または展示、販売または貸与に供すること

② 取引のためにもしくは著作権者の権利を侵害する程度に頒布すること

③ 商業的に公に展示すること

④ 著作物の不正コピーをバングラデシュ国内に輸入すること

⑤ 国歌、愛国的および宗教的な歌を、言葉や曲調を変えることにより、パロディまたは風刺すること

⑥ 故意に知りながらまたは許可なく、コンピュータプログラム、コンピュータシステム、コンピュータネットワーク、デジタルデバイス、デジタルシステム、デジタルネットワークまたはソーシャルメディアにおける情報およびその価値または有用性を変更、削除、追加または歪曲すること

なお、文学、演劇、音楽、その他の芸術作品の翻案の映画化は、当該著作物の侵害複製物とみなされる。

(3) 著作権の侵害に対する救済措置

(ア) 著作権の侵害に対する民事上の救済

著作物に対する著作権が侵害された場合には、著作権者は、著作権法に別

159

第7章　知的財産権の登録・保護

段の定めがある場合を除き、差止命令、損害賠償、利益分配その他権利の侵害につき法が認めるまたは認めうるすべての救済を受けることができるものとする。ただし、当該著作物に対して著作権が存続することを侵害の日に被告が知らずまた信じる合理的な理由もなかったことを被告が証明する場合には、原告は、裁判所がその状況において合理的とみなす当該侵害に関する差止命令および侵害複製物の販売により被告が得た全部または一部の利益の支払い命令以外の救済を受けることはできない（著作権法77条(1)）。著作物に対する著作権の侵害に関するすべての訴訟または他の民事手続は、管轄権を有する地方裁判所に提起する（著作権法83条）。

　　㈡　著作者の特別な権利

　著作物の著作者は、その著作権を譲渡または放棄の後も、著作物の著作者であると主張すること、当該著作物に関連する歪曲、切除、変更または他の行為であって、かかる歪曲、切除、変更または他の行為が著作者の名誉または名声に悪影響を及ぼす場合に、これらを制限しまたは損害賠償を請求することができる。ただし、著作者は、法に定められたコンピュータプログラムの翻案に関しては、これを制限しまたは損害賠償を請求する権利を有しない（著作権法78条(1)）。

　　㈢　侵害複製物を占有するまたは取引する者に対する権利者の権利

　著作権が存続する著作物のすべての侵害複製物およびかかる侵害複製物の作成に使用されまたは使用を意図されたすべての原版について、コンピュータプログラムの場合は、関連するソースコード、コンパイル、データ、設計書、および関連するチャートは、著作権者の財産とみなし、著作権者は、その占有回復のためのまたはその転用に関する訴訟を提起することができる。ただし、著作権者は、相手方が以下のいずれかを証明した場合には、侵害複製物の転用に関して救済を受けることはできないものとする（著作権法80条）。

①　複製物が侵害複製物であるとされた著作物に対して著作権が存続していたことを相手方が知らずまたそう信じる合理的な理由がなかったこと

②　当該複製物もしくは原版が著作物に対する著作権の侵害にかかわらないと相手方が信じる合理的な理由があったこと

160

第3　著作権法

　　(エ)　罰則規定
　著作権法にて、以下のとおり罰則が定められている。

違反行為	罰　則	条　文
映画フィルムの場合以外で、著作権または法律が認める他の権利（原本に対する再販分配権の場合を除く）を故意に侵害または侵害を幇助	6か月以上4年以下の禁錮および50万タカ以下の罰金 ただし、侵害が取引または事業の過程において営利のために行われたものでない場合、裁判所は、6か月未満の禁錮または5万タカ未満の罰金を科することができる	83条 84条
映画フィルムの著作権を故意に侵害または侵害を幇助	5年以下の禁錮および100万タカ以下の罰金	85条
コンピュータプログラムの著作物の著作権の侵害、侵害複製物の使用、任意の媒体で発行すること、複数のコピーを販売または頒布	4年以下の禁錮および40万タカ以下の罰金 ただし、コンピュータプログラムが取引または事業の過程において営利のために使用されたものでない場合には、裁判所は、3か月以下の禁錮または2万5,000タカ以下の罰金を科すことができる	100条
登録簿等への虚偽の記載、虚偽の記載の提出または提示	2年以下の禁錮もしくは1万タカ以下の罰金またはその併科	87条
当局を欺きまたは動かすために虚偽の声明を行うこと	2年以下の禁錮もしくは20万タカ以下の罰金またはその併科	101条

　裁判所は、その者が有罪とされるか否かを問わず、当該者の占有にある著作物のすべての複製物またはすべての原版であって、侵害複製物または侵害複製物を作成するための原版とみられるものを著作権者に引き渡すよう命じることができ、または、かかる複製物または原版の処分に関して裁判所が適切とみなす命令を下すことができる（著作権法113条）。
　一定の役職以上の警察官は、法律に定められた著作権の侵害が行われた、行われているまたは行われるおそれがあると考える場合には、令状なく、著作物のすべての複製物および著作物の侵害複製物を作成するために使用され

第7章　知的財産権の登録・保護

るすべての原版を、発見されたどの場所でも差し押さえることができ、差し
押さえられたすべての複製物および原版は、判事に提出される（著作権法108
条）。

5　国際著作権

政府は官報にて、一定の制限の範囲内で、

①　外国において最初に発行された著作物の場合、バングラデシュ国内で
　　最初に発行されたのと同様に、

②　その著作者が作成時に外国の市民であった未発行著作物またはその種
　　類の場合、当該著作者がバングラデシュ国民であったのと同様に、

③　外国の居住地の場合、当該居住地がバングラデシュ国内にあったのと
　　同様に、

④　最初の発行の日または著作者が当該日に死亡している場合にはその死
　　亡日において、著作者が外国の市民であった著作物の場合、当該著作者
　　が当該日または時点にバングラデシュ国民であったと同様に、

著作権法の規定を適用することを命じることができる（著作権法62条(1)）。

第4　特許法

1　概　論

1911年特許意匠法（Patents and Designs Act, 1911）および1933年特許意匠
規則（Patents and Designs Rules, 1933。以下、「特許意匠規則」という）が適用
されていたが、2022年に制定された、2022年特許法（Patents Act, 2022）に
より、特許に関する規定は廃止された。さらに、2023年に、2023年特許法
（Patents Act, 2023）および2023年意匠法（Industrial Designs Act, 2023）が個
別に制定され、特許法により、2022年特許法は廃止された。

2　特許権

バングラデシュ国民であるか否か、個人または共同での申請かにかかわら

162

ず、所定の方法で特許意匠商標局に特許を出願することができる（特許法8条）。出願書類には、出願人が発明を所有し、真正かつ最初の発明者であることの宣言を含み、仮明細書または完全明細書によって出願されなければならない（特許法8条(2)）。真正かつ最初の発明者でない者も出願の当事者となることができるが、譲渡契約等、真正かつ最初の発明者からの同意を提示しなければならない（特許法8条(3)(b)）。特許の登録が認められる場合、基本的に出願日から12か月以内に登録されなければならないと定められており（特許法8条(3)）、登録期間は20年間である（特許法28条(1)）。

(1) 出願手続

(ア) 出　願

特許意匠商標局長は、完全明細書が提出されたすべての出願について審査官に照会するものとし、明細書の不備や発明が新しい製造または改良の方法でない等、要件を満たしていないとの審査官の報告を認めた場合、出願の受理の拒否、または、出願、明細書もしくは図面の修正の要求をすることができ、後者の場合、特許意匠商標局が指示に基づき、要求が満たされた日を出願日とする（特許法8条(11)・12条(5)）。特許意匠商標局長が出願の受理を拒否するか、または補正もしくは参考文献の挿入を要求する場合、出願人はその決定に対して特許意匠商標局長に申し立てることができる（特許法3条(2)）。出願日から18か月以内に、出願人が要件を満たし、受理されない限り、（申立てが提起された場合を除き）拒絶されたものとみなされる（特許法17条）。

(イ) 出願受理の公告

特許意匠商標局長は、特許出願された後18か月以内に公開審査のために、特許出願を公開する義務を負う。ウェブサイトでの公開情報には、発明のタイトル、出願人および発明者の氏名、住所、国籍、出願の提出日と番号、優先日（該当する場合）、特許の分類、発明の要約および必要に応じて、発明のグラフィック表現等、重要な詳細が含まれる。ウェブサイトや官報で一般に公開する前に、いかなる調査および情報開示も禁止される。ただし、特許意匠商標局長は、出願人の請求および必要な手数料の支払いに基づき、18か月の期間が満了する前であれば、いつでも公衆縦覧のために特許を公開する権限を留保する。

㈢　付与前異議申立て

　何人も、出願受理の公告日から6か月以内に、出願人が自身から発明を取得したことや、発明がバングラデシュで公に使用されていたり知られていること等を理由に、特許意匠商標局に異議申立てを行うことができる（特許法19条⑴）。異議申立てがなされた場合、特許意匠商標局長は、ウェブサイトまたは他の公的な方法で異議申立てを公告し、出願人は、規定された期間内に書面にて反論書を提出することができる。さらに、特許意匠商標局長は、両当事者に聴聞の機会を与え、関連する状況を考慮のうえ、適切な命令を出すことができる（特許法19条⑷〜⑺）。

㈣　特許の付与および捺印

　異議がない場合、または異議が申し立てられた場合で特許の付与に有利な決定がなされた場合、特許は、特許意匠商標局が適切と考える条件（ある場合）に従い付与される（特許法24条）。特許意匠商標局長は、特許の付与に関して、ウェブサイトでの公告、通知による従来の方法での公開、規則にて定められる手数料の支払いを含む、規定された手続を経て、出願人は特許付与の証明書を受け取る権利を有し、特許出願は登録簿に登録されるものとする。

⑵　特許の効果

　特許意匠商標局の公印が捺印された特許は、バングラデシュ全域で発明を生産、販売、使用することおよびそれらを他の者に許可する排他的特権を特許権者に与える（特許法25条）。

⑶　特許の存続期間

　すべての特許において、その存続期間は、特許法に別段の規定がない限り、20年である（特許法28条）。特許権者が所定の期間内に所定の更新料を支払わない場合、特許は終了するが（特許法28条⑷）、更新料を支払うことで、3か月の延長を付与することができる。また、当該手続の不履行が、故意ではないまたは避けられない事情によるものであった場合は、有効期間が終了してから2年以内に、更新料および回復手数料を支払うことで、特許の回復を申請することができる（特許法26条⑹）。

164

⑷　特許の登録

特許意匠商標局に特許登録簿を保管し、特許の付与者の氏名および住所、特許の譲渡および移転、特許に基づく利用許諾、特許の修正、延長および取消しの通知、および規定される特許の有効性または所有権に影響するその他の事項を記載しなければならない（特許法63条）。特許の登録は、法律により記載を指示または許可された事項であることの一応の証拠となるものとする（特許法63条⑸）。

⑸　特許侵害訴訟

特許権者は、管轄権を有する地方裁判所において、発明に関して特許法に基づいて取得した特許の継続中に、特許権者の利用許諾なく、発明を製造、販売、もしくは使用、または偽造、模倣した者に対して訴訟を起こすことができる。

特許侵害訴訟において、裁判所は、いずれかの当事者による請求があれば、裁判所が適切とみなす永続的な差止めおよび損害に対する裁定を下し、適切とみなす条件を課すことができる（特許法49条）。

第5　意匠法

1　概　論

特許法の章にて記載のとおり、1911年特許意匠法（Patents and Designs Act, 1911）および1933年特許意匠規則（Patents and Designs Rules, 1933）が適用されていたが、2023年に、2023年特許法（Patents Act, 2023）および2023年意匠法（Industrial Designs Act, 2023）が個別に制定され、1911年特許意匠法（意匠に関する規定）は廃止された。なお、特許法の章にて述べたとおり、1911年特許意匠法の特許に関する規定は、2022年特許法にて廃止されている。

165

第 7 章　知的財産権の登録・保護

2　意匠権

(1)　意匠登録

㋐　意匠登録の範囲と出願

　意匠は、新規性、独自性があり、工業生産または利用性が認められる場合、意匠法に基づき登録を受けることができる。単語、文字、商標または数字を組み込んだ意匠は、出願人が（個々の単語、文字、商標、数字に対する独占権を求めない旨の）ノンクレームレターを提出した場合に限り、登録可能である。出願日または優先日より前に、世界中またはバングラデシュで出版、展示、取引または使用を通じて公開されていないデザインは、新規とみなされる。さらに、混合物の場合、消費者による通常の使用時の意匠の視認性が新規性と定義される。出願日前の許可のない公開は、デザインの新規性を妨げるものではない（意匠法 5 条）。ただし、以下のいずれかに該当する意匠は、意匠法に基づいて保護されない（意匠法 4 条）。

①　技術的または実用的な側面のみが考慮された意匠

②　公序良俗、環境、道徳に反する意匠またはその商業的使用

③　未登録の意匠

④　国章を含むデザイン

　バングラデシュで過去に公開されていない新規またはオリジナルの意匠の所有者であると主張する者は、特許意匠商標局に所定の方法で出願することができる（意匠法 7 条）。

　意匠登録の出願は、個人またはその法定代理人が所定の様式にて、必要な手数料および書類を添えて申請書を特許意匠商標局長に提出する。必要な書類は、①意匠の写しまたはサンプル品、②出願人が設計者でない場合は、代理人による登録を正当化する証明、③その他所定の書類である。さらに、出願は意匠ごとに個別に行われるものとし、当該出願は、意匠法および意匠規則に従い、意匠に関連する商品の国際分類を指定するものとする。特許意匠商標局長は、意匠法の規定に基づき、出願を審査し、一定の条件を満たしていると判断した場合、当該意匠を登録し、出願人に登録証明書を発行する。登録が認められる条件には、所定の期間内に書面による異議申立てがないこ

166

と、所定の手数料が支払われること、申し立てられた異議が出願人の有利に
解決されていることが含まれる。特許意匠商標局長が、出願が条件を満たし
ていないと判断する場合は、登録出願は拒絶され、出願人に書面にて通知さ
れる。登録が完了すると、当該意匠は、登録簿に正式に登録される。

　　　(イ)　意匠登録簿

　特許意匠商標局は、意匠法に基づき、意匠登録簿を管理し、登録意匠およ
び関連情報を登録順に体系的に記録しなければならないと定められている。
いかなる個人も登録簿を閲覧することが許可されており、法律に従って、当
局から登録簿の情報を取得することができる。所定の手数料が支払われた
後、登録証が発行される（意匠法17条）。

(2)　登録意匠権

　　　(ア)　意匠権の存続期間

　意匠権は、出願日または優先日から10年までと規定されている（意匠法15
条）。

　　　(イ)　登録の取消し

　意匠登録に利害関係のある者は、登録が付与された日から２年以内に、特
許意匠商標局に対し、以下のいずれかの理由を特定し、意匠の登録の取消し
を申し立てることができる。

①　当該意匠が、意匠法２条(m)の規定で定義されている意匠ではないこと

②　当該意匠が、新規性および独自性を有しており、形式上は規定に従っ
　　ているが、工業上の利用性が認められないこと

③　当該意匠が、意匠法４条に規定されていること（本章第５・2(1)(ア)参
　　照）

(3)　意匠権の侵害訴訟

　意匠権の所有者または利用許諾者でない者が、以下のいずれかに該当する
意匠を営業目的で使用した場合、意匠権の侵害とみなされる。

①　意匠が、登録意匠と同一であり、その意匠が使用されている商品また
　　は役務が、登録意匠が使用されている商品または役務と類似しているこ
　　と

②　意匠が、登録意匠に類似しており、その意匠が使用されている商品ま

167

第7章　知的財産権の登録・保護

たは役務が、登録意匠が使用されている商品または役務と同一であること

③　意匠が、登録意匠に類似しており、その意匠が使用されている商品または役務も、登録意匠が使用されている商品または役務に類似しており、そのために、公衆に誤解を招くまたは誤った印象を与えること

　意匠権が侵害された場合、意匠権所有者は、所定の手続に従い、必要書類を添えて特許意匠商標局長に申し立て、行政措置を求めることができる。申立てに対し、特許意匠商標局長は審査を行い、侵害が証明された場合、違反した者に公正な審問の機会を与えた後、侵害された意匠に対する補償額を決定し、行政措置として補償命令を出す。さらに、適切とみなされる場合、国家のために、侵害商品または材料の没収を命令することができる。補償金の支払いを命じられた者は、命令から10営業日以内に納める義務があり、補償金は申立人に支払われる（意匠法22条）。命令にて記載された期間に補償金が支払われない場合、当該意匠権所有者は、管轄裁判所に意匠を侵害した者に対して訴訟を提起することができる（意匠法23条）。

第6　商品に関する地理的表示法

1　概　論

　2013年商品に関する地理的表示法（Geographical Indication of Goods（Registration and Protection）Act, 2013）および2015年商品に関する地理的表示規則（Geographical Indication of Goods Rules, 2015）によって、商品に関する地理的表示およびそれに付随する事項の登録と保護について定められている。地理的表示法は、特許意匠商標局の地理的表示部門が担当する。

2　地理的表示の概要

(1)　地理的表示登録の禁止事項

　以下に該当する場合は、登録してはならないとされている（地理的表示法8条）。

168

① 地理的表示法に規定されている定義に準拠していない

② その使用が、詐欺または混乱を引き起こしうることが懸念されている

③ その使用が、バングラデシュで施行されている法律に違反している

④ 公序良俗に反している

⑤ バングラデシュ国民の宗教的感情を傷つけうる事項で構成されているまたは含んでいる

⑥ 裁判所での保護を受ける資格がない、または資格がない可能性がある

⑦ 一般的な名前もしくは表示であると判断された、または、原産国で保護されないもしくは保護されなくなった、または、当該国で使用が停止されることとなった

⑧ 商品の原産地を偽装表示している

(2) 地理的表示の登録

㈠ 出 願

現行法に基づいて設立または登録され、地理的表示商品を生産している者の利益を代理している団体や政府機関は、特許意匠商標局に所定の方法で地理的表示の登録を申請することができる（地理的表示法9条）。また、地理的表示法に基づいて登録された地理的表示商品の生産者、利用者、製造者または所有者は、所定の方法で、商品の地理的表示の認定利用者として登録の申請をすることができる（地理的表示法10条）。特許意匠商標局は、出願に不備があるまたは要件を満たしていないと認めた場合は、出願人に十分に聴聞の機会を与えた後、出願の受理を拒否することができる（地理的表示法11条）。一方、出願に関する調査の後に、すべての要件を満たしていると認めた場合は、所定の方法で出願を公告しなければならない（地理的表示法12条）。

㈡ 公告および異議申立て

公告された地理的表示に異議のある者は、以下を理由に、2か月以内に異議を申し立てることができる（地理的表示法13条(1)・(3)）。

① 地理的表示法に基づく「商品の地理的表示」の定義に該当しない

② 公序良俗に反している

③ 人々の信心または宗教的感情を傷つけうる

④ 原産国で保護されないもしくは保護されなくなった

⑤　原産国で使用が停止されることとなった

　異議申立てがあった場合、特許意匠商標局は、異議申立て通知の写しを出願人に送付しなければならない（地理的表示法14条(1)）。出願人は、当該通知を受けてから2か月以内に、出願申請を理由あるものとする意見書を特許意匠商標局に提出しなければならず（地理的表示法14条(2)）、特許意匠商標局は、出願人が提出した意見書の写しを異議申立人にその写しを送付しなければならない（地理的表示法14条(3)）。出願人が所定の期間内または特許意匠商標局により延長された追加の期間内に意見書を提出しない場合は、出願申請を放棄したものとみなされる（地理的表示法14条(6)）。出願人および異議申立人は、証拠を特許意匠商標局が指定の方法で指定の期間内に提出しなければならず、また、出願人および異議申立人が希望する場合、特許意匠商標局は聴聞の機会を与えなければならない（地理的表示法14条(4)）。特許意匠商標局は、聴聞後に登録を認めるか、拒絶するかを決定する（地理的表示法14条(5)）。

　2か月または特許意匠商標局が認めた1か月を超えない延長期間に異議申立てがなく、地理的表示の登録の要件を満たしていることを特許意匠商標局が認めた場合、特許意匠商標局は、当該出願を登録しなければならない（地理的表示法15条(1)）。登録は、出願日から有効となり（地理的表示法15条(2)）、特許意匠商標局は、公印を捺印した登録証を発行する（地理的表示法15条(3)）。

(3)　登録期間および更新

　地理的表示の登録は、地理的表示法に基づき登録の取消しその他無効になるまで、有効である（地理的表示法16条(1)）。商品の地理的表示の認定利用者の登録は5年であるが（地理的表示法16条(2)）、所定の方法で3年ごとに更新することができる（地理的表示法16条(3)）。

(4)　登録によって付与される権限

　地理的表示の登録によって、認定利用者は、①地理的表示の侵害に関して、救済措置を受ける権利、および、②商品に地理的表示を利用する権利が付与される（地理的表示法18条(1)）。なお、登録された地理的表示に対する権利は、譲渡、移転、利用許諾、担保、抵当に供することはできず、当該事項について合意してはならないと規定されている（地理的表示法19条(1)）。

　地理的表示の登録および保護に関して、自国民に付与していると同様の特

権をバングラデシュ国民に与えているパリ条約または世界知的所有権機関（WIPO）の加盟国について、政府は、官報にて、当該国との間で締結された条約、協定、または取決めを遵守するために、当該国をパリ条約国として宣言することができる（地理的表示法20条）。

3　商標に関する特別規定

(1)　地理的表示としての商標登録に対する制限

商標法の規定にかかわらず、特許意匠商標局は、職権または利益を侵害された当事者もしくは利害関係者の求めにより、以下の場合は商標登録を拒絶または無効にすることができる（地理的表示法21条）。

①　商品または役務に関して地理的表示が含まれるまたは構成されている商標で、当該地理的表示の国や地域に由来していない場合

②　商標における地理的表示の使用が、当該商品または役務の実際の原産地として人々を混乱させまたは誤解を招く性質のものである場合

(2)　特定の商標の保護

一方、他の法律に基づき、誠実に登録出願もしくは登録された地理的表示を含む商標の場合、または、地理的表示法の施行前または地理的表示法に基づく地理的表示の登録出願より前に、権利を取得していた商標の場合、当該商標が地理的表示と同一または類似であることを理由に、登録商標の有効性を損なうものではないと規定されている（地理的表示法22条）。

4　罰則規定

(1)　保護された地理的表示の侵害

認定利用者でない者による以下に該当する行為は、登録地理的表示の侵害とされる（地理的表示法28条(1)）。

①　商品の名称または表示において、人々を誤解させるような方法で、商品の原産地ではない地域に由来することを示すまたは示唆する地理的表示を使用すること

②　登録された地理的表示に関する詐称通用を含む、不公正な競争行為を構成するような方法で地理的表示を使用すること

171

③　商品の原産地について文字どおり正しいものの、人々に対して、商品が、登録された地理的表示に関する地域に由来すると虚偽の表示をしている別の地理的表示を使用すること

④　商品の原産地ではない別の地理的表示を使用すること、または、当該商品の真の原産地を示しているものの、商品に他の地理的表示を使用すること、または、原産地の真の翻訳もしくは「種類」「スタイル」「模倣」等の表現を伴い、商品に地理的表示を使用すること

　商品の名称または表示の使用が、商品の地理的原産地について公衆の誤解を招くような方法で、真の原産地ではない地域に由来することを示すまたは示唆する場合、利害のある者または生産者もしくは消費者グループは、地理的表示の侵害の防止のために管轄する地方裁判所に提起することができる（地理的表示法28条(4)）。裁判所は、差止命令の発行に加え、損害賠償を決定し、適切と思われるその他の民事措置または救済命令を付与することができる（地理的表示法28条(5)）。なお、登録されていない地理的表示の侵害に対し、損害の防止または賠償の訴えを起こすことはできない（地理的表示法28条(6)）。地理的表示法の規定は、他人の商品としての商品の詐称通用またはその救済のために、訴訟を起こす権利に影響を与えないものとする（地理的表示法28条(7)）。

(2)　罰　則

　違反行為に対する罰則は、以下のとおり定められている。

違反行為	罰　則	条　文
地理的表示の改ざん、地理的表示を不正に使用	6か月以上3年以下の禁錮もしくは5万タカ以上20万タカ以下の罰金、またはその併科	29条
一見類似した地理的表示を使用	6か月以上3年以下の禁錮もしくは5万タカ以上20万タカ以下の罰金またはその併科	30条
虚偽の地理的表示商品の製造、輸送、保管および販売	6か月以上3年以下の禁錮もしくは5万タカ以上20万タカの罰金またはその併科	31条

第 6　商品に関する地理的表示法		
地理的表示の登録期間を更新せずに、取引すること	6か月以上3年以下の禁錮もしくは5万タカ以上20万タカ以下の罰金またはその併科	32条
地理的表示の登録の条件の違反	当該登録の取消し、かつ、6か月以上3年以下の禁錮もしくは5万タカ以上20万タカ以下の罰金またはその併科	33条
登録簿への虚偽の記載	6か月以上2年以下の禁錮、5万タカ以上20万タカ以下の罰金またはその併科	34条
累犯または再犯	2年以上5年以下の禁錮もしくは20万タカ以上40万タカ以下の罰金またはその併科	35条

⑶　商品の没収

　地理的表示法に基づいて押収された物品を所有または使用する法的権利を証明できない場合、当該裁判所は政府に有利な物品を押収することができる（地理的表示法36条⑴）。押収命令が判決とともに出され、認められる場合は、判決の押収命令について申し立てることができる（地理的表示法36条⑵）。また、押収命令が判決とともに出された場合、裁判所は、有罪判決の前に、その裁量により、押収された物品を破壊またはその他の方法で処分するよう指示する命令を出すことができる（地理的表示法36条⑷）。

173

第8章
紛争解決

第8章　紛争解決

第1　訴訟による紛争解決

1　概　要

　バングラデシュの裁判所は、最高裁判所（Supreme Court）と下級裁判所（Subordinate Courts）から構成される。最高裁判所は、上訴部（Appellate Division）および高等裁判所部（High Court Division）から構成され、最高裁判所と高等裁判所が一体となっている構成は他国と大きく異なる点である。

　下級裁判所は、民事裁判を取り扱う裁判所と刑事裁判を取り扱う裁判所が別に設けられている。民事裁判を取り扱う下級裁判所としては、地方判事裁判所（Court of District Judge）、追加地方判事裁判所（Court of Additional District Judge）、共同地方判事裁判所（Court of Joint District Judge）、上級判事補裁判所（Court of Senior Assistant Judge）および判事補裁判所（Court of Assistant Judge）が設置されている（1887年民事裁判所法（以下、「民事裁判所法」ともいう）3条）。

　刑事裁判所を扱う下級裁判所としては、特別市（ダッカおよびチョットグラム）とその他の地域とが分かれており、特別市には、特別市セッション判事裁判所（Court of Metropolitan Session Judge）、追加特別市セッション判事裁判所（Court of Additional Metropolitan Session Judge）および共同特別市セッション判事裁判所（Court of Joint Metropolitan Session Judge）が設置されている。その他の地域では、セッション判事裁判所（Court of Session Judge）、追加セッション判事裁判所（Court of Additional Session Judge）および共同セッション判事裁判所（Court of Joint Session Judge）が設置されている。これに加えて、特別市およびその他の地域においてそれぞれセッション判事裁判所の下に治安判事裁判所（Magistrate）が設置されている。

　また、これらの裁判所のほかに、個別法に基づき、労働裁判所、行政審判所、家庭裁判所、村落裁判所、海事裁判所、倒産裁判所等が存在する。

2　最高裁判所

　最高裁判所は、上訴部および高等裁判所部により構成される（憲法94条）。

176

上訴部の裁判官は大統領により任命され、2024年10月時点で長官を含め6名で構成されている。バングラデシュにおける最高位の裁判所であり、上訴部の判決は高等裁判所部を拘束し、上訴部および高等裁判所部の判決は、従属するすべての裁判所を拘束する（憲法111条）。

(1) 上訴部

上訴部は、高等裁判所部の判決、審判、命令および布告に関する上訴について管轄権を有する。上訴部への上訴は、憲法の解釈に関する重要な事項を含むと高等裁判所部が認めた場合、高等裁判所部が死刑または終身刑を言い渡した場合、高等裁判所部が法定侮辱により処罰した場合および上訴部が上訴の許可を与えた場合に限り可能である（憲法103条）。

(2) 高等裁判所部

高等裁判所部は、特別に法律上規定された事項について第一審管轄権を有する。また、いかなる事項に関しても、下級裁判所の判決等に対して上訴管轄権を有する。さらに、憲法上の権限として、令状発出権、下位裁判所の指揮監督権および移送権限を有する（憲法102条・109条・110条）。

3 下級裁判所

バングラデシュでは、下級裁判所は、民事裁判を取り扱う裁判所と刑事裁判を取り扱う裁判所が別に設けられている。以下、それぞれ分けて解説する。

(1) 民事裁判所

バングラデシュでは、民事裁判を取り扱う下級裁判所として、地方判事裁判所、追加地方判事裁判所、共同地方判事裁判所、上級判事補裁判所および判事補裁判所が設置されている（民事裁判所法3条）。

(ア) 地方判事裁判所

地方判事裁判所は、全国64の県にそれぞれ1つずつ設置される下級裁判所のうち最上位の裁判所であり、地方判事は高等裁判所部の監督の下、管轄区域内のすべての下級裁判所に対して、監督権限を有する（民事裁判所法9条）。

同裁判所は、訴額が5,000万タカ以下の民事訴訟について共同地方判事裁判所がした判決、および上級判事補裁判所および判事補裁判所のした判決に

177

対する上訴について裁判権を有する（民事裁判所法21条）。

(イ) 追加地方判事裁判所

追加地方判事裁判所は、共同判事裁判所から移送された事件について審理を行い、権能としては地方判事裁判所と同様である（民事裁判所法21条）。

(ウ) 共同地方判事裁判所

共同地方判事裁判所は、訴額が250万タカ超の民事訴訟について、第一審として裁判権を有する。

(エ) 上級判事補裁判所

上級判事補裁判所は、訴額が150万タカ超、250万タカ以下の民事訴訟の第一審について裁判権を有する（民事裁判所法19条）。

(オ) 判事補裁判所

判事補裁判所は、訴額が150万タカ以下の民事訴訟の第一審について裁判権を有する（民事裁判所法19条）。

民事裁判所の構造を図に示すと以下のとおりとなる。

(2) 刑事裁判所

バングラデシュでは、刑事裁判を取り扱う下級裁判所として、セッション判事裁判所と治安判事裁判所が設置されており、セッション判事裁判所は、治安判事裁判所の上位に位置する。

㋐ セッション判事裁判所

バングラデシュはセッション区に分割され、県または県の集合体をセッション区として定めている（1898年刑事訴訟法（Code of Criminal Procedure, 1898。以下、「刑事訴訟法」ともいう）7条）。セッション判事裁判所として、セッション判事裁判所、追加セッション判事裁判所および共同セッション判事裁判所が設置されている。また、特別市圏には、それぞれ特別市セッション判事裁判所が設置されている。政府は、セッション判事、追加セッション判事および共同セッション判事を、バングラデシュ司法職（Bangladesh Judicial Service）の中から選任する（刑事訴訟法9条3項）。原則として、セッション判事裁判所は法令による定めがない限り第一審管轄権を有しないこととされており、セッション判事裁判所は上訴管轄権を有する（刑事訴訟法406条・408条）。共同セッション判事、特別市治安判事裁判所および第一級治安判事裁判所からの上訴は、セッション判事裁判所になされる（刑事訴訟法408条）。セッション判事裁判所においては、セッション判事または追加セッション判事が審理を行う（刑事訴訟法409条）。

セッション判事の上訴審判決または命令に対して、再度上訴することはできないが、再審理の申立ては高等裁判所部に対して行うことができる（刑事訴訟法404条・561A条）。セッション判事は、下位の裁判所に対して記録の提出を求め、調査命令を出し、高等裁判所部に報告を行い、再審理することができる（刑事訴訟法435条・436条・439A条）。セッション判事および追加セッション判事については、法令が定めるいかなる刑罰も宣告することができる。ただし、死刑判決に際しては、高等裁判所部の承認が求められる（刑事訴訟法31条1項）。共同セッション判事は、死刑および10年を超える禁錮を除く刑罰を宣告することができる（刑事訴訟法31条2項）。

㋑ 治安判事裁判所

治安判事裁判所として、上級治安判事裁判所（特別市圏は、上級特別市治安

判事裁判所）、追加上級治安判事裁判所（特別市圏は、追加上級特別市治安判事裁判所）、第一級治安判事裁判所（特別市圏は、特別市治安判事裁判所）、第二級治安判事裁判所および第三級治安判事裁判所が設置されている（刑事訴訟法6条3項）。

　バングラデシュ政府は、上級特別市治安判事、追加上級特別市治安判事および特別市治安判事を、バングラデシュ司法職の中から任命する（刑事訴訟法18条）。上級特別市治安判事は、特別市治安判事裁判所における業務の指揮および配分を行い、特別市治安判事裁判所において法廷を構成し、かつ審理に参加し、特別市治安判事間で意見の相違があるときはこれを調整する権限を有する（刑事訴訟法21条）。バングラデシュ政府は、高等裁判所部との協議のうえでいかなる治安判事に対しても、特別市圏を除き、特定の事件について第一級、第二級または第三級治安判事と同じ権限を付与することができる。さらに、バングラデシュ政府は、高等裁判所部と協議のうえ、特別市の一定の事件において、特別市判事に対し、第一級、第二級または第三級判事と同じ権限を付与するものとする。これらの判事は特別市判事と呼ばれる。（刑事訴訟法12条3項ないし5項）。

　各治安判事裁判所の量刑に応じた管轄権は、以下のとおり定められている（刑事訴訟法32条）。

裁判所	量　刑
特別市治安判事裁判所、第一級治安判事裁判所	5年以下の禁錮、1万タカ以下の罰金、鞭打ち刑
第二級治安判事裁判所	3年以下の禁錮、5,000タカ以下の罰金
第三級治安判事裁判所	2年以下の禁錮、2,000タカ以下の罰金

　また、バングラデシュ政府は高等裁判所部との協議のうえで、上級特別市治安判事裁判所、上級治安判事裁判所および追加上級治安判事裁判所に対し、死刑が科される犯罪以外のすべての犯罪について審理する権限を付与することができる。また、特別市治安判事裁判所および第一級治安判事裁判所に対し、死刑または10年を超える禁錮刑が科される犯罪以外のすべての犯罪について、審理する権限を付与することができる（刑事訴訟法29C条）。

刑事訴訟法29C条に基づき、権限が付与された治安判事裁判所は、死刑、終身刑または7年を超える禁錮刑を除く刑罰を宣告することができる（刑事訴訟法33A条）。

　第二級または第三級治安判事裁判所による判決に対する上訴は、上級治安判事裁判所になされる（刑事訴訟法407条）。第一級治安判事裁判所による判決に対する上訴は、セッション判事裁判所になされる（刑事訴訟法408条）。1860年刑法（Penal Code, 1860。以下、「刑法」ともいう）124A条に関する犯罪（扇動罪）についての上訴は、高等裁判所部になされる（刑事訴訟法408条）。

　刑事裁判所の構造を図に示すと以下のとおりとなる。

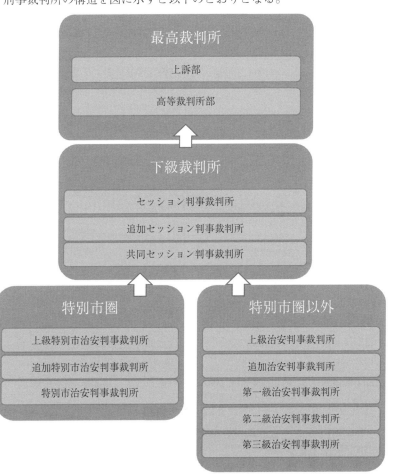

(3) その他の裁判所

バングラデシュでは、前記(1)・(2)の裁判所のほか、個別法により、特定の事件について管轄権を有する特別な裁判所または審判所が多数存在する。

根拠法令	特別裁判所・審判所
2006年労働法（Bangladesh Labour Act, 2006）	労働上訴審判所（Labour Appellate Tribunal）、労働裁判所（Labour Court）
憲法117条、1980年行政審判所法（Administrative Tribunals Act, 1980）	行政審判所（Administrative Tribunal）、行政上訴審判所（Administrative Appellate Tribunal）
1984年所得税規則（Income Tax Ordinance, 1984）	租税控訴審判所（Tax Appellate Tribunal）
1969年関税法（Customs Act, 1969）	関税、物品税およびVAT上訴審判所（Customs, Excise and VAT Appellate Tribunal）
1985年家庭裁判所規則（Family Courts Ordinance, 1985）	家庭裁判所（Family Court）
1976年村落裁判所規則（Village Courts Ordinance, 1976））	村落裁判所（Village Court）
1887年民事裁判所法（Civil Courts Act, 1887）	少額原因裁判所（Small Causes Court）
2000年海事裁判所法（Admiralty Court Act, 2000）	海事裁判所（Admiralty Court）
2004年紛争調停（地方自治体地区）法（Conciliation of Disputes (Municipality Area) Board Act, 2004）	調停委員会（Conciliation Board）
2003年貸金裁判所法（Money Loan Court Act, 2003）	貸金裁判所（Money Loan Court）
1977年倒産法（Bankruptcy Act, 1997）	倒産裁判所（Bankruptcy Court）

(4) バングラデシュにおける裁判所の構図

民事裁判所および刑事裁判所をあわせたバングラデシュの裁判所の構図は、以下のとおりとなる。

第1　訴訟による紛争解決

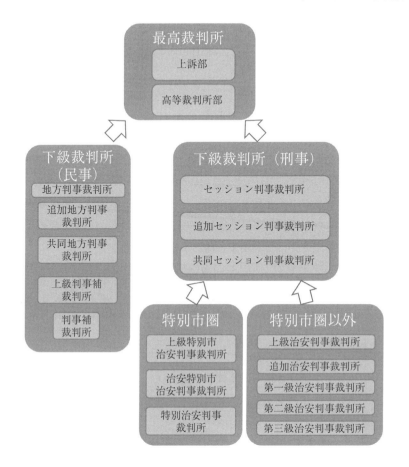

4　裁判の現状

　法務委員会（Law Commission）の報告書によれば、2023年8月の時点で、バングラデシュ国内で、約420万件の訴訟が滞留しており、課題となっている。

　上記420万件のうち、1万9,928件が上訴部、51万6,674件が高等裁判所部、365万0001件が下級裁判所で、それぞれ未済事件として滞留している。また、民事事件、刑事事件、侮辱罪の申立て、調査中の件数はそれぞれ168万8,195件、238万8,610件、11万9,798件、15万1,978件である。2022年1月1日から12月31日の間に、上訴部により5,406件、高等裁判所部により8万

183

7,474件、下級裁判所により137万8,522件が却下されている。同報告書によれば、78万9,178件（民事事件46万3,235件、刑事事件32万5,943件）が、地方裁判所にて、5年以上滞留している。

　民事訴訟に関しては1988年までは提訴数が2,000件以下であったのに対し、1989年には4,000件を超え、2000年および2001年には年間で9,000件を超える訴訟が提起された。その後も年間6,000件から7,000件の訴訟が提起されている。これに対し、処理件数も近年増えてはいるが、年間約3,000件から5,000件台であり、提訴件数の増加に追いついていないのが実情である。

　複数のバングラデシュ弁護士に確認したところ、一般的に、民事裁判で判決を得るまでには、事件の複雑度等に左右されるものの、上訴を含め、早くても5年、平均で5年から10年または15年程度の時間を要する。

第2　訴訟以外の紛争解決

1　仲　裁

⑴　バングラデシュにおける仲裁制度

　バングラデシュにおける仲裁手続は2001年仲裁法（Arbitration Act, 2001。以下、「仲裁法」ともいう）によって規律される。同法は、国際連合国際商取引法委員会が作成したモデル法（United Nations Commission on International Trade Law Model Law on International Commercial Arbitration 1985）に倣い規定されている。仲裁はバングラデシュ企業と取引しようとする外国企業にとって有力な紛争解決手段であり、実際に、多くの外国企業において、バングラデシュ企業と取引する際に、バングラデシュもしくは自国、または第三国を仲裁地とする仲裁合意が行われている。

　なお、仲裁合意は書面でしなければならないとされている（仲裁法9条2項）。2006年バングラデシュ労働法や他の法律で紛争解決について特別の規定を設けている例があり、このような場合には、そのような紛争を仲裁に付すことはできない。

　バングラデシュ国内で利用できる常設の仲裁機関としては、ダッカに設立

184

され、2011年4月に運営を開始したバングラデシュ国際仲裁センター（Bangladesh International Arbitration Centre）が存在し、これまで、200件の仲裁案件を扱ってきた。

仲裁法は、仲裁合意に従いバングラデシュ国外で行われた仲裁判断につき、すべての目的において、判断がされた当事者の間において拘束力を有し、バングラデシュにおけるいかなる法的手続中においても、防御、相殺、その他の方法によりこれに依拠することができ、当事者の申立てによって、裁判所の決定と同様に、民事訴訟法の規定の下で裁判所により執行されるとしている（仲裁法45条1項）。

仲裁判断の執行申立てには、仲裁判断書の原本または認証付き謄本、仲裁合意の原本または認証付き謄本、必要に応じて仲裁判断が外国仲裁判断であることの証拠を添付しなければならない（仲裁法45条2項）。英語またはベンガル語以外の言語による文書については、翻訳証明付きの英訳を添付しなければならない（仲裁法45条3項）。

裁判所は、仲裁判断の承認または執行を、以下の場合にのみ拒否することができる（仲裁法46条1項）。

① 判断が不利益に援用される当事者が、裁判所に以下に掲げる証明を提出した場合

ⓐ 仲裁合意の当事者が無能力であったこと

ⓑ 当事者が準拠することとした法律の下で、仲裁合意が有効でないこと

ⓒ 判断が不利益に援用される当事者が、仲裁人の選定もしくは仲裁手続について適当な通知を受けていなかったこと、または何らかの合理的な理由により主張を提示することができなかったこと

ⓓ 仲裁判断が仲裁付託の範囲を超える判定を含むこと（ただし、仲裁付託された事項に関する判定が仲裁に付託されなかった事項に関する判定から分離されるときは、仲裁に付託された事項に関する判定を含む判断は承認され、執行することができる）

ⓔ 仲裁廷の構成または仲裁手続が当事者の合意に従っていなかったこと、または係る合意がなかったときは、仲裁が行われた国の法律に

従っていなかったこと

 ⓕ 判断がいまだ当事者を拘束するに至っていないか、その法律の下で判断がなされた国の管轄当局により、取り消されまたは停止されたこと

② 外国仲裁判断の承認または執行を求められた裁判所が以下のことを認めた場合

 ⓐ 紛争の対象事項が、現行法の下では、仲裁による解決が不可能であること

 ⓑ 外国仲裁判断の承認および執行がバングラデシュの公序良俗に反すること

2　調　停

(1)　裁判所における調停

　裁判所は、裁判所に提起された訴訟について、すべての当事者が出席したときは、2003年貸金裁判所法（Money Loan Court Act, 2003）上の訴訟を除き、審理期日を延期し、裁判所による和解のための調停を行い、または当事者の訴訟代理人、当事者もしくは調停人による調停に付すことができるとされている（民事訴訟法89A条1項）。控訴審において、裁判所は、控訴が原判決についてのものであり、同一の当事者間で行われているものであるときは、当事者の合意により紛争を解決するため、事件を自ら調停するか、調停に付さなければならない（民事訴訟法89C条1項）。当事者が訴訟を取り下げて調停により解決することを希望するときは、裁判所はその申立てを認めなければならない（民事訴訟法89B条1項）。

(2)　裁判所外の調停

　1961年イスラム家族法条例は、2023年家庭裁判所法（以下、「家庭裁判所法」ともいう）の制定により廃止された。家庭裁判所法の11条・14条および15条に基づき、調停について体系的に定められている。まず、書面による答弁書の提出を受けて、裁判所は30日以内に公判前審理を予定する。この審理において、裁判所は当事者の陳述を考慮しながら、請願書、陳述書、関連書類を検討する。裁判所は、和解に至るよう、紛争を判断および解決するよう

努めるとしているが、和解にて解決しない場合、証拠調べの期日を設定する。その後、証拠が提出された後、裁判所は再び和解を促進するが、和解に至らなかった場合、裁判所は、判決を言い渡し、7日以内に当事者またはその代理人に通知する。和解が成立した場合には、裁判所は合意された条件に基づいて判決または決定を発行する。

2006年バングラデシュ労働法は、当事者は交渉（Negotiation）により紛争を解決するよう努めなければならず、交渉により解決できない場合には、調停人（Conciliator）を選任して調停手続（Conciliation）により紛争を解決するよう努めなければならず、調停手続によっても紛争を解決できない場合には、調停人は、紛争を仲裁に付すよう当事者を説得しなければならないと規定している。

2003年貸金回収法（Money Loan Recovery Act, 2003）は、この適用を受ける紛争の解決につき、裁判所は、答弁書の提出後、必要があると認めるときは、裁判所が主催する和解会議（Settlement Conference）を開催できるとし、また、裁判所は、和解会議を開催しない場合には、訴訟手続を中断し、事件を調停に付すことができると規定している。

第3　バングラデシュ国外での紛争解決

1　外国判決

外国判決は、以下の場合においてはバングラデシュにおいて承認することはできないとされている（民事訴訟法13条）。

① 判決が管轄権を有する裁判所によって判決がされていないこと

② 請求の実体についてされたものではないこと

③ 国際法の誤った適用に基づく、またはバングラデシュの法律の適用を拒否するものであること

④ 判決の手続が正義に反すること

⑤ 判決が詐欺によって得られたものであること

187

第8章　紛争解決

⑥　請求がバングラデシュの法律に違反していること

なお、外国判決の認証された謄本の提出により、原則として当該判決が管轄権を有する裁判所によって判決されたものとして推定される（民事訴訟法14条）。

外国判決は、当該外国とバングラデシュとの間で相互保証に関する合意がある場合には、バングラデシュの地方判事裁判所の判決と同様に執行することができる（民事訴訟法44A条）。しかし、バングラデシュが相互保証に関する合意をしている国は非常に限られており、実際には、多くの場合、バングラデシュの裁判所において外国判決の認証された謄本を提出し、当該外国判決に基づく訴訟を提起する必要がある。

2　外国での仲裁

バングラデシュは、外国仲裁判断の承認および執行に関する条約（ニューヨーク条約）加盟国であるため、他の締結国における仲裁判断はバングラデシュ国内で執行が可能である。また、2001年仲裁法により、外国仲裁判断は、ダッカの地区判事裁判所の承認を得ることで裁判所の判決と同様に執行できるとされており、外国仲裁判断の承認執行が認められている。手続等については、本章第2・1を参照のこと。

第4　法曹制度（弁護士）

1　法学教育

バングラデシュにおける法学教育は、英国統治期の1863年にダッカ・カレッジ（カルカッタ大学に所属）において法学部が創設したときに始まるとされる。その後、1921年にはダッカ大学に法学部が創設された。1973年までは2年間のLLB（法学士）コースが置かれ、その後制度変更を経て現在ダッカ大学では4年制のLLBコースと1年生のLLM（法学修士）コースを設置している。また、1953年にはラジシャヒ大学に法学部が設置され、1990年代に入ってからクシュティアのイスラーム大学にイスラーム法学部が、また、

188

チョットグラム大学にも法学部が設置されるに至っている。このような経緯を経て、現在バングラデシュ国内の7つの国立大学で法学教育が実施されているが、そのうちガジプール国立大学以外では4年制の法学教育が行われている。教育での使用言語はベンガル語または英語である。また、約30校の私立大学や、国立大学に加盟している法学院（Law College）においても法学教育が行われている（浅野宜之「バングラデシュにおける司法制度」）。

2　弁護士会

バングラデシュにおいては、1972年バングラデシュ法曹および弁護士会令が、弁護士の加入組織である弁護士会について規定している。弁護士会には最高裁判所弁護士会（Supreme Court Bar Association）と原則として各県に置かれる地域弁護士会とがある。ただし、地域弁護士会には県以外の領域をもって弁護士会を構成している場合があるため、現在では81の弁護士会があるとされる。弁護士として活動するためには、いずれかの弁護士会に加入する必要がある。

3　弁護士資格

バングラデシュにおいては、弁護士は、❶下位裁判所付きの弁護士、❷最高裁判所高等裁判所部付きの弁護士、❸上訴部付きの弁護士の3種類に大別できる。バングラデシュには、2016年時点で約5万7000人の資格を有する弁護士がいる。弁護士は、バングラデシュではAdvocateと呼ばれる。英国のイングランドおよびウェールズとは異なり、バリスターとソリシターの区別は存在しない。

まず、❶下位裁判所付きの弁護士になるには、以下の条件を備えなければならない。

① 　バングラデシュ国民であること

② 　21歳以上であること

③ 　以下のうち、いずれかを満たしていること

ⓐ 　バングラデシュ国内の大学において法学の学位を取得している

ⓑ 　バングラデシュ弁護士会連合が認めた、バングラデシュ国外の大学

第8章　紛争解決

で、法学の学位を取得している

　①〜③の基本的条件を満たしたうえで、出生証明書、学位等の条件を満たしていることの証明、推薦書等を弁護士会連合に提出する。そして、10年以上の勤務経験をもつ弁護士の下で、6か月間の実務研修を受ける。その後、選択式、記述、口述の試験を受け、合格した場合、弁護士（Advocate）として活動できるようになる。

　❷最高裁判所高等裁判所部付きの弁護士の場合、①下位裁判所付きの弁護士として2年以上の活動経験があるか、②法学部を卒業し官報において公示されたバングラデシュ以外の国での弁護活動があるか、③英国において弁護士資格を取得したかあるいは法学修士号を一定の成績で取得して、バングラデシュにて最高裁判所付きの弁護士の下で1年以上の勤務経験があるか、④法務官職として10年以上の経験をもつ、という条件のいずれかを満たさなければならない。そのうえで、弁護士会の加入証明や、弁護士としてかかわった25以上の事件のリスト等を弁護士会連合に提出しなければならない。さらに、筆記と口述の試験を受けなければならない。ただし、裁判官から転身する者は、筆記試験が免除される。

　❸上訴部付きの弁護士は記録弁護士（Advocate on Record）とされる。高裁部での5年以上の弁護経験があり、弁護士会連合や高等裁判所判事からの承認があって初めて上訴部付きの弁護士になる。

　これらの弁護士の資格認定や試験等を実施したり、あるいは弁護士の行動綱領を作成したり、または弁護士の権利や利益を守ることを目的に設置されているのが、弁護士会連合である。弁護士会連合の会長は、法務総裁が職権により就任する。会長含めて15名により構成される組織である。

4　その他の法律職

　法務総裁（Attorney General）、追加法務総裁（Additional Attorney General）、副法務総裁（Deputy Attorney General）および法務総裁補佐（Assistant Attorney General）は、1972年バングラデシュ法務官令において定義づけられた法務官の内訳である。法務総裁は、国の法務官としては最高位に位置づけられ、憲法64条に基づき大統領により、経験豊かな最高裁判所付き弁護士の中から任

命される。これらのうち、法務総裁補佐以外の３つの役職については、最高
裁判所判事と同等の資格をもたなければならない。そのため、たとえば法務
総裁に関しては最高裁判所判事の定年年齢が67歳であることから、この年齢
を超えている者は任命できないとされている。ただし、法務総裁等の定年に
ついては規定がないため、大統領の求めがある限り67歳を超えてもその職に
就き続けることができる。法務総裁補佐については、最高裁判所において５
年以上の弁護士経験をもたなければならない。

第5　民事訴訟手続

1　民事訴訟手続に関する法令

　バングラデシュの民事訴訟手続についての主要な制定法は、当時、バング
ラデシュがその一部であった英領インド帝国で制定された1908年民事訴訟法
（Code of Civil Procedure, 1908。以下、「民事訴訟法」ともいう）である。英領イ
ンド帝国では、1859年に初めて統一的な民事訴訟法が制定され、その後、
1877年に同法が廃止され、1882年に新たな民事訴訟法が制定されていたが、
1908年民事訴訟法は1882年民事訴訟法を廃止してこれを置き換えるもので
あった。1908年民事訴訟法は、その後、バングラデシュが英領インド帝国の
一部であった時代、パキスタンの一部であった時代、およびバングラデシュ
独立後における数次の改正を経て現在に至っている。1908年民事訴訟法は、
全部で155の条文（ただし、上記の数次にわたる改正により、条文ごと削除され
ているものもある）からなる本文と、第１から第４までの附則（Schedule）（た
だし、第２附則については廃止されている）から構成されており、詳細な訴訟
手続の規定については本文ではなく、附則に規定されている。附則は、日本
の民事訴訟規則に相当するといえる。また、民事訴訟、刑事訴訟を問わず、
証拠の取扱いに関しては、1872年証拠法（Evidence Act, 1872。以下、「証拠
法」ともいう）が規定している（アンダーソン・毛利・友常法律事務所「バング
ラデシュ法制度調査報告書」（平成27年３月））。

191

2　第一審における訴訟手続

　バングラデシュにおける訴訟手続は、訴答手続、トライアル前手続、トライアル、トライアル後手続とで明確に区分されている。訴訟の流れに沿った訴訟手続の概要は以下のとおりである。

(1)　訴えの提起

　民事訴訟の訴えの提起は、事物管轄および土地管轄を有する裁判所に、訴状を提出することにより行う。訴状が提出されると、裁判所は、申立手数料（印紙税）が納付されているか、訴額は適切に算定されているか等につき訴状の審査を行い、問題がない場合には、事件番号を付与し、訴訟登録簿に事件を登録したうえで、訴状に訴訟提起日を押印する。これにより、訴訟が開始される。

　原告は、訴状において、訴訟原因を構成する事実および求める救済を明示しなければならず（民事訴訟法第1附則7章）、損害賠償であれば請求金額を明示する必要がある。日本法上の付帯私訴の制度と類似の制度として、1881年有価証券法等、一定の請求について、刑事訴訟において民事上の請求をすることを認める個別法も存在する。

(2)　召喚状の送達

　裁判所は、訴訟が適式に提起されると、被告に対して、指定された期日に出頭して答弁すべき旨が記載された召喚状（Summons）を、訴状の写しとともに送達する。召喚状の送達（Service）は、被告が裁判所の管轄地域内にいるとき、または召喚状を受領する権限のある送達代理人が管轄地域内にいるときは、適切な裁判所職員を通じて行われる（民事訴訟法第1附則5章9条）。

　送達は、通常、裁判所職員による送達、地方裁判所が認定している宅配便業者による配送を含むその他の方法により行われる。ファックスまたは電子メールによる送達も認められている。外国の当事者に対する送達は、裁判所の許可を得て、交付送達（直接の手渡し）によることができる。

(3)　答弁書の提出

　送達を受けた被告は、法律によって認められた場合を除き、召喚状を受領した日から30営業日以内に、答弁書（Written Statement）を提出する。召喚

状なく訴訟が提起された場合、被告は、3か月以内に答弁書を提出しなければならない。答弁書においては、原告の主張の根拠を一般的に否認するだけでは不十分であり、損害を除き、否認しようとする事実の主張を個別に特定しなければならないとされている（民事訴訟法第1附則8章3条）。

(4) 裁判外紛争解決

召喚状が正式に送達された後、裁判所は、民事訴訟法89A条に従って、正式な訴訟手続を回避して当事者間の紛争の調停を試みる。当事者が裁判外の紛争解決を通じて紛争を解決できない場合、裁判所は審理の期日を定め、手続を再開するものとする。

(5) 第1回期日と争点の確定

第1回期日において、訴状または答弁書に記載された事実の認否が行われ、裁判所は、当事者の主張が相違する重要な事実上および法律上の争点を確定し（Framing of Issues）、裁判の前提とすることのできる事実を記録する。当事者間に争いのない事実は争点とはならない。争点は、事実上または法律上の重要な問題として確定されなければならず、それを裏づける事実や証拠自体を争点としてはならない。裁判所は、証人または書証の証拠調べをしなければ争点を確定できないと判断するときは、争点の確定を延期することができる。審理期日に原告のみが出頭し、被告が出頭しなかったときは、①召喚状が適式に送達されたことが証明された場合には、原告のみで手続を進めることができるが、②訴状が適式に送達されたことが証明されない場合には、召喚状の再度の送達を試みる必要がある（民事訴訟法第1附則9章6条）。審理期日に被告が出席しないときは、裁判所は、欠席判決（Ex Parte Decision）をすることができる。ただし、実際には、裁判所は直ちに欠席判決をすることはせず、続行期日を数回指定し、それでも被告が出席をしない場合に、欠席判決が行われる。裁判所が、被告が欠席した場合で、審理期日を後日に延期したときは、被告は延期後の期日において、欠席の理由を示す必要があり、また、費用の負担を命じられることがある。

(6) 証拠開示

バングラデシュでは、米国でみられるような広範な証拠開示制度（ディスカバリー）は採用されていないが、一定の方法による証拠開示を定めてい

第 8 章　紛争解決

る。すなわち、各当事者は、訴訟の提起後、いつでも、裁判所に、供述また
は証拠の提出のために第三者を召喚するよう求めることができる。また、裁
判所は、職権で、または当事者の申立てにより、①質問書の作成および回
答、文書および事実の認否、並びに文書その他証拠として提出できる物の発
見、検査、提出、押収、返還に関するすべての事項について必要または合理
的と認める命令をし、②証拠調べのために出頭が必要となる者に対して召喚
状を発し、③宣誓供述書により事実を証明するよう命じることができる（民
事訴訟法30条）。具体的な証拠開示の方法としては、以下のような方法がある
（民事訴訟法第1附則11章）。通常、これらの証拠開示および質問手続には数
か月程度を要する。

　　　㋐　質問書による開示
　当事者は、裁判所の許可を得て、争点の確定の日から10日以内に、書面に
より相手方その他の第三者に質問書を送付することができる。質問書を受領
した者は、10日以内に、宣誓供述書により、質問書に回答しなければならな
いとされている。

　　　㋑　文書開示の申立て
　当事者は、宣誓供述書を提出することなく、裁判所に対して、訴訟の当事
者が保管し、または権限を有する文書を、宣誓して、提出するまたは開示す
ることを命令するよう申し立てることができる（民事訴訟法第1附則1章12
条）。ここで、「文書」とは、手書きによるか印字されているかを問わず、一
切の文書をいう。また、文書とは、必ずしも証拠能力（Admissibility）を有す
るものに限定されず、当事者の意見の相違のある事項の解明に関連性を有す
るものであれば足りる。関連性や重要性のない場合や、申立てが手続の進行
を遅らせる目的でなされたときは、申立ては却下される。裁判所は、訴訟の
継続中、当該訴訟の当事者に対して、当該当事者が保管し、または権限を有
する文書を提出するよう命じることができる。文書の提出を命じられた当事
者は、宣誓供述書（Affidavit）を付して文書を提出する義務を負う。

　　　㋒　訴答または宣誓供述書で言及された文書の提出
　当事者は、いつでも、相手方が訴答または宣誓供述書で言及した文書を閲
覧、謄写させるよう請求することができる。

第5　民事訴訟手続

(エ)　非開示に対する制裁

　原告が証拠を開示せず、または質問書に回答しないときは、裁判所は、訴訟不遂行により、請求を却下することがある。被告の場合には、当該防御が却下され、その点に関しては防御を行わなかったのと同様の地位に置かれることとなる（民事訴訟法第1附則11章21条）。質問書を受領した第三者が質問に回答せず、または回答が不十分であるときは、質問をした当事者は、裁判所に、第三者が質問に回答するよう命令をすることを求めることができ、裁判所は、当該第三者に対し、宣誓供述書または口頭で回答するように命じることができる。

(オ)　証拠開示の例外

　証拠法129条は、依頼者と法律専門家（Legal Professional Adviser）との間の秘密のコミュニケーションについて、依頼者は自ら申し出ない限りこれを開示する義務を負わないとしている。ただし、証拠法126条に基づき、①違法な目的を推進するための通信である場合、または、②弁護士が業務遂行にあたり目撃した不正犯罪を示す事実である場合は、その限りではない。また、証拠法126条は、弁護士は、依頼者の明示の同意のない限り、委任のために依頼者のした、または依頼者のためにしたコミュニケーション、委任のために知ることとなった文書の内容および条件、並びに委任のために依頼者に与えた助言について開示してはならないとしており、弁護士と依頼者の間のコミュニケーションについては、一定の保護が図られている。

(7)　期日の決定

　裁判所は、係争中の争点を整理し、必要な命令を出した後、公判期日である審理の期日を決定する。

(8)　トライアル

　トライアルにおいては、被告が原告の主張する請求原因事実をすべて認めて、法律問題または抗弁事実のみを主張する場合を除き、原告が最初に冒頭陳述を行う。その後、原告が、自身が証明責任を負う事実について証人尋問を行い、書証を提出する。各当事者は、相手方の証人に反対尋問をする権利を有しており、反対尋問は、通常、主尋問の後直ちに行われる。反対尋問の後、反対尋問から生じた問題について説明し、発展させるために、再主尋問

195

第8章　紛争解決

を行うことができる。原告の提出証拠の証拠調べが終了したところで、被告が冒頭陳述を行い、証拠調べを行う。証拠調べが終了した後、各当事者が最終陳述を行う。冒頭陳述を最初に行った原告が、最後に最終陳述を行うことができる。

(9)　判　決

裁判所は、審理終結後、判決を行う（民事訴訟法33条）。判決の言渡しは、公開の法廷で行う。

(ア)　証人の逮捕および拘留

民事訴訟では通常、当事者は自らの証人を召喚するが、裁判所は裁判を円滑に行うために証人への召喚状を発行することができる。民事訴訟法32条は、裁判所が必要に応じて逮捕状を発行して召喚された者を出廷させることを認めている。

(イ)　被告の逮捕と拘留

民事訴訟法は、裁判所が、司法手続を遅延させたり妨害したりする行為を認めた場合の、宣誓供述書やその他の証拠を通じた、被告の逮捕について規定している。被告が逃亡したもしくは逃亡しようとしている、または裁判所の手続を回避するために財産を処分した場合、裁判所は逮捕状を発行することができる。ただし、不動産に対する権利の決定に関係する事案では、裁判所は特定の規則に基づいて被告の逮捕を命令することはできないとされている。被告が理由を提示しない場合、裁判所は、担保として金銭または財産の供託を命じることができる。

3　訴訟代理人

裁判所における訴訟手続では、弁護士を代理人とすることが必要である（弁護士代理の原則）。ただし、原告は、裁判所の許可を得た場合には、自ら訴訟を提起することができ、被告も、裁判所の許可を得て自ら防御を行うことができる（本人訴訟）。弁護士資格の詳細については、本章第4・3を参照されたい。

弁護士報酬は、依頼者と弁護士との合意により定められ、法律または弁護士会規則による報酬額についての規制は設けられていない。成功報酬は一般

的ではなく、また、弁護士倫理規定により、一定の制約を受ける。弁護士報酬は原則として各自負担であり、敗訴者負担とはされない。

4　言　語

　国語をベンガル語と定める憲法3条および1987年ベンガル語導入法（Bengali Language Introduction Act, 1987）によれば、裁判所を含む国の機関では、外国とのやりとりに関する事項を除き、ベンガル語を用いる必要があり、したがって、裁判所で用いる公式の言語はベンガル語である。ただし、実務上は、稀ではあるが、下級裁判所における手続では、英語およびベンガル語を用いることができる（もっとも、ベンガル語で行うことが望ましいとされている）。最高裁判所については、実務上、当事者の作成する書面では英語を用いることが多く、弁論では、裁判官に合わせて、英語またはベンガル語が用いられる。判決書では、下級裁判所については、裁判官によって、ベンガル語または英語が用いられる。最高裁判所の判決では、ごくわずかの例外を除き、英語が用いられる。外国語で記載された文書を証拠として提出する場合には、翻訳証明を付した英訳またはベンガル語訳を提出する必要がある。

5　時効（出訴期限）

　時効（出訴期限（Statute of Limitation））については、1908年出訴期限法（Limitation Act, 1908。以下。「期限法」ともいう）が、訴訟の種類を詳細に規定し、その種類に応じた一定の出訴期限およびその起算点を定めており、その期間の経過後に提訴された訴えは却下される。最も一般的に援用される時効（出訴期限）である一般の契約上の請求時効（出訴期限）は、3年間である。

6　公開裁判

(1)　裁判の公開
　裁判の手続は、すべて公開の法廷で行われる。トライアル前の、非公開の弁論準備の手続等は存在しない。
(2)　訴訟記録の公開
　訴訟記録は、証拠法74条・76条の適用上、公的文書（Public Documents）

197

であり、第三者も閲覧することができる。また、訴訟手続における秘密保持に関する規定は存しない。

7　民事訴訟に要する期間

(1)　審理に要する期間

　民事訴訟法第1附則18章19条は、争点が確定された後120営業日以内に最終の審理期日を指定しなければならないとし、最終の審理期日として指定された日から（期日を延長する場合であっても）120営業日以内に審理を終えなければならないと規定している。これらの期限はあくまで目標であり、これらの期限を遵守しないことによる効果はない。また、民事訴訟規則第1附則20章1条は、審理終結と同時に、または7日以内に公開の法廷で判決を言い渡さなければならないと規定しているが、現実には、裁判所では、この規定は十分に遵守されていない。裁判所による判決までには、上訴審による審理期間も合わせて、簡単な事件でも5年以上、複雑な事件では5年から10年または15年程度の時間を要することも珍しくない。

(2)　審理の迅速化のための措置

　バングラデシュでは、法律上、一定期間の経過後に当事者が新しい主張をしたり、新しい証拠を提出したりすることを禁止する（時機に後れた攻撃防御方法の禁止）明文の規定はない。当事者は、裁判所の許可を得て、いつでも訴答を訂正し、また、上訴審において追加の証拠を提出することができる。訴訟手続の遅延の防止のため、民事訴訟法は、35B条1項で、裁判所の指定する期間内に申立てまたは反論がされなかった場合には、裁判所は、当該当事者が他の当事者に生じた2,000タカ（約2,500円）を超えない費用を支払わない限り、当該申立てまたは反論を期日において許容しないと規定し、35B条2項で、答弁書の提出後の当事者の申立てについて、それがより早い時期に申立てのできるものであったときで、訴訟の進行を遅らせるものである場合には、申立当事者が相手方当事者に3,000タカ（約4,000円）を超えない費用を支払うのでなければ、当該申立てを処理しないと規定している。また、裁判所は、訴答の内容のうち、公平なトライアルを遅延させるようなものを撤回し、または変更するよう命じることができる。ただし、実際には、

第5 民事訴訟手続

これらの規定はほとんど適用されておらず、審理の迅速化が裁判所によって推進されているとはいいがたい。

8 証拠法

(1) 証拠能力

　裁判所は、証拠調べを申し出た当事者に対し、証拠により証明しようとする事実と証拠の関連性について質問することができ、関連性があると認めるときはその証拠を採用することができる（証拠法136条）。すなわち、証拠能力が認められるためには、証拠と要証事実の間に関連性が認められることが必要である。

(2) 証拠方法

㋐ 書 証

　文書の内容については、一次的証拠、すなわち文書の原本か、二次的証拠、すなわち原本以外の証拠により証明する。文書の内容についての供述は、当該供述者が当該文書の内容について二次的証拠を提出することができると証明されたときか、文書の成立が問題となっている場合でなければ、関連性が認められない。書面による契約については、書面に記載された契約条項について当事者が口頭の証拠や外部的な証拠を提出することはできないとの、コモンローにおける口頭証拠排除の原則（Parol Evidence Rule）が妥当する。

㋑ 人 証

(A) 証 拠

　文書の内容を除くすべての事実は、口頭の証拠により証明することができる（証拠法59条）。口頭の証拠は、視覚で感知できるものについては目撃者の、聴覚で感知できるものについてはそれを聞いた者の、その他の方法により感知できるものについては感知者の、意見または意見の基礎となる事実については、当該事実に基づき意見を述べた者の証言によられなければならない。ただし、論文に記載された意見については、著者が死亡している場合、著者を発見できない場合、著者が証言できない場合、または過大な費用もしくは時間を要することなく呼び出すことが困難である場合には、当該論文を

199

証拠として提出することができる（証拠法60条）。さらに裁判所は、その管轄地域内に住所を有する者で、民事訴訟法に基づき出頭を免除されたものか、病気または虚弱により出頭できないものに対して、質問状その他の方法により取り調べる旨の命令を発することができる（民事訴訟法第1附則26章1条）。

(B)　証人の呼出し

証人に対しては召喚状を送達する（民事訴訟法30条・31条）。証人が出頭しないときは、証人の勾引状を発布し、財産を売却し、500タカ（約750円）を超えない罰金を科し、または出頭のための担保提供を命じることができる（民事訴訟法32条）。

(C)　証人尋問

証人には、宣誓をさせなければならない。証人に対しては、証人を申請した当事者が最初に主尋問を行い、次に、相手方当事者が反対尋問を行い、その後証人を申請した当事者が再主尋問を行う。反対尋問は、主尋問における証人の証言した事実には限定されない（証拠法138条）。裁判所も証人に対して補充して尋問を行うことができるが、実務上は裁判所が追加の尋問を行うことは少ない。証人に対する尋問は必ずしも一日で終える必要はなく、後続のトライアル期日に継続して尋問を行うことができる。

(D)　証言拒否権

証人は、証言が自己を有罪とするものであること、または証言が自己を刑罰や没収の危険にさらすものであることを理由として証言を拒むことはできない。ただし、偽証の場合を除き、当該証言を、当該証人の逮捕、起訴、または刑事手続で用いることはできない（証拠法132条）。証人は、関連性のある事実について証言を拒むことはできない（証拠法147条）。裁判所は、関連性のない質問については、回答する義務がないことを証人に告げることができる（証拠法148条）。治安判事（Magistrate）、警察官、歳入官（Revenue-officer）には、その職務について証言拒否権が認められている（証拠法125条）。関連性のない質問および証拠法に反する質問については、当事者は異議を申し立てることができる。

(E)　外国人の証人

英語またはベンガル語を話さない外国人については、裁判所の認める通訳

人を付けることが権利として認められる。通訳人の費用は、証人を申請した当事者が負担するのが通常である。

　(F)　偽証に対する制裁

　宣誓を行った証人が偽証を行った場合、偽証罪として7年以下の禁錮および罰金による刑事罰の対象となりうる（1860年刑法（Penal Code, 1860）191条・193条）。実際にバングラデシュにおいて偽証罪がどの程度立件・処罰されているかについて、公表されている情報は存在しないものの、偽証罪については、現地法律事務所の知見・経験によれば、時折、処罰が行われているとのことである。

　　(ウ)　職権証拠調べ

　裁判所は、当事者により提出された証拠の証拠調べを行うことができるほか、職権による証拠調べをすることができる。

　具体的には、裁判所は、関連性の有無にかかわらず、当事者または証人に対し、その形式・時期を問わず、いかなる内容の質問もすることができ、文書または物の提出を命じることができ、当事者はこのような質問または命令に異議を申し立てることはできず、裁判所の許可を得なければ証人の反対尋問を行うこともできない（証拠法165条）。

9　救　済

(1)　終局判決による救済

　民事訴訟事件について終局判決による救済（Relief）は、損害賠償（Compensation for Damages）、確認判決（Declaration）、特定履行（Specific Performance）、差止め（Injunction）等である。損害賠償は、作為または不作為の直接の帰結から自然に生じる損害に限り賠償が認められており、いわゆる懲罰的損害賠償は認められていない。損害賠償の額の算定は、制定法の損害に関する規定を適用し、証拠に基づき裁判官が判断する。差止めについては、民事訴訟法に基づき、裁判所の裁量により認められる。

(2)　暫定救済（Interim Relief）

　裁判所は、暫定救済の1つとして、仮の差止め（Temporary Injunction）による救済を与えることができる（民事訴訟法94条）。仮の差止めの手続につい

第8章　紛争解決

ては、民事訴訟法第1附則39章に規定されている。仮の差止めによる救済を得るためには、以下の各要件を満たす必要がある。①権利者が、主張する権利につき公平な疎明をしていること、②当該権利が現に侵害されているか、侵害のおそれがあること、③それにより回復不可能か、少なくとも深刻な損害が発生しうること、④権利者の行為が、救済の権利を失わせるようなものではなく、衡平かつ誠実であり、特に権利者の行為に黙認または遅滞がないこと、⑤差止めを拒否するよりも付与するほうが便宜であること、⑥他の通常の方法や手続によっては、同等に効果的な救済が得られないこと、である。

10　調停、和解（Settlement）

　裁判外の和解は、民事裁判の係属前か係属中かを問わず、いつでも当事者の合意により行うことができる。裁判所は、和解を勧めることはあるが、和解の勧試は裁判所の義務ではない。離婚訴訟等一部の訴訟については調停手続を利用し、または考慮することが必要とされているが（調停前置主義）、民事訴訟一般について、調停手続を経ることは必要とされていない。答弁書の提出後、期日においてすべての当事者が出席したときは、2003年貸金裁判所法（Money Loan Court Act, 2003）の下での訴訟を除き、裁判所は、審理期日を延期し、裁判所による和解のための調停を行い、または当事者の訴訟代理人、当事者もしくは調停人による調停に付さなければならない（民事訴訟法89A条1項）。第一審事件について、和解により解決される事件がどの程度あるのか、判決が下される事件がどの程度あるのか、欠席判決はどの程度であるかについての統計は存在しない。

11　多数当事者訴訟

(1)　要　件

　主張に係る権利が共有に係るものであるかどうかを問わず、同一の行為もしくは取引、もしくは一連の行為もしくは取引に関するものであり、もしくはこれから生じたものであるとき、または個別に訴訟をした場合に法律問題または事実問題が共通となるときは、数人で共同して原告となり、または被

告となることができる（民事訴訟法第1附則1章1条・3条）。

⑵　代表訴訟

バングラデシュでは、前記⑴に記載した共同で原告または被告となる方法のほかに、いわゆるクラスアクションに類似する、一般に「代表訴訟」（Representative Suit）と呼ばれる方法を設けている。すなわち、訴訟において同一の利益を有する多数の（Numerous）者が存するときは、そのうちの一人または複数の者は、裁判所の許可を得て、当該利益を有するすべての者に代わり、またはそれらの者の利益のために訴え、または訴えられることができる（民事訴訟法第1附則1章8条）。代表訴訟について裁判所の許可を受けるための要件は、特に法定されていない。

12　上　訴

⑴　上訴の構造

少額原因裁判所の判決や特定救済法の規定に基づく場合等の一定の例外を除き、第一審の裁判に対する上訴は、当事者の一般的権利として認められる（民事訴訟法96条）。事実審の事実認定の誤りは、上訴人が立証責任を負う。上訴審においては、人証または書証を問わず、当事者は追加の証拠を提出する権利を有していない。上訴裁判所は、原審が許容すべきであった証拠を許容しなかった場合、上訴裁判所が判決のために必要であると判断する場合、またはその他の実質的な理由がある場合には、書証を提出し、または証人尋問をすることを許可することができる。上訴裁判所は、その場合、証拠調べが許される理由を記録しなければならない。

⑵　上訴裁判所

上訴裁判所は、民事訴訟法により原裁判所に付与された権限と同一の権限を有し、原裁判所と同様の義務を負っており、上訴事件について、①終局判決をし、②事件を差し戻し、③争点を確定し、それをトライアルに付し、④追加の証拠を採用することができる（民事訴訟法107条）。

上級判事補裁判所および判事補裁判所のした判決に対する上訴は、地方判事裁判所に対して行う。判事補裁判所または上級判事補裁判所のした判決に対する上訴は、訴額が5,000万タカ（約7,000万円）以下のものは、地方判事

203

第8章　紛争解決

裁判所に対して行う。判事補裁判所、上級判事補裁判所のした判決で訴額が
5,000万タカ超のもの、および地方判事裁判所のした判決に対する上訴は、
最高裁判所高等裁判所部に対して行う。最高裁判所高等裁判所部のした判決
に対する上訴は、最高裁判所上訴部に対して行う。最高裁判所上訴部に対す
る上訴は、憲法の解釈について重要な法律問題があるとき、死刑または無期
禁錮の判決を下したとき、侮辱罪として罰則を科するとき、および上訴につ
いて最高裁判所上訴部の許可を得た場合に限り認められる（憲法103条）。地
方判事裁判所では、単独の裁判官が裁判所として上訴事件についての裁判を
行う。最高裁判所高等裁判所部では、訴額が6,000万タカを超えない事件に
ついては、単独の裁判官により裁判を行う。訴額が6,000万タカを超える事
件については、6名の裁判官により裁判官を構成して当該事件を取り扱う。
最高裁判所上訴部では、少なくとも3名の裁判官により構成される裁判所
が、裁判を行う。

⑶　上訴手続

　上訴は、上訴の理由を記載した上訴状と、上訴の対象となる判決の判決書
を提出することによって行う（民事訴訟法第1附則41章）。原判決の執行を停
止するためには、上訴人は、執行の停止の申立てをすることを要する。執行
停止を認めるかどうかは、上訴裁判所の裁量による。上訴状が受け付けられ
た場合、上訴裁判所は、上訴状に提出日を記入し、上訴状記録簿に上訴を記
録する。上訴期限については、期限法が、訴訟の主題および上訴する裁判所
に応じて、20日～60日の期間を定めている。上訴裁判所は、上訴を却下する
のでない場合、審理期日を指定し、被告に対する答弁のための召喚状の送達
と同様の方法により通知を送達する。被上訴人が当該期日に出頭しない場合
には、新たに期日を設定するか、上訴人のみで手続を行う。前述のとおり、
上訴審においては、人証または書証を問わず、当事者は追加の証拠を提出す
る権利を有していない。したがって、上訴審における証拠調べは、裁判所
が、原審が許容すべきであった証拠を許容しなかったと認めた場合、上訴裁
判所が判決のために必要であると判断する場合、またはその他の実質的な理
由がある場合に、裁判所の許可を得て行うことができるだけである。

　上訴審での判決は、判決書により、①争点、②争点に対する判断、③判断

204

第5　民事訴訟手続

の理由、④原判決を破棄し、または原判決と異なる判決をするときは、上訴人に与えられる救済を記載する。上訴審は、上訴事件について、①終局判決をし、②事件を差し戻し、③争点を確定し、トライアルに付し、④追加の証拠を採用することができる。被告が一度も出廷することなく下された判決は、欠席判決として、被告は、召喚状が適式に送達されなかったとき、または被告が審理期日に出席できなかったことに正当の理由があるときは、欠席判決を排除する申立てをすることができる。

13　訴訟費用および弁護士報酬

訴訟費用および訴訟に付随する費用については、裁判所が裁量を有しており（民事訴訟法35条）、法令上、裁判所は、勝訴当事者が訴訟の提起前に負担した費用で訴訟に当然に関係するもの、および提訴から訴訟の終了前に要した費用を敗訴当事者に負担させることができるとされている。ただし、実際には、敗訴当事者に訴訟費用を負担させることは行われておらず、したがって勝訴当事者も訴訟費用を負担する必要がある。ただし、裁判所は、その裁量権において、当事者に対し、かかる費用を課すことができる。

訴え提起に要する手数料については、1870年裁判所費用法（Court Fees Act, 1870）により規定されており、訴訟の種類により、定額の手数料の適用を受ける場合と、訴額に応じた手数料となる場合とがある。訴訟費用の最大額は、現在5万タカである。上訴の手数料も、訴額が同額であれば、第一審の場合と同額である。

弁護士報酬については、本章第5・3を参照されたい。

14　執行手続

民事訴訟の最終段階であり、民事訴訟法第1附則21章、民事訴訟法36条ないし74条に基づき、申立てにより、裁判所は判決を執行するために必要な措置を講じる。バングラデシュ法上、仮執行の制度は設けられておらず、判決が確定するまで、判決の執行をすることはできない。民事訴訟法38条によれば、判決を出した裁判所または執行を付託された裁判所のいずれかによって執行することができる。判決の執行を付託された裁判所は、付託する裁判所

205

第 8 章　紛争解決

と同じ権限を有する。判決の執行が満たされる前に敗訴者が死亡した場合でも、その法定代理人に対して判決を執行できると規定している（民事訴訟法50条）。

　さらに、民事訴訟法51条に基づき、勝訴当事者の申立てにより、裁判所は以下の方法で判決の執行を命令することができる。

①　財産の引渡しによる執行

②　財産の差押えまたは売却による執行

③　敗訴者の逮捕または拘留による執行

④　受取人の指定による執行

⑤　付与される救済の性質に応じて、必要なその他の方法

　民事訴訟法58条は、民事訴訟法136条および第 1 附則21章38条と関連し、敗訴者の逮捕を認めることにより判決の執行の権限を与えている。逮捕後、当該者は直ちに裁判所に連行される。申立人が逮捕とその財産の差押えを求める場合、裁判所はその裁量により、逮捕状または差押命令を発行することができる。その後、当該命令は地域の管轄権を有する地方裁判所に送付され、敗訴者が出頭保証として裁判所に送付されない十分な理由を示さない限り、手続は継続される。

　民事訴訟法第 1 附則21章38条は、すべての逮捕状にて、執行官に対し、敗訴者を、負担すべき費用の支払いとともに、速やかに裁判所に連行するよう指示するものと規定している。ただし、同規定は民事訴訟法58条に定められる逮捕の免除規則に従うものであり、一定の制限が適用される。さらに、逮捕が金銭の支払いに関連しており、敗訴者がその支払いをした場合、逮捕は認められない。釈放手続について、民事訴訟法58条は、訴額が50タカを超える場合、禁錮は最長 6 か月、その他の場合は最長 6 週間と規定している。なお、以下の場合は、刑務所から釈放される。

①　民事刑務所担当官に保証金が支払われている場合

②　その者に対する判決が完全に履行されている場合

③　禁錮を申し立てた者からの要請がある場合

④　禁錮を申し立てた者が、必要な支払いをしない場合

15　上訴／再審

　いずれかの当事者が裁判所の判決によって不利益を被ったと判断する場合、上訴手続を通じて救済を求める機会が与えられている。バングラデシュの法制度は、事件の性質に応じて、上訴、再審（Appeal, Review, Revision）の手段を提供しており、不利益を受けた当事者は、再審および異なる結果を求めて上級裁判所に上訴することを選択できる。

第6　刑事訴訟手続

　刑事訴訟手続については、1898年刑事訴訟法（Code of Criminal Procedure, 1898）に定められている。警察やその他の関係者（被害者やその親族）から提訴された刑事事件の審理を行う者は、「治安判事」（Magistrate）と呼ばれる。治安判事は、告訴、警察からの事件記録またはFIR（First Information Report）、警察以外の人物からの情報に基づき、犯罪を認識し、刑事裁判手続が開始されるとしている。

1　告訴および情報の報告

　刑法の各条項が定める処罰の対象となる犯罪について、その実行または実行の意思を知った者は、合理的な理由がない限り、その実行または実行の意思を管轄の治安判事または警察官に報告する法的義務を負う（刑事訴訟法44条1項）。また、それに続く形で刑事訴訟法45条1項では、村長、村の会計係、村の監視員、村の警察官および地主は、村内における犯罪者の存在（例：泥棒、暴漢、強盗、脱獄囚等）、犯罪の実行あるいはその意思の存在、死亡の事実または死体の発見、並びに地域社会の平和、秩序、安全に影響を及ぼす可能性のある事柄に関する情報を報告する法的義務を負うものとされている。

2　逮　捕

　逮捕権限を有する警察官は、逮捕される者が言葉や行動によって拘束に応

207

じない場合に限り「逮捕される者の身体に実際に触れたり、拘束したりする」権限を有する（刑事訴訟法46条）。しかし、この権限は、「逮捕された者が、逃亡を防止するために必要な限度を超えて拘束を受けることはない」との規定により制限を受ける（刑事訴訟法50条）。

　また、警察は、以下のいずれかの事由がある場合、令状なしに逮捕することができる（刑事訴訟法54条1項）。

　①　その人物が認識しうる罪に関与していた場合
　②　その人物に対し合理的な告訴がなされた場合
　③　その人物が犯罪に関与しているという信憑性のある情報を得た場合
　④　その人物が犯罪に関与しているという合理的な疑いが存在する場合

　さらに、警察が犯罪の計画を知っている場合には、犯罪の実行を防止する目的で、治安判事の命令や令状なしに逮捕する権限が認められている（刑事訴訟法151条）。

　また、令状なしで逮捕が行われた場合、警察官は「不必要な遅滞なく」被逮捕者をその事件を管轄する治安判事または警察の担当官の前に連行することが義務づけられている（刑事訴訟法60条）。

3　公判前留置

　令状なしに逮捕された者は、事件の状況に応じた合理的な期間を超えて留置されてはならない（刑事訴訟法61条）。また、治安判事による特別命令がない限り、留置期間は24時間を超えてはならない（刑事訴訟法167条）。

4　捜　索

　逮捕された者に対する捜索は、以下の場合に許される（刑事訴訟法51条）。

　①　逮捕が保釈の取決めのない令状によって行われた場合
　②　逮捕が保釈の取決めのある令状によって行われたが、逮捕された者が保釈金を用意できない場合
　③　逮捕が令状なしに行われ、逮捕された者が「合法的に保釈を認められない」場合
　④　逮捕が令状なしに行われ、逮捕された者が保釈金を用意できない場合

第6　刑事訴訟手続

　捜索を行う警察官は、逮捕された者から発見されたもののうち、必要な衣類以外のすべての物品を保管することができる（刑事訴訟法51条）。また刑事訴訟法は、場所に対する捜索を行う権限を警察に与えている（刑事訴訟法165条）。この権限を適法に行使するためには、以下の3つの要件を満たす必要がある。

①　捜索を行う警察官が犯罪捜査の権限を有していること
②　捜索場所が、その警察官が担当する警察署の管轄内であること
③　その場所から犯罪捜査に必要な物が発見されるであろうことおよびその物が「不当な遅滞なしには他の方法で入手できない」と信ずべき「合理的な理由」が存在すること

　これらの要件が満たされている場合、警察官は、信ずべき根拠と捜索の目的物を書面に記録し、可能な範囲で直接捜索を行うことができる。

5　取調べ

　警察が事件を捜査する権限は、当該犯罪が令状なしに逮捕を行える犯罪であるかに応じて、司法の許可を受ける場合と受けない場合とがある。事件が令状なしには逮捕することのできない犯罪に関するものである場合、警察官は捜査を開始する前に、事件の審理または事件の送致に関し管轄権を有する第一級または第二級の治安判事からの命令を受けなければならない（刑事訴訟法155条2項）。

　事件が令状なしで逮捕可能な犯罪である場合、そのような命令は不要であり（刑事訴訟法156条1項）、警察官は事件の事実と状況の調査を進め、当該犯罪を審理する権限を有する治安判事に報告書を送付しなければならない（刑事訴訟法157条）。各種裁判所における審理可能な犯罪については、刑事訴訟法第3章（裁判所の権限）に記載されている。

　1872年証拠法25条・26条により、警察官に対する自白または警察による留置中に行われた自白は証拠として認められない。警察官以外の者に対する自白は、「治安判事の面前で」なされた場合に限り認められる（証拠法25条・26条）。ただし、警察による留置中に被疑者から得られた情報の結果として発見された事実は、証拠とすることができる（証拠法27条）。さらに、刑事訴訟

209

第8章　紛争解決

法164条は、治安判事が予審捜査の過程でなされた自白を記録する際の方法を定めている。このような自白を記録するにあたって、治安判事は被告人に対し、自白をする義務はないことおよび自白をした場合には、その自白が被告人に不利な証拠として使用されることを事前に説明しなければならない。また、治安判事は、自白が任意になされたものではないと信じる理由がある場合、そのような自白を記録してはならない。

6　違法な取調べに対する規制

刑事訴訟法342条に基づき、裁判所は、事前の警告なしに、捜査または裁判のいかなる段階においても、被告人に対し質問を行える裁量権を有する。被告人が、このような質問に対し回答を拒否したり、虚偽の回答をしたりしても処罰されることはない。しかし、裁判所は、そのような拒否や虚偽の回答を基に、正当と考える推論を行うことはできる。

刑事訴訟法364条は、治安判事および高等裁判所部以外の裁判所が被告人を尋問する際の方法を定めている。刑事訴訟法364条によると、記録が被告人の供述と正確に一致しているか確認するために、読み上げや翻訳等の措置を講じなければならない。

7　証人に対する手続

告訴者または被告人の申請により、事件を担当する治安判事は、証人に対し、裁判所への出頭を命じる召喚状または文書その他の証拠の提出を命じる令状を出すことができる（刑事訴訟法244条）。被告人が弁護を開始した場合、被告人は裁判所に対し、証人の出頭または文書その他の物の提出を強制するための手続を申請することができる。

8　初回出廷

刑事訴訟は、告訴または警察報告に基づいて提起される。裁判手続は、刑事訴訟法173条に基づく告訴または警察の事件記録を受け取った治安判事が、事件を受理した（当該犯罪を認知した）時点で開始される（刑事訴訟法190条）。刑事訴訟法204条によると、事件を受理する（犯罪を認知する）裁判

所の見解において、訴訟手続を行う十分な根拠がある場合、治安判事は事件を受理し、その事件が召喚事件である場合は、被告人の出頭のために召喚状を発行しなければならない。また、令状事件である場合は、被告人を裁判所へ勾引するための令状が発行されることがある。被告人は、別の裁判所で裁判を受ける権利があり、判事は、証拠調べの前に、この権利を被告人に告知しなければならない（刑事訴訟法191条）。

告訴により事件を受理した（犯罪を認知）した場合、治安判事は直ちに告訴者に宣誓をさせたうえで尋問し、その尋問を書面にし、告訴者および治安判事が署名しなければならない。

9　予備審問

予備審問の手続は刑事訴訟法の第20章に定められている。刑事訴訟法241A条によると、裁判所は裁判開始の7日前までに、被告人にすべての陳述書と書類を無料で提供しなければならない。

被告人が治安判事の前に出頭した後、被告人が罪を犯したことを認め、有罪とされるべきでない十分な理由を示さない場合、治安判事はそれに応じて被告人に対し有罪判決を下すことができる（刑事訴訟法243条）。

被告人が罪を認めない場合または治安判事が刑事訴訟法243条に基づき有罪判決を下さない場合、治安判事は予備審問に進み、告訴者および被告人はそれぞれ意見を述べ証拠を提出する（刑事訴訟法244条）。裁判所は、各意見を聴取し、証拠記録を検討した後、被告人が罪を犯したと推認する根拠があるかどうかを判断する（治安判事による裁判の場合は刑事訴訟法242条、セッション判事裁判所による裁判の場合は刑事訴訟法265D条）。そのように推認する根拠がないと判断した場合、裁判所は被告人を釈放しなければならない。そのように推認する根拠があると判断した場合、裁判所は被告人の正式な罪状を記載した書面を作成しなければならない（刑事訴訟法242条）。

10　裁　判

2年以下の禁錮に処せられる犯罪、窃盗罪のうち被害品の額が1万タカを超えないもの、不法侵入罪等の特定の犯罪については略式裁判にかけること

ができる（刑事訴訟法260条）。略式裁判の手続は、刑事訴訟法第20章に定められている予備審問の手続と同じである。治安判事は、告訴者または被告人の申立てがあれば、証人の出頭または文書や資料の提出を命じる召喚状を発布しなければならない（刑事訴訟法244条）。他方、告訴者の申立てに基づき召喚状が出されたにもかかわらず、被告人の出頭予定日またはその後の延期された期日に、告訴者が出頭しなかった場合、事件を他の日に延期する正当な理由がある場合を除き、治安判事はこれまでの規定にかかわらず、被告人を無罪とすることができる。他方、告訴者が公務員であり、本人の出頭が必要でない場合、治安判事は裁量により同人の出頭を免除し、事件を続行することができる（刑事訴訟法247条）。

　当事者と証人が召喚状に従って裁判所に出席した場合、刑事訴訟法164条に基づく証拠の記録のために証人を呼び出したうえで、被告人に対する自らの主張を証明するのは告訴者の義務である。また、治安判事は被告人が防御のために提出したすべての証人を尋問する義務がある。

　各証人の供述録取に際し、両当事者は以下の権利を有する。

① 　主尋問を行うこと

② 　反対尋問を行うこと

③ 　再主尋問を行うこと

　裁判のこの段階で、裁判所は被告人に対し、被告人が自らの無罪を証明したい場合には、裁判所は被告人に対し、その点に関する被告人の供述を記録する機会を与える。

　刑事訴訟法340条2項によると、刑事裁判において犯罪の嫌疑で告訴を受けた者は誰であれ、有罪を認めない限り、自身に対する嫌疑や主張に対する反証のために、宣誓をしたうえで供述をすることができる。また、この供述の後、被告人は訴追側の反対尋問を受ける。セッション判事裁判所における手続は、刑事訴訟法第23章に規定されている。これらの裁判はすべて検察官によって行われる。検察官は、被告人に対する起訴内容を説明し、検察側の主張を裏づける証拠を提出することによって、裁判を開始する。その後、検察側の証人に対して尋問が行われる。また、前述のとおり、裁判所は、被告人が弁護を許される前に、事前の警告なしに被告人を尋問することができる

（刑事訴訟法342条）。もし、被告人が裁判所からの質問に答えることを拒否した場合、裁判所は、（被告人に対し）不利な推論を行うことが認められている。裁判所は、検察側の主張を聞き、被告人を尋問した後、被告人が罪を犯したという証拠がなく被告人を無罪とすべきか否かを決定する（刑事訴訟法265H条）。被告人が無罪とされなかった場合、被告人またはその弁護人は、被告人自身の主張を述べ、尋問のため証人を証言台に呼ぶことができる（刑事訴訟法265－I条）。弁護側の証人がすべて尋問された後、検察官は訴えの総括を行い、被告人またはその弁護人にはそれに対する反論の権利が認められている。そして、裁判所が判決を下せば裁判は終了する。

11　専門家証人

裁判所は、外国の法律、科学、技術、または筆跡や指紋の同一性に関する問題について意見を形成しなければならない場合、これらの事項に特に熟練し、専門家として知られている者に対し意見を求め、それを関連する事実として使用することができる（刑事訴訟法45条）。

12　判　決

刑事訴訟法245条によると、治安判事は、244条に定める証拠および、もしあれば、さらなる証拠を取り調べたうえで、被告人を尋問し、被告人が無罪であると認める場合、無罪であることを記録し、被告人が有罪であると認める場合は、被告人に有罪判決を言い渡さなければならない。

刑事訴訟法366条に基づき、すべての刑事裁判の判決は、裁判終了後に言い渡されるまたはその後のいずれかの時点で当事者に通知されなければならない。勾留されているか否かにかかわらず、被告人は判決期日に出頭しなければならない。ただし、公判中の出頭が免除され、判決が罰金または無罪である場合はこの限りでない。裁判所が判決に署名した後は、刑事訴訟法またはその他の法律に別段の定めがない限り、同一の裁判所が判決を変更したり見直したりすることはできない（刑事訴訟法369条）。

セッション判事裁判所による死刑判決は、確認のために高等裁判所部に提出されなければならない（刑事訴訟法374条）。当該高等裁判所部が、更なる

第8章　紛争解決

調査または追加の証拠を得る必要があると考える場合、高等裁判所部はセッション判事裁判所にその旨指示することができる。死刑事件以外について、高等裁判所部は、セッション判事裁判所の有罪認定および判決を承認または取り消す権限を有する（刑事訴訟法376条）。ただし、この承認は、上訴を行うことができる期間が満了するまで、またはその期間内に上訴が行われた場合には、上訴が決着するまで、行うことができない（刑事訴訟法376条）。高等裁判所部の2人以上の裁判官からなる法廷が新たな判決や命令を出す場合、その承認には少なくとも2人の裁判官の署名が必要である（刑事訴訟法377条）。裁判官の意見が同数で分かれた場合、その意見は事件とともに別の裁判官に提出され、その裁判官が最終決定を下す。

　バングラデシュ政府は、条件の有無にかかわらず、いつでも刑の執行を停止し、または刑の一部もしくは全部を免除する権限を有する（刑事訴訟法401条1項）。有罪判決を受けた者は、その刑の執行停止または免除を政府に申し立てることができ、その場合、政府は、判決の決定または承認を担当した裁判官に対し、その理由と申請に対する意見を述べるよう求めることができる。この権限は恩赦を与える大統領の権限とは別個のものであり、それに影響を与えるものではない。

13　上　訴

　刑事訴訟法418条は、法律の問題だけでなく事実認定の問題も上訴の理由となりうると定めている。量刑は法律の問題とみなされる。すべての上訴は、嘆願書の形式で提出され、原判決または原命令のコピーを添付しなければならない。（刑事訴訟法419条1項）。

　上訴裁判所は、嘆願書を受理した後、入口の問題として、上訴を審理する十分な理由があるかどうかを判断する。十分な理由がないと判断した場合、裁判所は上訴を略式で却下することができる（刑事訴訟法421条）。十分な理由があると判断した場合、裁判所は上訴人に通知を送り、被上訴人に対しても、上訴理由のコピーとともに通知を行う。

　刑事訴訟法は一般的な上訴権を定めていないが、刑事訴訟法第31章は、上訴可能な裁判所の命令や判決の種類を以下のとおり列挙している。

214

①　89条に基づく、差押えを受けた財産の返還の申請を拒否する命令（405条）

②　118条に基づく、治安維持、または善良な振舞いを担保するための保証金を要求する命令（406条）

③　122条に基づく、保証人の受入れを認めないまたは拒絶する命令（406A条）

④　第二級または第三等級の治安判事による有罪認定の場合、上訴審は上級治安判事が担当する（407条）

⑤　共同セッション判事もしくは第一級治安判事による有罪判決の場合、上訴審はセッション判事もしくは事件によっては高等裁判所部が担当する（408条）

⑥　セッション判事による有罪認定の場合、上訴審は高等裁判所部が担当する（410条）

14　告訴の取下げ

刑事訴訟法248条によると、原告が、事件の最終決定の前に、告訴の取下げを認めるべき十分な理由があることを治安判事に納得させることができた場合、治安判事は告訴の取下げを認め、被告人を無罪とすることになっている。この規定は、刑事訴訟法345条に定められている処分可能な事件に限って適用される。

たとえば、第1に、告訴の取下げの申立ては検察官のみが行えるものであり、申立人、被告人、または政府のいかなる命令によっても告訴の取下げを求めることはできない。

また、第2に、事件を取り下げる根拠は検察官が裁判所に対して説明しなければならない。裁判所は、政府の判断のみに基づいて事件の取下げを命じることはない。

訴えを取り下げる旨の裁判所の決定は終局的なものである。そのため、裁判所が訴えの取下げに納得しない場合、裁判所は訴えの取下げを認めず、訴訟の続行を命じることとなる。

被害者、原告または事件の原告が、国が不必要に事件を取り下げたと考え

215

第8章 紛争解決

る場合、セッション判事または高等裁判所に再審を求めることができる。

第9章
税　務

第9章　税　務

第1　はじめに

　バングラデシュにおいて、税務を管轄する中央省庁は、国家歳入庁（NBR）であり、関連当局が随時発行する通達、命令、通知等にて税制度が規定されている。これまで、1984年所得税条例（Income Tax Ordinance 1984）が税制度を規定する主な法令であったが、その後制定された2023年所得税法（Income Tax Act, 2023）にて廃止された。さらに、公平で透明性のある税務管理を実現するために、国家歳入庁（NBR）より、2023年源泉徴収税規則（Tax Deduction at Source（TDS）Rules, 2023）をはじめ、関連通達が公布されている。その他税制度に関する法律としては、1972年国家歳入庁条例（National Board of Revenue Order, 1972）、1990年贈与税法（Gift Tax Act, 1990）、2003年旅行税法（Travel Tax Act, 2003）、1899年印紙税法（Stamp Act, 1899）、2012年付加価値税及び補足税法（Value Added Tax and Supplementary Duty Act, 2012。以下、「VAT & SD法」ともいう）、新たに発効した2023年関税法（Customs Act, 2023）等がある。また、これらの租税に関する規定や税率は、毎事業年度（バングラデシュでは7月1日～翌年の6月30日まで）、財政法（Finance Act）に基づき改正されるため、最新の情報を得る必要がある。以下の記述は、2024年財政法（2024年7月～2025年6月までの事業年度）に基づくものである。

第2　法人所得税

1　課税対象者

　課税対象となる会社には、バングラデシュの会社法およびその他の法律に基づいて設立された会社だけでなく、外国の法律に基づいて設立した外国の会社や、内国歳入局が会社であると宣言した外国の団体または組織等を含むものとしている（所得税法2条(31)）。

　また、会社は居住会社と非居住会社とに分類されるが、バングラデシュで法人化した、または会社の管理・統制がすべてバングラデシュにおいて行わ

218

第2　法人所得税

れている場合にはその会社は居住会社にあたるものとしている（所得税法(45)
(c)）。

2　課税対象所得

(1)　課税される所得の範囲

通常、費用等を差し引いた後のすべての所得について課税される。居住会
社の外国源泉所得は課税所得に含まれるが、バングラデシュ国外で支払われ
た税金については控除される。また、非居住会社の外国源泉所得は、バング
ラデシュに持ち込まれない限り課税対象とはならない。

(2)　減価償却費

会社が保有する固定資産の減価償却については、所得税法の第3附則に以
下のとおり定められている。

大項目	小項目	評価額に対する償却率
建物	一　般	5％
	工　場	10%
家具、備品	家具、備品	10%
	オフィス設備	10%
機械設備	一　般	10%

ただし、機械設備または新しく建設されたビルに該当する資産のうち耐用
年数が1年未満の場合は減価償却することができない。

ライセンス料の償却は、当該ライセンスが会社の運営に不可欠である場合
には、許可された期間、償却率により認められる。

減価償却費は、元の費用を超えてはならない。また、当該会社が減価償却
費を1年で控除するのに十分な収入がない場合、残りの減価償却費は控除で
きるまで翌年度に繰り越すことができる。

(3)　欠損金の繰越し

欠損金の繰越しおよび当該会計年度における相殺は、以下のとおり定めら
れている。

219

項　目	相　殺	繰越し
事業所得	事業所得のみと相殺できる	6年間繰越しができ、事業所得と相殺することができる
投機事業からの収入	投機事業による収入のみと相殺でき、他の項目の所得と相殺できない	6年間繰越しができ、投機事業による収入と相殺できる
キャピタルゲイン	キャピタルゲインのみと相殺でき、他の項目の所得と相殺できない	6年間繰越しができ、キャピタルゲインと相殺できる

　ただし、所得税法70条（2024年財政法30条により改正）に基づき、163条(2)に従って免税、減税、または最低税の対象となる源泉から発生した損失については、調整または繰越しはできない。また、相続以外の方法で事業が承継された場合、後継者は前任者の損失を自身の所得と相殺することはできない。

(4)　移転価格税制

　所得税法および1984年所得税規則が、移転価格に関する具体的な規制を定めている。国際取引を行う者は、確定申告書とともに所定の書式による国際取引明細書の提出が必要となる（所得税法233条・239条）。また、国際取引を行う者は、1984年所得税規則73条に規定される情報、書類および記録を保管する必要がある（所得税法235条・238条）。この国際取引には、いずれかまたは両方が非居住者である関連企業間の有形または無形資産の売買、リースまたはサービスの提供等の取引を含むものとされている。

　国際取引に係る独立企業間価格の算定は、以下のいずれかの方法を適用して決定するものとされる（所得税法235条）。

① 　比較自由価格法（Comparable Uncontrolled Price Method）

② 　再販価格法（Resale Price Method）

③ 　コストプラス法（Cost Plus Method）

④ 　利益分割法（Profit Split Method）

⑤ 　取引純利益法（Transactional Net Margin Method）

⑥ 　その他適切な方法

第2　法人所得税

3　税　率

2024年財政法第3附則により、法人税率は以下のとおり定められている。

会社の種類	税　率
上場企業（IPOを通じて払込資本の10%超の株式を発行）	20%
上場企業（IPOを通じて払込資本の10%以下の株式を発行）	22.5%
非上場企業	25%
一人会社	20%

※条件として、すべての収入並びにすべての費用および投資（1回の取引で50万タカ以上、年間合計360万タカ）の取引が銀行振込により行わなければならないとされている。

その他特定業種については異なる税率が課される。携帯通信業については、上場企業は40％、非上場企業は45％、金融業（銀行・保険）については、上場企業は37.5％、非上場企業は40％、マーチャントバンクについては37.5％、たばこ製造業については45％の法人税がそれぞれ課される。

4　課税基準期間

課税基準期間は、以下のとおりである。

新たに開始された事業	設立日から次の6月30日まで
清算される事業	7月1日から清算日まで
銀行、保険会社または金融機関	1月1日から12月31日まで
その他の会社	7月1日から翌年の6月30日まで

ただし、バングラデシュ国外で設立された会社の子会社・支店・駐在事務所は、親会社と会計を統合する目的で別の会計年度に従う必要がある場合には、別の会計年度に従うことを許可される場合がある。

5　税務申告・納付手続

納税義務のある会社、組織および団体等は、課税基準期間終了から7か月

221

目の15日または、当該15日が、その年の9月15日より前である場合は、翌年の9月15日までに申告書を提出し、納税する必要がある（所得税法2条㉓）。たとえば、課税基準期間終了日が12月31日の場合は翌年9月15日、3月31日の場合は10月15日、6月30日の場合は翌年1月15日、9月30日の場合は翌年9月15日が提出期限となる。

なお、バングラデシュに恒久施設を有さない非居住会社は税務申告が免除されている（所得税法2条⑵）。

1課税年度における総所得が60万タカを超えると予測される場合には、見積税額を4回で分割した額を9月15日、12月15日、3月15日、6月15日までにそれぞれ前払い納税（Advance Tax）しなければならない。たばこ製造業者については、この毎四半期の予納に加えて販売価格の3％を毎月前払い納税しなければならない。

源泉徴収税額または予納した税額が確定税額の75％を下回った場合には、当該不足額の10％相当額が利息として徴収される。また、提出期限までに確定申告が提出されない場合には、さらに50％相当額が徴収される。

6　キャピタルゲイン税

企業、ファンド、信託は、所得税法に基づき「資本所得」とみなされる所得に対して15％の税率で課税される。その他の納税者の場合、資本資産が5年以内に取得または譲渡された場合、当該資本所得は総所得に含まれ、通常の税率で課税される。5年後、キャピタルゲインには資産譲渡時に15％の税率が適用される。所得税法2条㋮に基づき「配当」とみなされる所得は、企業の場合20％の税率で課税されるが、その他の納税者の場合、かかる配当は総所得に含まれ、通常の税率で課税される。宝くじ、ワードゲーム、カードゲーム、オンラインゲームまたは同様の行為で獲得した賞金は、25％の税率で課税される（2015年6月30日付SRO No-196-LAW／所得税／2015、所得税法の第7附則）。

7　源泉徴収税

納税義務のある会社、組織および団体等は、所定の書式により年に2回、

毎年１月31日および７月31日までに、源泉徴収税の確定申告を行う必要がある。

源泉徴収税の納付は、原則として、源泉徴収した翌月の２週間目までに行う必要がある。例外として、６月１日から６月20日までに源泉徴収した場合は源泉徴収した日から７日以内、６月21日から６月30日まで（６月の最終２営業日を除く）に源泉徴収した場合は源泉徴収した日の翌日、６月の最終２営業日に源泉徴収した場合は、源泉徴収した日に納付を行う。

源泉徴収税は、課税対象となる項目が源泉徴収税規則３項（2024年源泉徴収税規則により改正）に定められている。

第3 個人所得税

1 納税者の区分

(1) 適用利率等の差異

居住者の所得に対しては、所得金額帯ごとに累進税率（０％〜25％）が適用される。また、①65歳未満の男性、②女性、第３の性、65歳以上の男性、③障がい者または④自由の戦士として戦った者の区分によっても所得税率が異なる。非居住の外国人の所得に対しては一律30％の税率が適用される。

(2) 居住者・非居住者の区別

以下のうち、いずれか１つに該当する場合には、所得税法上の居住者となる（所得税法２条(45)）。

①　賦課年度中に合計183日以上バングラデシュに滞在をした場合

②　賦課年度中90日以上バングラデシュに滞在しており、かつ直前の４年間において合計365日以上バングラデシュに滞在している場合

③　年間を通じ、バングラデシュにて、その活動を監督管理しているヒンドゥー教の家族、団体、事務所

223

第9章　税　務

2　課税対象所得

　居住者については、非課税所得を除く、すべての国内外の源泉所得に対して課税がされる。一方で、非居住者については、バングラデシュ国内の源泉所得に対してのみ課税がされる。

3　税　率

　2024年財政法により、個人所得税率は以下のとおり定められている。

(1)　概　要

　65歳未満の男性の居住者については、以下の累進税率が適用される。

所得金額	税　率
最初の35万タカ以下	0％
次の10万タカ（35万タカ超から45万タカ）	5％
次の40万タカ（45万タカ超から85万タカ）	10％
次の50万タカ（85万タカ超から135万タカ）	15％
次の50万タカ（135万タカ超から185万タカ）	20％
次の200万タカ（185万タカ超から385万タカ）	25％
上記を超える所得（385万タカ超）	30％

　※課税年度2024年〜2025年は、185万タカ超は一律25％。

　さらに、以下に該当する場合は、課税されない。

① 　女性または65歳以上の者で、所得金額が40万タカ以下

② 　第3の性で、所得金額が47万5,000タカ以下

③ 　自由の戦士で、所得金額が50万タカ以下

　上記の枠を超えた場合は、65歳未満の男性の居住者と同様の割合で課税される。また、障がい者の扶養者または法定後見人は、自身の年収から5万タカ差し引いた年収が課税の対象となる。なお、非居住の外国人の所得には一律30％の税率が適用される。

(2)　最低個人所得税

　居住区によって最低個人所得税が定められており、上記の納税額が最低個

第3 個人所得税

人所得税額を下回る場合には、次の税額を納付する必要がある。

①　ダッカまたはチョットグラム市役所管轄地区　5,000タカ

②　その他市役所管轄地区　4,000タカ

③　市役所管轄外の地区　3,000タカ

(3)　割増税

さらに、純資産額が3,000万タカを超える者は、当該資産額に応じて以下の割増税が課される。

純資産額	税　率
4,000万タカ以下	0 %
4,000万タカ超から1億タカ以下、または 2台以上の自家用車を自分名義で保有する者、または8,000平方フィート以上の不動産を保有する者	10%
1億タカ超から2億タカ以下	20%
2億タカ超から5億タカ以下	30%
5億タカ超	35%

4　確定申告・納付手続

個人所得税の賦課年度は7月1日から翌年の6月30日までであり（所得税法2条㉓）、この間の所得を11月30日までに申告・納付する（所得税法167条）。ただし、これまで申告書を提出したことがない者については、賦課年度終了後の次の6月30日までに申告・納付する。

すべての納税者は、事前に納税者番号（e-TIN）を取得する必要がある（所得税法261条）。

固定の拠点のない非居住者、土地を売るためにe-TINを取得した課税収入のない者、クレジットカードを取得するためにe-TINを取得した課税収入のない者は確定申告を行う義務はないとされる。

225

第9章　税　務

第4　二国間租税条約

　バングラデシュは、所得税法244条に基づき、二重課税回避に関する二国間租税条約を、日本を含む37か国との間で締結している。条約には、配当、ロイヤリティ、技術料、事業利益等の免除規定が含まれる。バングラデシュ居住者は、バングラデシュで課税されている同じ所得に対する税金に関して、外国での税控除を行うことができる。許容される控除額は、バングラデシュまたは当該国のいずれか低いほうの税額となる。

第5　付加価値税（VAT）

1　概　要

　付加価値税（VAT）は、付加価値税法及び補足税法（VAT＆SD法）に基づき、商品の販売、サービスの提供に際して課税される、登録事業者を通じて最終的に消費者が負担する間接税である。

2　課税登録事業者

　年間売上が3,000万タカを超えるすべての事業者はVAT登録を行う必要があり（VAT＆SD法2条(57)）、売上高の15％のVATを納税する（VAT＆SD法15条）。年間売上が500万タカ超から3,000万タカの事業者は売上高の4％を売上税（Turnover Tax）として納税する（VAT＆SD法2条(48)・63条(1)）。年間売上が500万タカ以下の事業者は免税される。ただし、特定の商品およびサービスの供給業者、製造業者または輸出入業者等については、売上高とは関係なくVAT登録が義務づけられる。また、任意に登録することも可能であるが、登録した事業者は少なくとも1年間は登録を継続する必要がある。

3　税　率

　VATの税率は基本的に15％であるが、その例外として、15％未満の税

率、非課税（Zero Rate）、免除（Exempt）となる商品・サービスがVAT &
SD法および通達に定められている。

(1) 税率が15％未満となるものの例

税率が15％未満となるサービスについては、例として、以下のものがあげられる。

対象サービス	税　率
レストラン、石油製品の運送、情報通信技術サービス、ライドシェアリング等	5％
ホテル（エアコンなし）、建設会社、家具製造業、調達業者、オークション商品の購入、遊園地、テーマパーク等	7.5％
修理・整備サービス事業者、警備サービス、石油製品以外の運送、清掃・メンテナンス事業者等	10％
土地開発	2％
建物の建設（1600sqf以下）	2％
建物の建設（1600sqf超）	4.5％

(2) 非課税となるものの例

非課税となる商品およびサービスについては、VAT & SD法22条～24条に定められたものが対象となる。例として、以下のものがあげられる。なお、非課税および免除のいずれにも該当する場合には、非課税として取り扱われる（VAT & SD法21条）。

① バングラデシュ国外の不動産

② 輸出品

③ 補修、修理等の理由で一時的に輸入される物品

④ 国際輸送のために使用される物品

⑤ バングラデシュ国外の不動産サービス

⑥ バングラデシュ国外で提供されるサービス

⑦ 非居住者に対する電気通信サービス

⑧ 国際輸送に関するサービス

第9章　税　務

(3)　免税となるものの例

　免税となる商品・サービスについては、VAT＆SD法の第1附則に定められている（VAT＆SD法26条）。例として、サービスについては、大きく以下のとおり分類される。

①　生活のための基本的なサービス（農業、農産物や動物性食品の保管等）

②　社会サービス（医療、教育等）

③　文化サービス（放送、出版等）

④　金融サービス（銀行、証券取引所、生命保険会社等）

⑤　輸送サービス（旅客輸送、商品輸送、航空会社、救急車等）

⑥　個人サービス（ジャーナリスト、俳優、歌手、運転手、オペレーター、デザイナー等）

⑦　その他のサービス（宗教活動、土地購入、譲渡およびその登録に関するサービス等）

4　確定申告・納付手続

　VATの登録事業者は、顧客から対価を受け取る際にアウトプットVATを徴収し、反対に対価を払う際にインプットVATを支払うこととなるが、このアウトプットVATからインプットVATを控除した差額について納付する必要がある。

　VATの登録事業者は、納付すべきVATがある場合には、毎月15日までに指定の様式に必要な事項を記載し国家歳入庁（NBR）へ申告書を提出したうえで、納税を行う必要がある（電子申告も可能である）。当該15日が休日にあたる場合には、期限は翌営業日までとなる（VAT＆SD法64条）。

228

第10章
競争法上の規制

第10章　競争法上の規制

第1　はじめに

　バングラデシュでは、市場における競争原理の保護に関する法律として、2012年競争法（Competition Act, 2012。以下、「競争法」ともいう）が制定されている。競争法が制定される以前は、1970年独占及び制限的取引慣行（管理及び防止）法（Monopolies and Restrictive Trade Practices（Control and Prevention）Ordinance 1970）が施行されていたが、これにより廃止された。

　競争法の下位法令として、2015年バングラデシュ競争委員会（議長および委員）任命規則（Bangladesh Competition Commission（Chairperson and Members）Appointment Rules, 2015）、2019年バングラデシュ競争委員会就業規則（Bangladesh Competition Commission Service Rules, 2019）、2022年バングラデシュ競争委員会（査問、調査、再調査、申立て）規則（Bangladesh Competition Commission（Enquiry, Investigation, Review and Appeal）Regulations, 2022）、2022年バングラデシュ競争委員会（基金）管理規則（Bangladesh Competition Commission（Fund）Management Regulations, 2022）が施行されている。

　また、競争法に基づき発行された通知（Establishing Bangladesh Competition Commission under Competition Act, 2012）にて、2012年にバングラデシュ競争委員会（Bangladesh Competition Commission）（以下、「競争委員会」ともいう）が設立された。競争委員会は、委員長および4名以下の委員から構成され（競争法7条1項）、委員長および委員は一定の実務経験を有すると認められる者から政府により任命される（競争法7条2項・3項）。また、委員長および委員の任期は3年で、再任は可能であるが、年齢が65歳に達した者は、委員長または委員として任命されまたは就任することはできない（競争法7条6項）。

230

第2　競争委員会

1　競争委員会の権限および機能

　競争委員会の権限および機能は以下のとおり規定されている（競争法8条1項）。

① 　市場における競争に悪影響を与える慣行を排除し、競争を促進および維持し、取引の自由を確保すること（競争法8条1項(a)）

② 　すべての事業者の反競争合意、支配的地位および慣行に関する通報を受理するまたは自発的に調査すること（競争法8条1項(b)）

③ 　競争法18条の規定に反しない範囲で、競争法に規定された犯罪を調査し、訴追すること（競争法8条1項(c)）

④ 　企業結合および企業結合に関する事項の決定、企業結合、企業結合条件および企業結合の可否の照会（競争法8条1項(d)）

⑤ 　競争に関する規則、方針、通達または行政指導を規定、実施する政府がこれらを実施するために助言を与え、支援すること（競争法8条1項(e)）

⑥ 　競争を促進するための適切な基準を策定し、競争に関連する事項について研修を実施すること（競争法8条1項(f)）

⑦ 　普及、出版、その他の手段により、競争に関する事項について大衆の意識を高めるために必要な行動計画をとること（競争法8条1項(g)）

⑧ 　反競争合意および活動に関する研究、セミナー、シンポジウム、ワークショップ、その他同様の手段により大衆の認識を高め、その研究結果を公表し普及させ、その効果的な実施のために政府に勧告を行うこと（競争法8条1項(h)）

⑨ 　政府から提供された競争に関する事項を実施、追随、検討すること（競争法8条1項(i)）

⑩ 　消費者の権利の保護と行使のための法律に基づいてとられた行動を検討すること（競争法8条1項(j)）

231

第10章　競争法上の規制

⑪　競争法 8 条に基づく職務を遂行するため、またはその機能を効率的に発揮するために、政府の事前承認を得て、外国の組織と協定または覚書を締結し実行すること（競争法 8 条 1 項(k)）

⑫　競争法の目的を遂行するための手数料、料金、その他の経費を定めること（競争法 8 条 1 項(l)）

⑬　競争法の目的を遂行するために規則で定められたその他の行為を行うこと（競争法 8 条 1 項(m)）

また、競争委員会は、以下の事項に関して1908年民事訴訟法に基づく民事裁判所と同様の権限を行使することができる（競争法 8 条 3 項）。

①　関係者の委員会への召喚および出席の確保（競争法 8 条 3 項(a)）

②　証拠開示および書類提出（競争法 8 条 3 項(b)）

③　情報の審査および検査（競争法 8 条 3 項(c)）

④　関係する事務所からの必要な書類またはその写しの要求（競争法 8 条 3 項(d)）

⑤　証人尋問および書類審査のための通知書の発行（競争法 8 条 3 項(e)）

⑥　競争法 8 条 3 項の目的のための他の手続の実施（競争法 8 条 3 項(f)）

競争委員会は、事業者が関連市場に害を及ぼす何らかの合意を締結する、支配的地位の濫用をしたと信じるに足りる事由がある場合、職権探知または第三者からの通報の受理により、当該事案に係る調査をすることができる（競争法18条 1 項）。

2　暫定命令

競争委員会は、調査の実施中に、競争法15条 1 項（反競争的合意の禁止）、16条 1 項（支配的地位の濫用の禁止）または21条（企業結合規制）の規定に違反する行為が継続するまたは継続するおそれがあると認める場合には、行為の重大性を考慮し、当事者に聴聞を受ける合理的な機会を与えたうえで、暫定命令を発出することにより、いずれか 1 人以上の当事者に、日常業務を含む回復不能な損失をもたらさないことを条件として、当該調査の終了またはさらなる命令の発出までの間、当該行為の実行を制限することができる（競争法19条 1 項）。

232

3　決　定

競争委員会は、競争法18条に基づく調査を行った後に反競争的合意または支配的地位の濫用を認める場合には、以下の１つまたは複数の措置を講じることができる（競争法20条）。

① 反競争的合意または支配的地位の濫用行為に関与した者に対し、当該反競争的合意を取りやめ再び行わないことまたは当該支配的地位の濫用を取りやめることを命令すること、および、行政制裁金（直近３年間の売上高の平均の10%を超えない額）を科すこと

② 競争法15条に規定される合意に基づくカルテルが発生した場合、当該カルテル参加者全員に対し、当該合意が継続した期間の各年の利益の最大３倍の行政制裁金または過去３会計年度の売上高平均の10%のいずれか高いほうを科すこと

③ ①および②の制裁金の支払いをしなかった場合、その者に対し１日ごとに10万タカ以下の追徴金を科すこと

④ 支配的地位を享受している事業者の分割を含む、競争の維持に資すると思われる命令を下すこと

4　不服申立て

競争委員会の命令に不服がある者は、当該命令日から30日以内に、所定の手数料を支払い、2022年バングラデシュ競争委員会（査問、調査、再調査、申立て）規則に規定された所定の書類を用いることにより、以下のいずれかを申し立てることができる（競争法29条１項）。

① 委員会に対する再調査

② 政府に対する上訴

ただし、競争法20条に規定された行政制裁金の支払命令により不服がある場合は、以下のいずれかの方法による。

① 行政制裁金の10%の保証金の供託による委員会に対する再調査

② 行政制裁金の25%の保証金の供託による政府に対する上訴

第10章　競争法上の規制

第3　規制内容

1　反競争的合意の禁止

　競争法15条1項は、「何人も、直接的又は間接的に、市場における競争に悪影響を及ぼす、若しくは、及ぼすおそれがある、又は、市場において独占若しくは寡占を引き起こす商品・役務の生産、供給、流通、保管又は取得に関する合意又は共謀をしてはならない」と定め、反競争的合意を禁止している。

　ただし、同項により禁止される内容は、以下の権利を制限してはならないとされる（競争法15条4項）。

① 　知的財産法に基づいて付与された知的財産権の侵害を制限するまたは保護するために合理的な条件を課すための権利

② 　契約が商品の生産、供給、流通もしくは管理、または、輸出のための役務の提供にのみ関連する範囲でバングラデシュから商品を輸出するための権利

　また、合意、同一もしくは類似した商品の取引または役務の提供に従事する個人・団体の商慣行もしくは決定が以下に該当する場合には、市場における競争に悪影響を及ぼすものとみなされる（競争法15条2項）。

① 　直接的または間接的に、正常ではない購入価格もしくは販売価格の決定をする場合、または入札談合を含む不正な価格を決定する場合

② 　生産、供給、市場、技術開発、投資または役務の提供を制限または操作する場合

③ 　商品・役務の種類、原産地（役務の場合はその提供元）、市場の地理的領域、市場の顧客数またはその他類似の基準に基づいて市場を分割する場合

　さらに、以下の取決めおよび合意が競争に悪影響を及ぼす場合には、反競争的合意とみなされる（競争法15条3項）。

① 　抱き合わせ販売（Tie-In Agreement）

234

抱き合わせ販売とは、商品の購入者に購入の条件として他の商品を購入すること、または、販売者、他者もしくは関係する事業者から利益を得ることを要求する合意または約束をいう（競争法15条3項(a)）。

② 排他的供給契約（Exclusive Supply Agreement）

排他的供給契約とは、取引の過程で購入者が販売者の商品以外の商品を取得することまたはその他の方法で取引することを何らかの方法で制限する合意をいう（競争法15条3項(b)）。

③ 排他的販売契約（Exclusive Distribution Agreement）

排他的販売契約とは、商品の産出もしくは供給を制限、制約もしくは保留する、または、商品の処分もしくは販売のために地域もしくは市場を割り当てる合意をいう（競争法15条3項(c)）。

④ 取引拒絶（Refusal to Deal）

取引拒絶とは、商品の販売者、購入者またはそれらの集団を何らかの方法で制約する合意をいう（競争法15条3項(d)）。

⑤ 再販売価格維持（Resale Price Maintenance）

再販売価格維持とは、販売者が規定する価格よりも低い価格が設定される場合があることが明確に述べられていない限り、購入者が再販売時に設定する価格を販売者が規定する価格とする条件で商品を販売する合意をいう（競争法15条3項(e)）。

2　支配的地位の濫用の禁止

競争法16条1項は、「事業者はその支配的地位を濫用してはならない」と定めている。ここにいう「支配的地位」とは、関連市場で事業者が有する強固な立場を意味し、以下のいずれかが可能な場合をいう。

① 関連市場において有力な競争圧力から独立して事業を展開すること

② 競争事業者、消費者または関連市場に対し、自社に有利な影響を及ぼすこと

また、以下の場合には支配的地位の濫用とみなされる（競争法16条2項）。

① 商品・役務の購入・販売において、直接的または間接的に、不公正もしくは差別的な条件を課す場合または差別的な価格もしくは略奪的な価

第10章　競争法上の規制

格を課す場合

②　商品の生産、役務の提供、関連市場または商品・役務に関連する技術的・科学的な開発を制限または制約し、消費者の利益を損なう場合

③　他者が市場にアクセスすることを妨げるまたは妨げる行為を継続する場合

④　本来的または商業的利用により合意の対象とは関係のない追加的義務を他の当事者が受け入れることを条件として合意を締結する場合

⑤　ある関連市場での支配的地位を利用して他の関連市場に参入または他の関連市場を保護する場合

3　企業結合規制

　競争法21条1項は、商品または役務市場における競争に悪影響を及ぼすまたは及ぼすおそれのある企業結合の禁止を定めている。ただし、競争委員会は、審査実施後の申請に基づき、競争に悪影響を及ぼさないまたは及ぼすおそれがないいかなる企業結合も承認することができ、競争委員会の承認が必要とされる企業結合の要因は規則に規定されている（競争法21条1項ただし書）。

　競争委員会は、この申請および2022年バングラデシュ競争委員会（査問、調査、再調査、申立て）規則に規定される手続に関する問題を調査することができ、調査実施後に、競争委員会がいかなる企業結合も競争に悪影響を及ぼさないまたは及ぼすおそれがないと認めた場合には、競争委員会は命令により当該企業結合を承認することができる。他方で、競争委員会がいかなる企業結合も競争に悪影響を及ぼすまたは及ぼすおそれがあると認めた場合には、競争委員会は当該企業結合を承認してはならないとされている（競争法21条2項）。

236

第4 実 例

第 4 実 例

1 競争法に関する調査状況

2018年以降、バングラデシュ競争委員会は、反競争的合意に関連して8件の申立てを受け、4件の特別調査を開始した[1]。このうち4件は、競争法17条に基づき、また、8条1項(e)に従い、紛争に関係する政府機関に助言を提供することで、予備審理で解決した。競争委員会は2件の案件で制裁金を科したが、いずれも高等裁判所部に上訴している。

バングラデシュ競争委員会は、優越的地位の濫用に関する執行は限定的である。唯一の優越的地位の濫用事例は、United Dhaka Tobacco Company Ltd. v. British American Tobacco Bangladesh Ltd. であり、現在も調査中であり、公開情報はない。現在までのところ、競争委員会は優越的地位の濫用行為に対していかなる制裁措置も救済措置も適用していない。

前述のとおり、バングラデシュ競争委員会は合併を審査しておらず、合併規定の違反に対する制裁も科していない。これは、競争法に不備があることに加え、手続、すなわち、届出の基準や閾値、現地のネクサス・ルール、審査の期限、違反に対して適用される特別な調査手続および制裁を含む、届出と審査の手続に関する規制がないことに起因している。

参考のため、2つの競争法に関する事件を紹介する。

2 競争法に関する事件の概要

(1) 競争事件No.1／2018（反競争的合意に関するRAOWA事件）

バングラデシュ競争委員会は、RAOWAによる非競争的慣行を主張する訴状を受理した。その申立てとは、RAOWAは複数のコンベンションホールを有しており、通常、顧客に貸し出しているが、顧客は任意でケータリングサービスを選べず、特定のケータリング会社Iqbal Hossain Catering Services

---

1 国連貿易開発会議〈https://unctad.org/system/files/official-document/ciclpd64_en.pdf〉（2024年10月31日最終閲覧）。

237

第10章　競争法上の規制

Limitedからサービスを受けることを義務づけられているというものであった。バングラデシュ競争委員会は2つの法的問題、すなわち、①申立てが同法の管轄範囲内であるかどうか、②法律の規定に違反しているかどうかを確認した。1つ目の問題については、申立ては確かにこの法律の範囲内であり、2つ目の問題については、RAOWAとIqbal Hossain Catering Servicesの契約は明らかに法律の規定に違反していると判断した。[2]

(2)　**競争事件No.2／2018（カルテルに関するチョットグラムC&F代理店協会事件）**

パシフィック・インターナショナル・トレーディングは、チョットグラムC&F代理店協会が制定した強制入札規則が非競争的であるとして、その廃止を求めてバングラデシュ競争委員会に申し立てた。バングラデシュ競争委員会は、問題の中でも、前述の問題に関して、強制入札規則は確かに非競争的であり、競争法2条(e)に規定されるカルテルに該当すると判断した。

2　The Business Standard〈https://www.tbsnews.net/thoughts/enforcing-competition-laws-bangladeshi-markets-405718〉（2024年10月31日最終閲覧）。

第11章
汚職に関する規制

第11章 汚職に関する規制

第1 はじめに

1 概　要

　バングラデシュの汚職は、トランスペアレンシー・インターナショナル（腐敗・汚職に対して取り組むNGO）が公表している2023年の腐敗認識数によると180か国中149位と低く、深刻な問題となっている。汚職撲滅を担当する中立的な独立機関として、2004年汚職防止委員会法（Anti-Corruption Commission Act, 2004。以下、「ACC法」または「汚職防止委員会法」ともいう）に基づき汚職防止委員会（ACC：Anti-Corruption Committee）が2004年に設立されたが、政治的な介入を受けて、その機能を十分に果たせていないのが実情である。

2　法的枠組み

(1)　国際的な法的および制度的な枠組み

　バングラデシュは、2007年に「腐敗の防止に関する国際連合条約」に加盟している。この条約は、腐敗行為を防止し、およびこれと闘うために、公務員に係る贈収賄、公務員による財産の横領等一定の行為の犯罪化、犯罪収益の没収、財産の返還等に関する国際協力等について規定している。

　また、バングラデシュは、2011年に「国際的な組織犯罪の防止に関する国際連合条約」にも加盟している。この条約は、重大な犯罪の実行についての合意および犯罪収益の資金洗浄を犯罪化すること、条約の対象となる犯罪に関する犯罪人引渡手続を迅速に行うよう努めること、また、捜査、訴追および司法手続において最大限の法律上の援助を相互に与えること等を規定している。

(2)　国内の法的枠組み

　バングラデシュにおける汚職を規制する主要な法律としては、1860年刑法（Penal Code, 1860）、1947年汚職防止法（Prevention of Corruption Act, 1947。以下、「汚職防止法」ともいう）および2012年マネーロンダリング防止法（Prevention of Money Laundering Act, 2012。以下、「マネーロンダリング防止法」ともいう）

240

があげられ、汚職、汚職未遂、恐喝、能動的および受動的賄賂、外国公務員等の贈収賄等を犯罪として規定している。また、ACC法に基づき汚職防止委員会が設置されている。

第2 汚職防止委員会法の概要

1 汚職防止委員会法の内容

バングラデシュでは、ACC法に基づき汚職防止委員会が設置されている。

ACC法は、バングラデシュにおける汚職を防止し、その他特定の犯罪について調査を実施するため、独立した機関として汚職防止委員会を設立することを目的としている。ACC法では、委員会の構成、委員の選定、委員会の業務および権限等について規定している。

汚職防止委員会は3人の委員で構成され、その中から1人が委員長として任命される（ACC法5条1項）。

2 汚職防止委員会の業務と権限

(1) 一般的な業務および権限

汚職防止委員会は、以下の業務を遂行する権限を有する（ACC法17条）。

① 附則に規定された犯罪について調査する（ACC法17条(a)）

② ACC法17条(a)に基づく調査および照会により、本法に基づき訴追する（ACC法17条(b)）

③ 独自の判断で、被害者およびその代理人により申し立てられた汚職について調査する（ACC法17条(c)）

④ 法律上委員会に委ねられた義務を履行する（ACC法17条(d)）

⑤ 汚職を防止するために法律上認められた措置を検討し、その効果的な実施のために委員長に勧告する（ACC法17条(e)）

⑥ 汚職防止に関する調査を実施し、調査結果に基づいてとるべき行動について委員長に勧告する（ACC法17条(f)）

⑦ 汚職を防止するために、誠実かつ高潔な意識を醸成し、汚職に対する

241

公衆の意識を高めるための措置を講じる（ACC法17条⒢）

⑧　委員会が所管する議題に関するセミナー、シンポジウムおよびワークショップ等を主催する（ACC法17条⒣）

⑨　バングラデシュの社会経済状況に照らして、バングラデシュに存在するさまざまな種類の汚職の原因を特定し、委員長に対して必要な措置を講じるよう勧告する（ACC法17条⒤）

⑩　汚職を調査し、汚職に関する訴追を行い、そのような調査および訴追に関して委員会による承認手続を決定する（ACC法17条⒥）

⑪　その他汚職防止のために必要と認められる業務を遂行する（ACC法17条⒦）

(2)　調査権限

汚職防止委員会は、以下の調査権限を有する（ACC法19条１項）。

①　証人を召喚し、証人の出頭を確保したうえで、宣誓の下で尋問する（ACC法19条１項⒜）

②　いかなる書類の発見および提示を行う（ACC法19条１項⒝）

③　宣誓の下で証拠を収集する（ACC法19条１項⒞）

④　公的記録またはその謄本を裁判所に請求する（ACC法19条１項⒟）

⑤　証人尋問および書類審査の令状を発行する（ACC法19条１項⒠）

⑥　ACC法の目的を達成するために必要なその他の事項（ACC法19条１項⒡）

汚職防止委員会は、調査に関連する事項について情報を提供するように何人にも要求することができ、そのように指示された者は、利用可能な情報を提供する義務がある（ACC法19条２項）。

汚職防止委員会または委員によって法的に権限を与えられた公務員の19条１項に基づく権限の行使を妨害した者、または19条１項に基づいて与えられた命令に故意に違反した者は、３年以下の禁錮もしくは罰金、またはその両方が科される（ACC法19条３項）。

汚職防止委員会は、独自の情報に基づき、または調査の結果、法的な収入源と一致しない財産を保有していると判断した場合には、汚職防止委員会により決定された方法で、書面による命令により、当該者およびその代理人に

対し、貸借対照表およびその他の情報を提供するように要求しなければならない（ACC法26条1項）。

第3　規制される汚職行為

1　刑　法

刑法は公務員による犯罪行為を定めており、刑法161条は、「公務員である又は公務員となる者で、公務の実施又は実施を控えること、公務を執行する上で、特定の者に有利、不利に見せる若しくは見せることを控えること、又は役務、危害を与える若しくは与えようとすることに対する報酬として、自身又は他の者に対する、適法な報酬以外の利益を受領、取得、受領に合意、取得に合意した者は、3年以下の禁錮若しくは罰金又はその両方に処せられる」と規定している。

刑法161条は、「利益（Gratification）」の定義として、金銭的な報酬または金銭で見積もることができる報酬に限定されないと規定している。金銭や動産、不動産等の有形のものに限られず、職の斡旋、公権力に対し好意を示すため等の無形のものも含むと考えられる。すなわち、賄賂の対象となる利益とは、有形・無形を問わず、人の需要・欲望を満たすことができる一切の利益をいうと考えられる。

刑法ではこのほかに、162条により汚職または違法な手段によって公務員に影響を与えるために利益を得る行為、163条により公務員との個人的な影響力の行使に対する利益を得る行為、164条により162条または163条で定義された犯罪の公務員による教唆、165条により公務員が行う手続または業務の関係者から対価を得ずに有価物を取得する行為を犯罪行為として規定している。

なお、1979年公務員規則（Government Servants（Conduct）Rules, 1979）5条4項には「政府の秘書官又は同等の職員は、外国政府の機関又は高官若しくはより高位の者から、バングラデシュ国内外で500タカ以下の価値の贈り物を受け取ることができる」と規定されているが、これが施行されたのは

243

第11章　汚職に関する規制

1979年であり、その後、具体的な金額は示されていない。

2　汚職防止法

汚職防止法は、贈収賄や汚職の防止を効果的に行うことを目的としており、犯罪となる公務員による汚職行為の詳細について規定している。

汚職防止法では、「公務員」の定義について、刑法上の定義に加え、政府により設立された企業や団体、地方自治体、法律に基づいて設立された企業や組織の長、職員、その他関係者も対象に含めている（汚職防止法2条）。

汚職防止法が定める「公務員」による犯罪行為とされる汚職行為は、以下のとおりである（汚職防止法5条）。

① 刑法161条に規定されるような動機または報酬としての謝礼（法的報酬を除く）を、自己または他人のために、いかなる人物からも受け入れ、取得し、受け入れることに同意し、または取得しようとした場合（汚職防止法5条(a)）

② 自分または他人のために、自己または自己の下位にいる公務員が行った、もしくは行おうとしている手続、業務に関与していた、または関与している可能性がある、もしくは関与している人物と利害関係があることを知っている人物から、無価値または不十分であると認識している対価で有価物を受領、入手する、受領することに同意する場合または入手しようとする場合（汚職防止法5条(b)）

③ 公務員として預かった、または管理下にある財産を不正に流用し、自己の使用のために交換した場合または他人にそのような行為をさせた場合（汚職防止法5条(c)）

④ 汚職または違法な手段により、または公務員としての地位を悪用して、自己または他人のために、有価物または金銭的利益を得、または得ようとした場合（汚職防止法5条(d)）

⑤ 当該公務員またはその扶養家族が、合理的に説明できない金銭的資源または既知の収入源に不釣り合いな財産を所有している場合（汚職防止法5条(e)）

犯罪行為を行った、または行おうとした場合は、7年以下の禁錮もしくは

罰金またはその両方が科される。また、犯罪行為に関する金銭的資源または財産は、国に没収される（汚職防止法5条2項）。

3　マネーロンダリング防止法

マネーロンダリング防止法は、「マネーロンダリング」を以下のとおり定義している（マネーロンダリング防止法2条(v)）。

① 犯罪収益または犯罪に関する財産を以下の目的で故意に移動、交換、または譲渡すること

   ⓐ 犯罪収益の不正な性質、出所、場所、所有権または支配を隠蔽または偽装すること、犯罪収益の所有権または支配権を隠蔽すること

   ⓑ 前提犯罪の実行に関与した者が当該犯罪の法的結果を回避することを支援すること

② 合法的または違法な手段で得た金銭または財産を外国に密輸すること

③ 違法な出所を隠したり偽装したりする目的で、犯罪収益を故意に外国へ送金したり、外国からバングラデシュへ送金したり持ち込んだりすること

④ マネーロンダリング防止法に基づく報告義務を回避するような方法で金融取引を締結することまたは締結しようとすること

⑤ 前提犯罪の実行を扇動または支援する意図をもって、財産を交換し、または移動もしくは譲渡すること

⑥ 前提犯罪の収益であることを知りながら、財産を取得し、所有し、または使用すること

⑦ 犯罪収益の違法な源泉を隠蔽または仮装するような活動を行うこと

⑧ ①〜⑦の犯罪に参加すること、関与すること、共謀すること、試みること、教唆すること、または犯罪を行うよう勧めること

マネーロンダリング防止法において、「前提犯罪」とは、汚職・贈収賄等の犯罪のうち、国内または国外において、当該犯罪に由来する資金または財産のマネーロンダリングを行い、または行おうとするものをいうと定義されている（マネーロンダリング防止法2条（cc））。

マネーロンダリングの犯罪行為を行う、その幇助、または共謀した者は、

245

第11章　汚職に関する規制

４年以上12年以下の禁錮および当該犯罪行為に関する財産の価値の２倍または100万タカのいずれか高い額の罰金が科される（マネーロンダリング防止法４条２項）。また、裁判所は、当該犯罪について有罪判決を受けた者に対し、財産の没収を命じることができる（マネーロンダリング防止法４条３項）。

したがって、汚職・贈収賄によって得られた財産についてマネーロンダリングを行うか、行おうとする場合には、マネーロンダリング防止法上の犯罪行為として罰せられることとなる。

4　海外の法令の域外適用

バングラデシュで、米国海外腐敗行為防止法（Foreign Corrupt Practices Act（FCPA））が適用された事例として、Siemensのケースがあげられる。ドイツ総合電機大手Siemensの完全子会社Siemens Bangladeshが、BTTBプロジェクト（全国デジタル携帯電話ネットワーク）の入札にあたり、2001年〜2006年の間に、入札での便益を得る目的で、バングラデシュの公務員およびArafat Rahman Koko（当時の首相の息子）に少なくとも533万5839米ドルを供与した贈収賄事件である。2008年12月12日に米国司法省が、FCPAの贈賄禁止条項および帳簿記録条項の違反を主張して、Siemens Bangladeshに対してワシントンD.C.に申し立てた。2008年12月15日、Siemens Bangladeshは司法省と司法取引をし、合意の条件の下で、Siemens Bangladeshは有罪を認め、50万米ドルの罰金と調査義務に同意した。

246

第12章
個人情報の保護

第12章　個人情報の保護

第1　はじめに

　バングラデシュでは、個人情報保護を直接規定する法令は2023年3月現在時点では存在しないが、それに相当する法律である2023年データ保護法（Data Protection Act, 2023。以下、「データ保護法」ともいう）の草案が審議されている。

　現行の個人情報保護に関連する法令としては、2006年情報通信技術法（Information and Communication Technology Act, 2006。以下、「情報通信技術法」ともいう）、2018年デジタルセキュリティ法（Digital Security Act, 2018。以下、「デジタルセキュリティ法」ともいう）、2020年デジタルセキュリティ規則（Digital Security Rules 2020）が施行されていたが、2023年に制定された2023年サイバーセキュリティ法（Cybersecurity Act, 2023。以下、「サイバーセキュリティ法」ともいう）により、2018年デジタルセキュリティ法は廃止された。

　また、バングラデシュでは、憲法43条において、文書や他の通信手段におけるプライバシーの保護に関する権利が保障されている。

1　情報通信技術法

⑴　概　要

　情報通信技術法は、情報通信技術の法的承認と安全を提供し、情報通信技術に関連する規則を策定するために制定された。

　情報通信技術法は、機密性の高い個人情報を保有、取引または処理している個人または企業に責任を課しており、データの保有者による不当な損失または利益を回避するために、合理的なセキュリティ慣行の実施と維持を要求している。

⑵　緊急時におけるバングラデシュ政府のデータを傍受する権限

　バングラデシュ政府は、特定の条件を満たす場合には、データを傍受する権限を有している。具体的には、バングラデシュ政府は、国家の主権、領土保全、または安全保障、外国との友好関係、治安、これらに関連する認知可能な犯罪の実行への扇動の防止、犯罪の捜査を目的として、傍受が必要であ

248

ると認められる場合には、データを傍受することができる（情報通信技術法
46条）。

(3) 罰 則

情報通信技術法は、機密事項およびプライバシー情報開示について、電子
記録や電子文書の個人情報を、本人の同意なしに開示してはならないとして
いる（情報通信技術法63条(1)）。

これに違反した場合には、2年以下の禁錮もしくは20万タカ以下の罰金ま
たはその両方に処される（情報通信技術法63条(2)）。

2 サイバーセキュリティ法

(1) 概 要

サイバーセキュリティ法は、国家のサイバーセキュリティを確保し、デジ
タル犯罪の特定、防止、裁判およびその他の関連事項に関する規定を定める
法律として制定された。

サイバーセキュリティ法に基づき、国家サイバーセキュリティ評議会（Na-
tional Cyber Security Council（NCSC））は、必要に応じてデータ保護に関する
ガイダンスを策定および発行し、国家サイバーセキュリティエージェンシー
に対して必要な指示および助言ができる権限を有する。また、コンテンツの
ブロックやデータソースの復号化等の執行に関する事項については、国家サ
イバーセキュリティエージェンシー（NCSA：National Cyber Security Agency）
が執行権を有している。

(2) 個人情報に関する定義

サイバーセキュリティ法では、個人情報について明確な定義は規定されて
いないが、「識別情報」の定義として、生物学的、物理学的な情報、また
は、単体もしくは他の情報とともに個人（法人を含む）を識別できるあらゆ
る情報（名前、写真、住所、生年月日、両親の名前、国民IDカード、出生・死亡
登録番号、指紋、パスポート番号、銀行口座番号、運転免許、e-TIN番号、電子
署名、ユーザー名、クレジットカード・デビットカード番号、声紋、網膜画像、
虹彩画像、DNAプロファイル、セキュリティ関連の個人データ、または技術の進
歩により容易に入手可能となったその他の識別情報）と規定されている（サイ

第12章　個人情報の保護

バーセキュリティ法26条）。

⑶　国家サイバーセキュリティ評議会（NCSC）の権限、義務および責任

NCSCの権限、義務および責任は以下のとおり規定されている（サイバーセキュリティ法13条）。

① サイバーセキュリティが脅威にさらされている場合、当該状況を改善する方法について必要な指示を行う

② サイバーセキュリティインフラストラクチャを改善する方法、人員を増やす方法およびその質を向上させる方法について助言を行う

③ サイバーセキュリティを確保することを目的とした機関間のポリシーを制定する

④ サイバーセキュリティ法およびサイバーセキュリティ法に基づいて制定された規則に基づく実行を確保するために必要な措置を講じる

⑷　サイバーセキュリティエージェンシー（NCSA）の権限、義務および責任

NCSAの権限、義務および責任は、制定される予定のサイバーセキュリティ規則によって定められる（サイバーセキュリティ法5条）。

⑸　罰　則

法的権限を有しない者が個人の識別情報を収集、販売、保有、提供または使用した場合には、2年以下の禁錮もしくは50万タカ以下の罰金またはその両方に処される（サイバーセキュリティ法26条）。

このほかに、サイバーセキュリティ法は、重要な情報インフラへの不正アクセス、コンピュータ、デジタル機器またはコンピュータシステムへの不法な侵入、コンピュータまたはコンピュータシステムの損傷、コンピュータのソースコードの変更、電子偽造、電子詐欺、なりすまし詐欺、サイバー犯罪等についても罰則を定めている。

3　データ保護法

バングラデシュでは、個人情報保護を直接規定する法令として、データ保護法の草案が2023年3月現在時点において審議されている。この草案は、国

内外のいずれにおいても適用されるとし、主にデータの収集、処理、使用および共有される場合等において適用される。

この草案では、データ保護の原則、データ主体の権利、同意を含むデータ処理の法的根拠および機密性の高い個人情報の特定の要件等を規定している。

データ主体の権利としては、アクセス権、訂正等の権利、同意を撤回する権利、消去する権利、データ処理停止を要求する権利およびデータポータビリティの権利が規定されている。

しかし、この草案に対しては、バングラデシュ政府または関連当局が国民の個人情報を保護するものではなく、管理する機会を提供するものであるとして懸念されている。たとえば、国際連合は、この草案の施行によって発生する可能性のある人権侵害に関して、所見および異議を示している。また、国際人権NGO団体であるアムネスティインターナショナルは、この草案が個人のプライバシーを侵害するおそれがあるとして懸念を表明している。

この草案の内容はバングラデシュ国内の会社にも影響を及ぼすものであることから、今後の動向を注視する必要がある。

251

第13章
広告に関する規制

第13章　広告に関する規制

第1　はじめに

　バングラデシュでは、広告規制について包括的に定めた法令は存在しないが、広告およびその関連事項を管理する主要な法令としては、1963年わいせつ広告禁止法（Indecent Advertisements Prohibition Act, 1963。以下、「わいせつ広告禁止法」ともいう）、2009年消費者権利保護法（Consumer Rights Protection Act, 2009）、2023年サイバーセキュリティ法（Cyber Security Act, 2023）、2005年喫煙及びタバコ製品の使用（規制）法（Smoking and Use of Tobacco Materials (Control) Act, 2005。以下、「喫煙及びタバコ製品の使用（規制）法」ともいう）、2023年医薬品及び化粧品法（Drugs and Cosmetics Act, 2023。以下、「医薬品及び化粧品法」ともいう）、1860年刑法（Penal Code, 1860）、1898年刑事訴訟法（Code of Criminal Procedure, 1898）、1973年印刷機及び出版物（宣言及び登録）法（20A）（Printing Presses and Publication (Declaration and Registration) Act, 1973。以下、「印刷機及び出版物（宣言及び登録）法」ともいう）、2014年国家放送政策（National Broadcast Policy, 2014。以下、「国家放送政策」ともいう）があげられる。これらの法令に加えて、倫理基準と慣習法が補完することとなる。

1　わいせつ広告禁止法

　わいせつ広告禁止法は、公序良俗を維持することを目的として制定され、わいせつまたは公序良俗に反する可能性があるとみなされる広告の作成、発行、配布について定めている。

　わいせつ広告禁止法の2条では、関連する用語を定義しており、2条(a)では、「広告」を「家、建物、壁に掲示される又は新聞や定期刊行物に掲載される通知、回覧、その他の文書、及び口頭又は光や音の生産又は伝達による発表を含むが、製薬会社が医療従事者に発行する通知は除外する」と定義している。また、2条(b)では、「わいせつ」を「普通の気質の普通の人の心の不純な考えの官能性と興奮を動機づけ、そのような不道徳な影響に無防備な者を堕落、腐敗させる傾向があり、公の道徳に有害であるとみなされ、人の心の堕落において悪影響を生み出すと判断されるものを含む」と定義してい

254

第1　はじめに

る。

　また、わいせつ広告禁止法の３条では、いかなる者も、わいせつな広告の発行に関与することを禁止しており、さらに、あらゆる財産や公共の場所の所有権、占有権、管理権をもつ者に対し、当該施設でわいせつな広告の掲示を意図的に許可することを禁じている。４条では、これらの規定に違反した場合、初犯の場合、６か月以下の禁錮もしくは罰金またはその両方、累犯の場合、１年以下の禁錮もしくは罰金またはその両方と定めている。なお、第一級治安判事裁判所より下級の裁判所は、わいせつ広告禁止法に基づき処罰が科される犯罪を審理することはできない。６条では、わいせつな広告に関する違反に対して、会社も責任を負うが、不知または違反を防止するための相当の注意を払っていたことを証明した場合は免れるとしている。また、取締役等の会社の役員が、違反行為に同意していたまたは違反が役員の過失に起因する場合は、当該役員も責任を負う。

2　消費者権利保護法

　消費者権利保護法に基づき、国家消費者権利保護局が設立された。国家消費者権利保護局は、消費者が企業に対して苦情を申し立てるプラットフォームとして機能し、違反が判明した企業に罰金を科す権限をもち、罰金の25％が申立人に割り当てられるとしている。他方、被害を受けた消費者は、国家消費者権利保護局の許可なく企業に対して法的措置を講じることが制限されており、消費者の利益に反するとして、消費者擁護団体からの批判を受けている。

　消費者権利保護法は、消費者保護を包括的に規定しており、誤解を招く広告を規制し、消費者への情報提供の透明性を促進し、基準を満たさない商品またはサービスに対して補償を求めるメカニズムを確立するための事項を定めている。また、消費者が消費者権利に特化した審判所を通じて救済を求める権限を与え、紛争の迅速な解決を保証するとしている。

　広告に関する罰則規定として、消費者権利保護法44条にて、商品やサービスの販売促進を目的とし、虚偽または真実ではない広告を通じて購入者を欺いた場合は、１年以下の禁錮もしくは20万タカ以下の罰金またはその両方を

255

第13章　広告に関する規制

科している。

3　サイバーセキュリティ法

　サイバーセキュリティ法は、2018年デジタルセキュリティ法に代わるものとして、安全なデジタル環境を促進しながらサイバー犯罪に対処し、犯罪を軽減するための法的手段として制定された。サイバーセキュリティ法では、デジタルプラットフォーム、データ保護、ハッキング、個人情報の盗難、虚偽の情報の拡散等のサイバー犯罪と闘うための措置について定めている。

　デジタルまたは電子プラットフォームにおいて広告を利用する場合、21条・25条・28条および29条を含む、サイバーセキュリティ法の関連規定に留意する必要がある。21条は、デジタルまたは電子媒体を通じた重要な国家的象徴に対するプロパガンダやキャンペーンの実施に関連する犯罪について定めており、解放戦争、解放戦争の精神、建国の父、国歌、国旗に反対するプロパガンダやキャンペーンに参加または奨励しているとみなされる広告は、この条項に該当する可能性がある。たとえば、歴史的事実を歪曲したり、国家の象徴を軽視したり、解放戦争の精神を損なう広告は、この法律に基づく違反行為とみなされうる。同違反に対する罰則として、5年以下の禁錮および10億タカ以下の罰金が科される。25条は、デジタルまたは電子媒体を通じた攻撃的、虚偽または脅迫的なデータ情報の送信、出版または拡散について規定している。たとえば、広告が競合他社の評判を傷つけたり、消費者に混乱を引き起こしたりする目的で、競合他社の製品に関する虚偽の情報を意図的に広めた場合、25条に基づく違反行為とみなされうる。当該違反行為に対する罰則は、2年以下の禁錮もしくは30万タカ以下の罰金またはその両方が科される。また、28条では、宗教的価値観や感情を傷つける情報をウェブサイトまたは電子形式で公開または放送することについて規定しており、違反した場合は、2年以下の禁錮もしくは50万タカの罰金またはその両方が科される。

4　喫煙及びタバコ製品の使用（規制）法

　喫煙及びタバコ製品の使用（規制）法は、世界的な反タバコ運動とタバコ

256

が公衆衛生に及ぼす影響についての懸念の高まりを背景に制定され、タバコ製品の使用を規制および管理するための措置を定めている。喫煙及びタバコ製品の使用（規制）法では、タバコの広告、販売促進に対する制限を設けており、未成年者への販売を禁止し、教育機関付近での広告行為に制限を課すほか、映画館、政府および非政府のラジオおよびテレビチャンネルでのタバコ製品の広告の表示を制限し、タバコの広告を含むフィルムやビデオテープの販売を禁止している。さらに、バングラデシュで流通する書籍、雑誌、チラシ、看板、新聞または印刷物にそのような広告を印刷または掲載することも禁止している。名前、ブランド、色、ロゴ、商標、サイン、シンボル、その他あらゆる形式のタバコ製品の広告を含むリーフレット、ビラまたは文書を公衆に配布または提供することも、禁止されている。この禁止の範囲は、電子的手段を含むさまざまな形式のメディアに及ぶ。ただし、タバコ製品を販売する店主または業者は、タバコの広告を含むチラシや文書の配布に関する制限から免除されるとしている。この規定に違反した場合、3か月以下の禁錮もしくは1,000タカ以下の罰金またはその両方が科せられる。また、10条ではタバコ製品のパッケージに健康上の警告を表示することを義務づけている。タバコ製品を製造する各企業は、「喫煙は死亡の原因」、「喫煙は心臓病の原因」、その他の健康関連の警告文を大文字で、総面積の30％以上で目立つように表示する必要があり、これらの警告規定に従わないタバコ製品パッケージの売買を禁止している。10条に違反すると、3か月以下の禁錮もしくは1,000タカ以下の罰金またはその両方が科される。

◇裁判例◆◆◆タバコ広告の禁止
〔当事者〕
　ヌルル・イスラム対バングラデシュ政府（1999年・WP1825）
〔事案の概要〕
　喫煙による生命と健康への脅威と、タバコ消費による環境への影響について懸念を表明し、あらゆる形式のタバコ広告を禁止するよう裁判所の介入を求めた事案である。申立人は、タバコ会社がさまざまなメディアプラットフォームで自社製品を大々的に宣伝し、法定の健康警告の可

第13章　広告に関する規制

視性が最小限にとどまっているため無効になっていると主張した。申立人は、農村部のタバコ消費者の非識字率の高さを強調し、タバコの使用に伴う危険性についての認識が著しく欠如していると主張した。

〔裁判所の判断〕

　裁判所は審理において、国内法、憲法に基づく基本的権利および他国で実施されている政策を調査した。裁判所は、特に若者や知識が十分でない国民に対するタバコの消費と宣伝広告の悪影響を認識し、特定の法律がない場合でも憲法と国民の基本的権利を守る義務があるとした。裁判所は、さまざまなメディアプラットフォーム上のタバコの広告が喫煙習慣を奨励する役割を果たしており、人命と環境に脅威をもたらしていると結論づけた。その結果、裁判所は被告（政府）に対し、新聞、雑誌、看板、電子メディアにおけるあらゆる形式のタバコの広告を中止するよう指示した。さらに政府に対し、特定の地区でのタバコ葉の生産を段階的に停止し、代替農産物の栽培について農家への補助金を提供する措置を講じるよう指示した。既存のタバコ会社は紙巻タバコの生産から他の産業に移行する必要があり、紙巻タバコやタバコ関連製品の輸入は合理的な期間内に禁止されることとなった。

5　医薬品及び化粧品法

　医薬品及び化粧品法は、1940年医薬品法（Drugs Act, 1940）と1982年医薬品（管理）条例（Drugs（Control）Ordinance, 1982）に代わるものとして、2023年に制定された法律であり、国内の医薬品と化粧品を管理する枠組みを定めている。医薬品総局（DGDA：Directorate General of Drug Administration）はライセンスの発行、生産プロセスの監督、医薬品および化粧品の品質管理基準の確保を担当する主要当局として重要な役割を担う。71条(1)にて、「何人も、当局から事前の承認を得ることなく、薬物の使用又は健康に関する内容を含む広告の発行又は宣伝に従事してはならない」と定めている。違反した場合には、3年以下の禁錮もしくは50万タカ以下の罰金またはその両方が科せられる。71条(2)は、化粧品の製造業者、輸入業者、取引業者、販売業者を

258

対象とし、化粧品の使用または使用の結果に関して虚偽または誤解を生じさせる内容を掲載した広告を作成、発行または配布することを禁止している。違反した場合は、30万タカ以下の罰金が科せられる。

6 印刷機及び出版物（宣言及び登録）法

　印刷機及び出版物（宣言及び登録）法は、国内の印刷および出版を管理する法律で、印刷所と出版社に対し、その事業について政府に登録することを義務づけている。広告に関する規定として、20A条は、わいせつまたは下品な内容を含むとみなされる書籍または文書に対して措置を講じる権限を政府に与えている。政府が調査の結果、好ましくない文書が存在すると考える場合には、その意見を示した通知を官報で発行することができ、通知にて特定された文書のすべての複製が政府に没収されると定めている。警察はバングラデシュ国内において、これらの複製を押収する権限をもち、地方判事は一定の階級以上の警察官による施設への立入りを許可することができる。30条は、印刷機及び出版物（宣言及び登録）法にて義務づけられている必要な申告を行わずに印刷機を所有した個人は、1万5,000タカ以下の罰金もしくは6か月以下の禁錮またはその両方が科されると規定している。32条では、新聞の編集、印刷、発行に関する規定の違反に対して、5,000タカ以下の罰金もしくは6か月以下の禁錮またはその両方が科せられると定めている。33条では、無許可での新聞の制作、頒布、出版、展示、販売に対し、2万タカ以下の罰金が科されると規定している。

7 刑　法

　刑法は、刑事犯罪とそれに対応する刑罰を定める包括的な法律である。499条では、個人または団体の評判を傷つける発言を行ったり公表したりする名誉毀損について定めており、個人、企業、団体の評判を損なう虚偽の主張、誤解を生じさせる情報または広告における有害な記載は、名誉毀損となりうる。他人の名誉を傷つけた者は、2年以下の禁錮もしくは罰金、またはその両方が科される。また、それが他者の名誉を傷つけることを知りながらまたはそう信じる十分な理由がありながら、印刷または刻印を行った者、名

259

第13章　広告に関する規制

誉を傷つける内容を含む印刷物または刻印物を、当該内容が含まれていることを知りながら販売または販売を申し出た者は、同様に、2年以下の禁錮もしくは罰金またはその両方が科される。

8　刑事訴訟法

　刑事訴訟法は、刑事司法制度の手続を定める法律である。法執行機関、司法機関、法律実務家の役割と責任を詳しく示し、刑事事件の開始から解決まで従うべき手順を定義し、また逮捕、捜索と押収、保釈、裁判の手続に関するガイドラインを示している。99A条は、不快な内容を含む新聞、書籍または文書に対して措置を講じる権限を政府に与えている。出版物が、主要な公人の名誉毀損、わいせつまたは明らかな犯罪行為への扇動等、刑法の規定に該当するとみなされた場合、政府は官報で通知を発行し、その後、特定された新聞、書籍、文書のすべての複製を没収すると宣言することができる。警察官はバングラデシュ国内においてこれらの複製を押収する権限を有する。さらに、治安判事は、令状により、一定の階級以上の警察官に対し、特定された書籍、文書の複製が発見されたまたは合理的にその疑いがある場所に立ち入って捜索する権限を与えることができる。

9　国家放送政策

　2014年に制定された国家放送政策の主な目的の1つは、テレビおよびラジオ放送を監視する独立委員会の設立である。この取組みは、プロパガンダ、盗作または中傷的なコンテンツの拡散および国民に対するメディアの影響力の悪用を防止する監視メカニズムを整備することを目的としている。この政策に基づき、放送機関は、法執行機関や軍隊の評判を傷つける可能性のあるニュース、写真またはビデオを配布することを禁止している。さらに、この政策は国家元首や政府首脳による演説等、国家的に重要な番組の放送を義務づけている。他方、バングラデシュ憲法39条で保障された表現の自由の権利を侵害する可能性があるとして批判を受けている。実際、この政策の違憲性について、バングラデシュ最高裁判所高等裁判所部に申立てが提起され、人権と道徳的権利、報道の自由の侵害が主張されたが、高等裁判所部は、関連

260

当局が放送政策に関する法律を制定していないことを理由に時期尚早とみなし、審理は却下された。4.1項では、広告に政治家、外交官、国家的英雄を含めることに制限を課している。社会啓発広告には明示的な同意を得て著名な市民が登場する場合があるが、宗教的または政治的感情を傷つける可能性のある言葉やシーンは厳しく禁止されている。また、4.2項に基づき、バングラデシュ規格試験協会（BISTI）の管理対象に該当する製品は、品質管理証明書を提供しなければならないとしている。なお、健康関連の広告には保健省の認定が必要である。4.3項では、商業目的での独立記念日、独立戦争、文化的出来事等の歴史的出来事への言及について定めている。広告は既存の法律に準拠し、国家文化を尊重し、国家の統一を乱す可能性のあるコンテンツを避けなければならないとしている。4.4項は、女性と子どもの権利の保護に焦点を当てており、有害なシーンの描写や商業的利益を目的とした子どもの搾取を禁止している。また、粉乳製品に関連する広告には特定の要件が概説されており、責任ある表現が確約されなければならないとしている。4.5項では、軍および法執行機関に対する敬意をもった描写、道徳の促進、広告における偏見の回避について定めている。

第14章
消費者保護に関する規制

第14章　消費者保護に関する規制

第1　はじめに

　バングラデシュ憲法は、「国家政策の基本原則」の部分で、消費者の権利を限定的に認めている。消費者保護の規定は、憲法15条と18条にある。しかし、これらの規定は、その他の消費者の権利よりも、主に「健康」と「食品」という重要な問題に焦点を当てている。さらに、これらの規定は、憲法の「基本的人権」の部分ではなく、「国家政策の基本原則」の部分に記載されている。それゆえ、これらの規定は、法廷ではほとんど法的根拠として機能しない。

　また、消費者保護に直接関係する法律もある。たとえば、1860年刑法264条～267条・272条～276条・478条～483条、1919年毒物法（Poisons Act, 1919）、1930年危険薬物法（Dangerous Drugs Act, 1930）、2009年商標法（Trademarks Act, 2009）、1957年動物屠殺（制限）・食肉法（Animals Slaughter (Restriction) and Meat Control Act, 1957）、1974年特別権限法（Special Powers Act, 1974。以下、「特別権限法」ともいう）、1982年度量衡基準条例（Standards of Weights and Measures Ordinance, 1982）、1985年バングラデシュ基準試験所条例（Bangladesh Standards and Testing Institution Ordinance, 1985）、1990年麻薬（取締）法（Narcotics Control Act, 1990）、2002年安全輸血法（Safe Blood Transfusion Act, 2002）等である。

　しかし、実際には、消費者保護に関するこれらの法律の組合せは依然として十分ではなく、効果的に施行されていないため、国民がこれらの法律を遵守しないという結果になっていた。

　そのような状況下で、2009年に2009年消費者権利保護法（Consumer Rights Protection Act, 2009）が公布された。消費者権利保護法によって、消費者の明確な定義づけがなされ、全国消費者保護評議会（National Consumer Protection Council）の設立や、消費者の権利保護を専門とする政府部署の設置等が行われた。

264

第2　消費者の定義

消費者権利保護法20条19項によれば、「消費者」とは、転売や商業利用目的の意図なしに、以下のことを行う個人をいうと定義される。まず、全額または一部について支払い済みもしくは約束済みの対価で商品を購入すること、または後払いや分割払いの計画によって商品を購入する者をいう。次に、消費者には、購入者の同意を得て、前述の方法で商品を取得した者も含まれる。個人使用のために商品を購入した後、それを商業目的で使用し、自営業によって生計を立てている者も消費者とみなされる。すなわち、消費者権利保護法では、販売業者やサービス提供者は、購入者だけでなく、購入者の同意を得て商品を再購入・再利用した者に対しても責任を負うことになる。消費者の定義にはこのような者が含まれているため、売主は第三者に対して責任を負うことになる。(消費者権利保護法2条19項(b))。

さらに、消費者という用語は、支払済みの対価、約束済みの対価、または後払いや分割払いの条件による対価によって、サービスを利用する個人を含む。この定義は、サービスを提供する者の同意を得て、そのような取決めの下でサービスを享受する者にも及ぶ。

すなわち、消費者という概念は、商品やサービスにかかわるさまざまな取引にかかわる幅広い個人を包含しており、消費者の権利が適用される場面はさまざまであることが強調されている。

第3　違反行為および罰則

消費者権利保護法2条20項では、消費者にとって有害であり倫理基準にも反する「反消費者的行為」に含まれる行為を定めている（消費者権利保護法2条20項(a)～(1))。これらの行為には、商品、医薬品、またはサービスを、関連法規で定められた定価を超える価格で販売ないし提供することが含まれる（消費者権利保護法2条20項(a)) がそれらに限定されない。不純物が混入した商品や医薬品について、人の健康に極めて有害であり、既存の法によって禁

第14章　消費者保護に関する規制

止されている成分が含まれていることを知りながら販売ないし提供するような行為も消費者の権利に対する侵害となる（消費者権利保護法2条20項(c)）。

また、商品やサービスを販売する目的で虚偽の広告を流す等の不正行為も反消費者的とみなされる（消費者権利保護法2条20項(d)）。合意した価格で商品やサービスの提供をしないこと（消費者権利保護法2条20項(e)）、当初表示した数量または重量より少ない数量または重量で販売すること（消費者権利保護法2条20項(f)）および、商取引において計量器を操作して不正確な重量を表示することも（消費者権利保護法2条20項(g)）、反消費者的行為の例である。

さらに、消費者権利保護法上の違反行為に対する罰則が第4章に以下のとおり規定されている。

① 製品等を包装しないことに対する罰則（37条）

　　法律または規則が定める包装に関する義務、すなわち、製品を包装のうえ販売し、重さ、数量、成分、使用方法の説明、最大量、小売店、価格、製造日、包装日、使用期限の記載を怠った者は、1年以下の禁錮または5万タカ以下の罰金またはその両方に処する

② 価格表を示さないことに対する罰則（38条）

　　法律または規則により定められた価格表の表示に関する義務、すなわち、商品の価格表を店舗または組織の見えやすい場所に掲示する義務に違反した場合、その者は1年以下の禁錮、または5万タカ以下の罰金、またはその両方に処する

③ サービスの価格表を保管せず表示しない場合の罰則（39条）

　　法律または規則が定められた価格表の保管に関する義務、すなわち自店舗または組織のサービス価格表を保管し、適切な場所または目立つ場所に掲示する義務に違反した場合、その者は1年以下の禁錮もしくは5万タカ以下の罰金、またはその両方に処する

④ 製品、医薬品、またはサービスを、定価を超える価格で販売することに対する罰則（40条）

　　法律や規則で定められた価格を超える価格で製品、医薬品、またはサービスを販売し、または販売の申し出をした場合、その者は1年以下

266

の禁錮または5万タカ以下の罰金またはその両方に処する

⑤　異物の混入した製品または医薬品を販売することに対する罰則（41条）
　　故意に異物の混入した製品または医薬品を販売し、または販売の申し出をした場合、その者は3年以下の禁錮または20万タカ以下の罰金、またはその両方に処する

⑥　禁止された化学物質を食品に混入させることに対する罰則（42条）
　　人の生命または健康に害を及ぼし、法律または規則で食品との混合が禁止されている成分を食品に混入させた場合、その者は3年以下の禁錮または20万タカ以下の罰金またはその両方に処する

⑦　違法な方法で製品を製造または加工することに対する罰則（43条）
　　人の生命または健康に害を及ぼし、法律または規則で禁止されている工程で製品を製造または加工した場合、その者は2年以下の禁錮、または10万タカ以下の罰金、またはその両方に処する

⑧　虚偽の広告によって、一般消費者に損害を与えることに対する罰則（44条）
　　製品またはサービスを販売する目的で、虚偽または真実でない広告によって買い手を欺いた場合、その者は1年以下の禁錮、または20万タカ以下の罰金、またはその両方に処する

⑨　約束したサービス商品を提供しないことに対する罰則（45条）
　　金銭の対価として約束された製品またはサービスを適切に販売または納品しなかった場合、その者は1年以下の禁錮、または5万タカ以下の罰金、またはその両方に処する

⑩　重量を偽ることに対する罰則（46条）
　　供給または販売時に、提示した重量に満たない商品を消費者に販売または供給した場合、その者は1年以下の禁錮、または5万タカ以下の罰金、またはその両方に処する

⑪　重さを測る石または計量器の測りをごまかすことに対する罰則（47条）
　　店舗または商業団体において、商品の販売または配送を目的として重量を測定するために使用される重量石または重量測定器が実際の重量を超える重量を示した場合、その者は1年以下の禁錮、または5万タカ以

267

第14章　消費者保護に関する規制

下の罰金、またはその両方に処する

⑫　計量の際に不正を行うことに対する罰則（48条）

　　販売または配送時に、提示された寸法未満で消費者に商品を販売または配送した場合、その者は1年以下の禁錮、または50万タカ以下の罰金、またはその両方に処する

⑬　長さを測定する際のメジャーゲージやスケールをごまかすことに対する罰則（49条）

　　商店または商業組織において、商品を販売または納入する際に、長さを測るための計器またはそれに使用されるものに不正があった場合、その者は1年以下の禁錮、または5万タカ以下の罰金、またはその両方に処する

⑭　偽造品の作成または製造に対する罰則（50条）

　　偽造品を作成または製造した場合、その者は、3年以下の禁錮、もしくは20万タカ以下の罰金、またはその両方に処する

⑮　期限切れの製品または医薬品の販売に対する罰則（51条）

　　期限切れの商品または医薬品を販売し、または販売の申し出をした者は、1年以下の禁錮、もしくは5万タカ以下の罰金、またはその両方に処する

⑯　サービスの受け手の生命を危険にさらすことに対する罰則（52条）

　　法律または規則が定める禁止事項に違反して、サービスを受ける人の生命または安全に有害な行為を行った場合、その者は3年以下の禁錮、または20万タカ以下の罰金、またはその両方に処する

⑰　過失等により、サービスの利用者の財産、健康、生命等に損害を与えることに対する罰則（53条）

　　サービス提供者が、過失、無責任（な言動）、不注意により、サービス利用者の金銭、健康、生命に損害を与えた場合、その者は、3年以下の禁錮、もしくは2万タカ以下の罰金、またはその両方に処する

⑱　虚偽または濫用的な訴訟を提起することに対する罰則（54条）

　　個人、事業者、サービス提供者に嫌がらせをしたり、公的に名誉を傷つけたり、事業上の評判を損ねたりする目的で、虚偽の、または濫用的

な訴訟を提起した場合、その者は3年以下の禁錮、または5万タカ以下
の罰金、またはその両方に処する

⑲　同一の違反行為を繰り返した場合の罰則（55条）

　　消費者権利保護法に記載された違反行為によって有罪判決を受けた者
が再び同じ違反行為を行った場合、その者は、当該違反行為に定められ
た最高刑の2倍の刑に処する

⑳　没収等

　　裁判所が適当と考える場合、消費者権利保護法第4章の各条に規定す
る罰則に加え、違反行為に関連する製造原料、材料等の違法物品を国の
ために没収する命令を下すことができる

第4　消費者保護のための機関

1　評議会

消費者権利保護法に基づいて、以下の2つのレベルの評議会が設立されて
いる。

①　国レベル（全国消費者保護評議会（National Consumer Protection Council））
（消費者権利保護法第2章5条）

②　県レベル（県消費者保護評議会（District Consumer Rights Protection
Committee））（消費者権利保護法第2章10条）

全国消費者保護評議会は、消費者権利保護法に基づき付与された権限によ
り、いくつかの重要な責任を担うとされている（消費者権利保護法8条(a)〜
(i)）。第1に、消費者の権利の保護を目的とした政策を策定し、政策実施の
ために長官および地方委員会に指示を与えることが任務とされている。第2
に、全国消費者保護評議会は消費者権利保護法に関連する重要な規制を策定
する権限を有する。さらに、消費者の権利保護に関して政府から付託された
事項に対して意見を述べたり、この目的のために必要な法律の策定や行政指
導を行う際に政府と協力する等の重要な役割を果たしている。

全国消費者保護評議会はまた、反消費者的行為がもたらす有害な影響を強

第14章　消費者保護に関する規制

調し、消費者の権利に関する国民の意識を高めるための教育・宣伝キャンペーンを実施することも義務づけられている。さらに、消費者の権利を保護することの意義に関する国民の意識を醸成するため、積極的な措置を講じている。全国消費者保護評議会は、消費者の権利に関する調査活動を行い、消費者庁、消費者庁長官、地区委員会の活動を監視している。最後に、全国消費者保護評議会には、消費者権利保護法に定められた責任と義務を果たすために必要な措置を講じる権限が与えられている。

全国消費者保護評議会に任命された者の在任期間は、任命された日から2年6か月とし（消費者権利保護法6条）、在任期間中、消費者権利保護法が最初に制定された際の議会の意図を守るべく、それぞれの職務を遂行するための会議をしばしば開催する。

一方、県評議会は、全国評議会が採択した規則や規定を実施し、それに従って全国評議会を支援する（消費者権利保護法11条）。

2　消費者保護局

消費者権利保護法第3章18条に基づき、ダッカに全国消費者保護局を設置することが義務づけられている。実際、消費者権利保護法の実施は、全国消費者保護局の主要な任務である。局長（DG：Director General）が責任者であり、スタッフたちが局長をサポートする。消費者の権利を侵害する行為については、局長もしくは局長が指定した者に対し、告発をすることができる。刑事訴訟を提起するにしても、治安判事に告訴するにしても、局長もしくは局長が指定する者の承認が必要となる。局長は、照会、調査、召喚状の発行の権限を有する。

第5　消費者権利保護法に基づく刑事訴訟

消費者権利保護法に基づく刑事訴訟手続については、消費者権利保護法の第5章に定められており、消費者権利保護法が定める各違反行為はいずれも、第一級治安判事裁判所または特別市治安判事裁判所によって裁かれる

270

（すなわち、特別市域においては特別市治安判事裁判所が、それ以外の地域では第一級治安判事裁判所が事件を担当することになる）。また、刑事訴訟法は、第一級治安判事裁判所が科すことのできる罰金の額に制限を設けているが、消費者権利保護法57条2項によると、消費者権利保護法に基づき第一級治安判事裁判所が科すことのできる罰金額に制限はない。

　また、消費者権利保護法は、すべての裁判手続に関して刑事訴訟法に準拠している。

　消費者権利保護法は、何人も直接治安判事裁判所に起訴状を提出することはできないとしている。消費者権利保護法に基づく反消費者的行為に対する告発は、訴訟原因の発生の日から30日以内に、全国消費者保護局局長または局長によって権限を付与された者に対しなされなければならない（消費者権利保護法60条）。告発から90日以内に、局長の同意を得たうえで治安判事裁判所に対し訴状が提出された場合には、治安判事裁判所による審理が可能となる（消費者権利保護法61条）。

　商品の欠陥に関する告発があった場合、治安判事裁判所は商品に対し、適切な分析または検査を行うことによって告発の真偽を確認する権限を有している。治安判事裁判所がそのような分析または検査が必要であると判断した場合、手続は以下のとおり進行する。まず、告発者から商品のサンプルを収集し、一般的な方法に従って封印をする。次に、この封印されたサンプルを適切な検査機関に送り、商品の欠陥またはその他の欠陥の存在を検査するよう必要な指示を与える。そして、検査機関からの検査報告書は、サンプルの送付日から2か月以内に治安判事裁判所に提出すべきこととなっているが、検査機関の要請に基づいて期間が延長される場合もある。治安判事裁判所は、サンプルを検査機関に送る前に、告発者に対し、告発と商品とを照合するために必要な検査費用として指定された金銭または手数料を預けるよう命令しなければならない（消費者権利保護法62条）。

　さらに、消費者権利保護法65条は、治安判事裁判所の下した判決または命令に不服がある当事者は、判決または命令の日から60日以内に、地方管轄権を有するセッション判事裁判所に上訴することができる、という選択肢も規定している。

第14章　消費者保護に関する規制

第6　消費者権利保護法に基づく民事訴訟および救済

　消費者権利保護法の第6章は、民事訴訟と救済の手続について定めている。第6章によると、同一の係争事項についてすでに刑事訴訟が進行しており、地方管轄権を有する地方裁判所に対し、消費者権利保護法に基づく適切な提訴を行える場合、民事訴訟を提起する権利が認められている。消費者は賠償を受けることができ、裁判所は、訴状、陳述書、証拠、事実関係を考慮したうえで、適切かつ妥当と考える命令を下すことができる。消費者権利保護法は、1908年民事訴訟法、1872年契約法、および1887年民事裁判所法に優先する。消費者権利保護法の68条は、民事上告について定めている。68条によれば、民事上告は、67条に基づいて裁判所によって出された判決および命令に対し、当該判決および命令の日から90日以内に高等裁判所部に対してのみ行うことができる。

第7　他の法律との関係

1　概　要

　消費者権利保護法の規定は、他の法律の規定を補充するものである。消費者権利保護法は、消費者に関連する他の法律とともに、追加的な措置として機能する。消費者権利保護法は他の法律にとって代わるものではなく、むしろ同じ点に関する補完的な法律として適用されるものといわれている。反消費者的行為が他の厳格な法律（たとえば特別権限法）の適用範囲に含まれる場合、申立人はその法律に訴える選択肢をもつことになる。

2　度量衡法

　刑法266条では、「虚偽であることを知りながら、計量器、重量計、長さ計、容量計を不正に使用する目的で所持した者は、1年の禁錮又は罰金、又

272

はその両方に処する」と規定されている。

また、1982年度量衡基準条例（Standards of Weights and Measures Ordinance, 1982）、1985年バングラデシュ基準試験所条例（Bangladesh Standards and Testing Institution Ordinance, 1985）は、計量機器・計測機器の使用方法を規制している。このような機器はすべて、使用前に度量衡検査官による正確性の検査と証印が必要である。最も一般的な問題は、正確でない、または証印が押されていない、あるいはその両方である分銅やはかりの使用に関するものである。

なお、検査官には、店舗への立入りのほか、計量機器の検査および試験、機器および書類の押収等幅広い権限が認められている。

検査官を故意に妨害したり、検査官の要求を守らなかったり、正当な理由なく検査官にその他の情報や協力を提供しなかった場合は違法行為とみなされる。

3 有毒または危険な化学物質の販売または使用

有毒または危険な化学物質、酪酊食品、着色料等の販売または使用は禁止されている。

何人であっても、直接または間接を問わず、本人または本人のために行動する者であるかを問わず以下の行為を行うことは禁じられている。

① 炭化カルシウム、ホルマリン、殺虫剤（DDT、PCB油等）、中毒性の着色料や香料等、人体に害を及ぼす可能性のある毒物や危険な化学物質、原料、添加物、物質を食品に使用すること

② 炭化カルシウム、ホルマリン、殺虫剤（DDT、PCB油等）、中毒性の着色料、香料等、人体に危害を及ぼす可能性のある毒物や危険な化学物質、原料、添加物、物質が使用された食品を販売すること

4 食品の異物混入

異物の混入した食品の摂取から消費者を保護する目的により、刑法に食品または飲料への異物混入および有害な食品または飲料の販売を罰則の対象とするいくつかの規定が盛り込まれた。具体的には272条～276条がこれにあた

273

第14章　消費者保護に関する規制

る。

　しかし、刑法のこれらの規定は、不純物が混入した食品の製造および販売を効果的に規制することができず、その後も食品の不純物混入が蔓延した。そのような状況を受け、不純物が混入した食品から消費者を保護することを目的として、1959年純正食品令（Pure Food Ordinance, 1959）が公布された。

　食品への不純物混入は、1959年に制定された純正食品条例（Pure Food Ordinance, 1959）に基づく犯罪であり、さまざまな種類の軽微な罰則が定められた。純正食品条例は、2005年に改正され、不純物の定義と法律の適用範囲が拡大され、犯罪の罰則も強化された。その後、2013年食品安全法の施行により、廃止された。

第8　実務上の留意点

　消費者権利保護法では、権限を与えられた政府職員のみが違反者に対する法的措置を開始することができる。一般消費者は関連部門に告発をすることしかできず、独自に法的措置をとることはできない。さらに、訴状が告発日から90日以内に提出されなければ裁判所は事件を受理することができず、時間的猶予が短い制度設計になっている。

　バングラデシュのバングラデシュ消費者協会（Consumers' Association of Bangladesh（CAB））等の非政府団体は、消費者の法的保護を求めるキャンペーンを積極的に行っており、今後の改正動向等についても留意が必要である。

274

第15章
契約に関する法制度

第15章　契約に関する法制度

第1　はじめに

　バングラデシュでは、契約に関する一般法規として1872年4月25日に制定、同年9月1日に施行された1872年契約法が存在する。

　契約法の制定当時は、バングラデシュはインドの一部として英国の統治下にあり、制定当時の英国契約法をインドに適用するために立法化された経緯がある。このような経緯から、裁判所が契約法を解釈・適用する際には、英国における判例や法準則が参照されることがある。

　バングラデシュの公用語はベンガル語であり、法令については原則としてベンガル語で制定されているが、契約法のように英国統治時代に制定された法令については、英語が原文であるため、英語と訳文であるベンガル語との間に矛盾が生じる場合には、英語が優先することになる。

　契約法の特徴としては、条文中に解釈の指針となる事例が規定されており、裁判所も判断する際に当該事例を参照する場合がある。

　契約法は、序文、第1章（申込みの伝達、承諾及び撤回）、第2章（契約、取消し得る契約及び無効な合意）、第3章（未確定契約）、第4章（契約の履行）、第5章（契約によって生じる関係に類似する一定の関係）、第6章（契約違反の効果）、第7章（物品の売買）、第8章（補償及び保証）、第9章（寄託）、第10章（代理）、第11章（組合）の全11章266条からなり、第7章の物品の売買（Sale of Goods）および第11章の組合（Partnership）の規定については、それぞれ1930年物品売買法（Sale of Goods Act, 1930）および1932年組合法（Partnership Act, 1932。以下、「組合法」という）が制定されたことにより、削除されている。

　物品販売法の対象となる「物品」は、あらゆる種類の動産で電気、水道、ガス、株式等を含むとされており、物品販売法は、この「物品」を売買する場合における契約法の特則として規定されている。

　組合法の対象となる「組合」は、その組合員全員が行う事業または一部の組合員が組合員全員のために行う事業につき、当該事業の利益を分け合う旨を合意した者の間の関係をいうと定義されており、組合法には、組合の性

276

質、組合員間の関係、組合員の第三者に対する関係、組合員の加入と脱退等が規定されている。

第2　契約の成立および履行

1　契約の成立要件および取消し・無効事由

(1)　契約の成立要件および定義

契約の成立要件は、①申込み、②承諾、③約因および、④法律関係を形成させる意思であるとされる。

「契約」とは、契約締結能力を有する当事者の自由な同意によってなされる合意であって、適法な約因のために適法な目的をもって締結されたものをいう（契約法10条（以下、本章において契約法については条文番号のみを記すものとする））。

契約締結能力を有するとされる要件は、成人であり、判断能力があり、かつ適用される法律によりその能力が否定されていないことである（11条）。1875年成人法（Majority Act, 1985）により、バングラデシュでは18歳が成人であるとされている。

判断能力は、契約を締結する時点において、当該契約を理解し、当該契約が自己の利益に及ぼす影響について合理的な判断を下すことができる場合に認められる（12条）。

「同意」とは、2人以上の当事者が、同じ事項につき同じ意味で合意したことをいう（13条）。同意が、強制、不当な影響、詐欺、不実告知または錯誤を原因するものでなければ、自由意思でなされたものとされる（14条）。

(2)　申込み、承諾および撤回

申込みは、相手方が認識した時点で完了する。承諾は、申込者に対しては承諾者から発信過程に置かれた時点で、承諾者に対しては申込者が認識した時点で完了する。また、撤回は、撤回者に対しては発信過程に置かれた時点で、撤回の相手方に対しては相手方が認識した時点で完了する（4条）。

申込みは、承諾が申込者に対して完了するまで撤回することができる。ま

277

第15章　契約に関する法制度

た、承諾は、承諾が承諾者に対して完了するまで撤回することができる（5条）。

　申込みは、①相手方に対して撤回の通知がなされた場合、②申込みに期限が付されている場合は期限の徒過または申込みに期限が付されていない場合は合理的な期間の経過、③承諾者が申込みに付した前提条件の不成就、または④申込者が死亡しもしくは無能力者となり、承諾者が承諾する前にその死亡もしくは無能力の事実を知った場合に撤回されたものとされる（6条）。

　承諾は、①完全かつ無条件であり、②申込みにおいて承諾の方式が定められていない場合には、普遍的かつ合理的な方式によるものであることが必要である。承諾の方式が定められているが、承諾がその方式に従っていない場合において、申込者が承諾の通知から合理的な期間内に、承諾が方式に従っていない旨を主張しなかった場合は、承諾を受け入れたものとみなされる（7条）。

⑶　契約の取消事由

　契約が強迫、詐欺、不実表示または不当な影響によって成立した場合には、取り消しうる契約となり、当事者の選択により当該契約を取り消すことができる（19条・19A条）。また、詐欺または不実表示の場合には、表示された事実が真実であることを前提として契約を維持することができる。もっとも、通常の注意能力により、真実を発見する手段をもっていた場合には、当該契約は取り消すことができない（19条）。

㈦　強　迫

　「強迫（Coercion）」とは、契約の締結について合意を得ることを目的として、刑法によって禁じられた行為、不法な拘束もしくは財産を不法に剥奪する行為を行い、またはこれらを行うと脅迫することをいう（15条）。

㈣　不当な影響

　契約が「不当な影響（Undue Influence）」によって成立したとされるのは、当事者間に存在する関係が、当事者の一方が他方の意思を支配する立場にあり、その立場を利用して不当に有利になる場合をいう。①他方に対して権限もしくは表見的権限を有する場合または信認関係にある場合、②年齢、病状、精神的または肉体的苦痛によって精神状態が一時的もしくは永続的に影

響を受けている場合に、支配する立場にあるとみなされる（16条）。他方の意思を支配する立場にある者と契約を締結した場合には、その他方当事者は、契約を取り消すことができる（19A条）。

　　㈠　詐　欺

「詐欺（Fraud）」とは、当事者、その共謀者またはその代理人が、他方当事者またはその代理人を欺罔することであり、以下の場合が含まれる（17条）。

　①　ある事実を真実であると信じていない者が、真実ではないことを事実として示唆すること

　②　ある事実について知っているまたは信じている者が、その事実を積極的に隠すこと

　③　履行する意思がないのに約束すること

　④　その他欺罔に相当する行為

　⑤　法律上詐欺として規定する作為または不作為

　　㈢　不実表示

「不実表示（Misrepresentation）」とは、①真実でない事実を真実であると信じている者が、その者の情報によって保証されていない方法で、真実でないことを肯定的に主張すること、②欺罔の意図なく、他者を誤導し、それにより表示した者が有利となるような義務違反行為を行うこと、または③善意であっても、合意の対象について当事者に誤解を与えることをいう（18条）。

⑷　契約の無効事由

　　㈠　錯　誤

　当事者双方が、合意に不可欠な事実について錯誤に陥っている場合には、当該合意は無効となる（20条）。バングラデシュ法に関する錯誤があっても契約は無効とはならないが、バングラデシュで施行されていない法律に関する錯誤は、事実の錯誤とみなされる（21条）。一方当事者のみが事実を誤認していただけでは、無効とはならない（22条）。

　　㈡　約因または目的の不適法、約因の不存在

　合意の約因または目的が不適法なものである合意は無効となる。約因または目的が不適法な場合とは、法律上禁じられている場合、法律を潜脱する場

第15章　契約に関する法制度

合、詐欺的である場合、他者または他者の財産に対して損害を与える行為、またはそれを示唆するものである場合、裁判所が道徳または公序に反するとみなす場合をいう（23条）。

複数の約因のうち一部でも不適法であるときは、合意は無効となる（24条）。

約因のない合意は無効であるが、以下のいずれかに該当する場合はこの限りではない（25条）。

① 書面による合意であり、文書の登録に関する法令に基づき登録され、かつ、合意が近親者との自然な愛情に基づくものであるとき

② 約束者のために何らかの事項を自発的に行ったこと、または約束者が法的に強制されたことに対して、その全部もしくは一部を補償する約束であるとき

③ 1908年出訴制限法（Limitation Act, 1908）がなければ債権者が支払いを強制することができた債務の全部または一部を支払うことを、書面で約束し、その責任を負うべき者またはその代理人によって署名された場合

　㋒　その他の無効事由

その他の無効事由としては、以下のものがある。

① 未成年者以外の者の結婚を制限する合意（26条）

② 合法的な職業、商取引またはあらゆる事業を営むことを制限する合意（27条）

③ 裁判所における通常の訴訟手続による権利行使または権利行使ができる時期を制限する合意（28条）

④ 意味が明確でないまたは意味を確定できない合意（29条）

⑤ 賭博合意（30条）

⑥ 30条に基づき無効となる合意の締結、効力発生、遂行を促進もしくは援助する、または履行を確保もしくは保証するために故意に行われた合意（30A条）

⑦ 契約締結時に合意の当事者がかかる事象が発生不可能であることを知っていたか否かを問わず、発生不可能な事象の発生を履行の条件とす

第2　契約の成立および履行

る合意（36条）

2　契約の履行

⑴　契約上の履行義務

当事者は、契約法またはその他の法律により履行が免責または免除されない限り、契約に基づく履行を行い、または履行の提供をしなければならない（37条）。約束者が履行の提供を受約者に対して行い、かかる履行の提供を受け入れなかった場合は、約束者は当該不履行について責任を負わず、かつ、契約上の権利を失わない（38条）。

当事者が、約束の履行を拒絶しまたは履行することを不可能にした場合には、受約者は、言動によって契約の継続を承諾する意思表示をしない限り、契約を終了させることができる（39条）。

⑵　履行義務の当事者

契約の性質上、約束者自身によってのみ履行されることが当事者の意思であったとされる場合は、その約束は当該約束者によって履行されなければならない。そうでない場合には、約束者またはその承継人は、履行する者を指定することができる（40条）。

受約者は、第三者からの約束の履行を受け入れた場合には、約束者に対し当該履行を求めることはできない（41条）。

2人以上の当事者が共同で約束を行った場合において、契約上反対の意思が表示されない限り、その共同約束者の生存中はその全員が、約束者が死亡した場合はその者の承継人と共同して、約束を履行しなければならない（42条）。

2人以上の当事者が共同で約束を行った場合において、反対の明示的な合意がない限り、共同約束者は、共同約束者の1人または複数に対して約束の全部の履行を求めることができる。共同約束者は、契約上反対の意思が示されていない限り、他の共同約束者に対して、約束の履行について自らと同等に負担するよう求めることができる。共同約束者がその負担部分を履行しない場合は、他の共同約束者が、均等の割合によりその不履行から生じた損失を負担しなければならない（43条）。

281

第15章　契約に関する法制度

２人以上の当事者が共同で約束を行った場合において、共同約束者の１人に対して解除がなされても、他の共同約束者を解除されることにはならず、また解除がなされた当該共同約束者も、他の共同約束者に対する関係ではその責任は免責されない（44条）。

(3)　履行期および履行場所

契約上、受約者の求めによることなく約束者において履行することとなっており、履行期が特定されていないものは、合理的な期間内に履行されなければならない（46条）。

履行日が特定されており、かつ、受約者の求めによることなく履行することとなっている場合は、約束者は、当該日の通常の営業時間内に、約束された履行場所において履行をすることができる（47条）。一方で、履行日が特定されており、かつ、受約者の求めにより履行することとなっている場合は、受約者は通常の営業時間内において適切な場所で履行を求めなければならない（48条）。

受約者による求めによることなく約束者が約束を履行することとなっている場合において、履行場所が定められていない場合は、約束者は、受約者に対し約束を履行するための合理的な場所を指定するよう求めなければならない（49条）。

いかなる約束の履行も、約束者が定めるまたは承認する方法または時期に行うことができる（50条）。

(4)　双務的約束（Reciprocal Promises）の履行

契約が同時に履行される双務的約束で構成されている場合は、約束者は、受約者がその双務的約束を履行する用意があり、かつ、履行する意思がある場合でない限り、約束を履行することを要しない（51条）。

双務的約束が履行される順序が契約によって明示的に定められている場合は、その順序で履行されなければならない。順序が契約で明示的に定められていない場合は、取引の性質に応じて必要な順序で履行されなければならない（52条）。

契約が双務的約束から構成されている場合であって、当事者の一方が履行を妨げたときは、履行を妨げられた他方当事者は、契約を取り消すことがで

きる。また、かかる不履行により生じた損害の賠償を請求することができる（53条）。

双務的約束のうち、先に履行すべき一方の約束が履行されない場合には、その約束の約束者は、他方当事者に双務的約束の履行を請求することができず、他方当事者がかかる不履行により生じた損害を賠償しなければならない（54条）。

(5) 弁済の充当

債務者が、1人の債権者に対して複数の異なる債務を負う場合に、債権者に対して、特定の債務の弁済に充当すべきことを明示的に指定し、または黙示的に示唆した状況において弁済をしたときは、かかる弁済が受領された場合は、その内容に従って充当される（59条）。

債務者が弁済をどの債務に充当するか指定せず、または黙示的に示唆する事情も存在しない場合は、債権者は、出訴期限について現に効力を有する法律によって禁止されているか否かにかかわらず、その裁量において、適法な債務の弁済に充当することができる（60条）。

いずれの当事者も何らの充当の指定をしていないときは、債務は、出訴期限について現に効力を有する法律によって禁止されているか否かにかかわらず、債務の履行の順番に従って弁済に充当される。債務の順番が等しいときは、弁済は均等の割合により充当される（61条）。

(6) 履行することを要さない契約

当事者が契約を新たな契約に代替したとき、または契約を取消しもしくは変更することに合意したときは、元の契約は履行することを要さない（62条）。

すべての受約者は、約束の全部または一部の履行につき、免除、減免し、もしくは期限を延長し、または契約の履行の代替として受約者が相当と認める弁済を受領することができる（63条）。

契約を取り消したときは、他方当事者は、その契約に含まれるいかなる約束も履行することを要さない。契約を取り消した当事者は、取り消された契約から何らかの利益を受けていた場合は、利益を与えた当事者に対し、その利益を回復しなければならない（64条）。

283

第15章　契約に関する法制度

　合意が無効であると判明した場合、または契約が無効となった場合には当該合意または契約に基づいて利益を受けた当事者は、その利益を回復するか、またはその利益を与えた当事者に補償しなければならない（65条）。

　受約者が約束の履行のために合理的な便宜を図ることを怠り、または拒絶した場合は、約束者はそれによって生じた不履行について免責される（67条）

第3　契約によって生じる関係に類似する一定の法的関係

　契約締結能力がない者、またはその者の法律上扶養する義務を負う者が、他者からその生活必需品を供給された場合、必需品を供給した者は、当該契約締結能力のない者の財産から弁済を受ける権利を有する（68条）。法律上他の者が支払義務を負う弁済について利害関係を有する第三者が、債務者に代わって弁済をした場合、債務者に対し求償することができる（69条）。ある者が他人のために適法に何かを行い、または無償で行うことを意図せずに他人に何かを引き渡した場合において、当該他人がその利益を享受するときは、当該他人は、そのように行われまたは引き渡された物について、補償を行い、またはその物を回復する義務を負う（70条）。他人の物を発見し、保管する者は、占有者として責任を負う（71条）。錯誤または強迫により金銭の支払いまたは物の引渡しを受けた者は、返済をし、またはその物を返還しなければならない（72条）。

第4　契約違反の効果

　契約違反があった場合、その違反により損害を被った当事者は、違反した当事者から、その違反から通常の過程において自然に生じた、または契約当事者が契約締結時にその違反から生じるものとして想定していた損失もしくは損害に対する賠償を受ける権利を有する（73条）。契約違反があった場合において、契約違反が生じた場合に一定の金銭を支払うことが定められていたとき、または契約に違約金に関するその他の規定があるときは、かかる損

284

害または損失が実際に当該違反によって生じたものか証明されるか否かにかかわらず、当該違反を主張する当事者は、違反した当事者から、かかる金銭または違約金を受け取る権利を有する（74条）。

第5　補償契約および保証契約

1　補償契約

「補償契約（Contract of Indemnity）」とは、約束者である一方の当事者が、自己の行為または第三者の行為によって相手方に生じた損失を補償することを約する契約をいう（124条）。補償契約の受約者は、かかる補償の範囲に含まれる事項に関連する訴訟において約束者が支払うべき損害の賠償、支出する費用または支払うべき和解金に関して、約束者に対し補償を求めることができる（125条）。

2　保証契約

(1)　概　要

「保証契約（Contract of Guarantee）」とは、第三者が債務不履行に陥った場合に、当該第三者の約束を履行し、またはその責任を免除する契約をいう。保証を提供する者を「保証人（Surety）」といい、債務不履行に関して保証が与えられる者を「主債務者（Principal Debtor）」といい、保証の提供を受ける者を「債権者（Creditor）」という。保証契約は、口頭または書面のいずれによっても締結することができる（126条）。

主債務者の利益のために何らかの行為または約束は、保証人が保証を与えるに十分な約因となる（127条）。保証人の義務は、契約に別段の定めがない限り、主債務者の義務と同一の範囲に及ぶ（128条）。主債務者と債権者との間で、保証人の同意なしになされた異なる契約条件を定めた場合は、異なる契約条件に関して保証人は免責される（133条）。保証人は、主債務者が契約または債権者の作為もしくは不作為によって免責された場合には免責される（134条）。債権者と主債務者との間の契約であって、債権者が主債務者と和

285

解をし、主債務者に時間を与え、または訴えないことを約束するものは、保証人がその契約に同意しない限り、保証人は免責される（135条）。共同保証人がいる場合、債権者がその1人を免責しても、他の保証人は免責されない（138条）。

債権者が、保証人の権利と矛盾する行為を行い、または保証人に対する義務として行うべき行為を怠り、それにより保証人自身の主債務者に対する救済が損なわれた場合、保証人は免責される（139条）。保証契約においては、主債務者による保証人に対する黙示の補償の約束があるとされ、保証人は主債務者に対し、保証人が保証契約に基づき正当に支払った金銭につき、主債務者に対してその全額を求償する権利を有するが、かかる範囲には保証人が不法に支払った金銭は含まれない（145条）。

(2) 保証契約の無効事由

取引の重要部分に関して、債権者によりなされた、または債権者の認識と同意のうえでなされた不実表示により得られた保証は無効となる（142条）。重大な事情について告げることなく得られた保証は無効となる（143条）。ある保証人が共同保証人として加わるまでは債権者がその契約に基づいて行動してはならないという契約上の保証を与える場合において、その保証人が参加しない場合には、その保証は無効となる（144条）。

(3) 継続的保証

「継続的保証（Continuing Guarantee）」とは、一連の取引に及ぶ保証をいう（129条）。継続的保証は、将来の取引に関しては、保証人からの一方的な通知によって撤回が可能である（130条）。また、契約にそれに反する定めがない限り、将来の取引に関しては、保証人の死亡により撤回されたものとされる（131条）。

(4) 複数の債務者が存在する場合

2人以上の者が、第三者との間で一定の義務を負う契約を締結し、かつ、その一方が他方の債務不履行に対してのみ義務を負う契約を締結した場合において、第三者が当該契約の当事者ではないときは、第三者との間の契約における第三者に対する2人以上の者の義務は、第三者が当該2人以上の者の間で締結した契約について認識していたとしても、その契約の存在によって

何ら影響を受けない（132条）。

　2人以上の者が、同一の債務または義務について共同保証人となる場合、共同か個別かを問わず、また同一の契約に基づくものであるか、異なる契約に基づくものであるかを問わず、また、相互に知っているか否かを問わず、当該共同保証人は、契約に別段の定めがない限り、その全債務または全債務のうち主債務者による支払いが未了の部分について、それぞれ均等の割合で負担義務を負う（146条）。異なる金額の支払義務を負う共同保証人は、それぞれの保証債務の範囲まで均等に支払う義務を負う（147条）。

(5)　保証人による代位

　保証債務の弁済期が到来した場合、または主債務者による債務不履行が生じた場合に、保証人は、自己が責任を負うすべての債務を弁済または履行することにより、債権者が主債務者に対して有していたすべての権利を有する（140条）。保証人は、保証契約が締結された時点において、債権者が主たる債務者に対して有するすべての担保に関する権利を有し、保証人がそのような担保の存在を知っているか否かにかかわらず、債権者がそのような担保を喪失した場合、または保証人の同意なく担保と分離した場合、保証人は担保の価値の範囲内で免責される（141条）。

第6　寄　託

1　概　要

(1)　定　義

　「寄託（Bailment）」とは、ある目的の下、他者に対して動産を引き渡すことであって、当該目的が達成された場合には、当該動産を返還しまたは当該動産を引き渡した者の指示に従ってその他の方法により処分する内容の契約に基づくものをいう。当該動産を引き渡す者を「寄託者（Bailor）」といい、当該動産を引き渡される者を「受寄者（Bailee）」という（148条）。

(2)　寄託の内容

　受寄者に対する引渡しは、受寄者または受寄者のために動産を占有する権

287

限を有する者の占有下に動産を置くことになる行為をなすことによって行うことができる（149条）。寄託契約は、寄託物に関して受寄者が寄託条件に反する行為を行った場合には、寄託者の選択により終了することができる（153条）。受寄者が、寄託者の同意を得て、寄託物と自己の動産とを混合した場合には、受寄者および寄託者は、混合物について、それぞれの持分割合に応じた持分を有する（155条）。他方で、受寄者は、寄託者の同意なく、寄託物を自己の動産と混合させた場合であって、これらの物が分離可能である場合には、当該動産の権利は元の当事者にそれぞれ帰属する（156条）。無償の寄託は、寄託者または受寄者の死亡によって終了する（162条）。受寄者は、寄託の目的に従い、寄託物に関して労働または技能の行使を含む役務を提供した場合には、別段の契約が存在しない限り、寄託物に対する役務の対価の支払いを受けるまで、寄託物を留置することができる（170条）。

2　寄託者の義務

寄託者は、寄託物に瑕疵があり、当該瑕疵が受寄者の使用を著しく妨げ、または受寄者を危険にさらすものであることを寄託者が認識している場合には、当該瑕疵を開示する義務があり、開示しなかった場合には、当該瑕疵によって受寄者に生じた損害を賠償する責任を負う（150条）。寄託条件により、寄託物を保管し、もしくは運搬し、または寄託者のために受寄者に作業を行わせ、かつ、受寄者が報酬を受けない場合、寄託者は、寄託のために受寄者が負担した必要経費を受寄者に弁済しなければならない（158条）。

3　受寄者の義務

受寄者は、いかなる寄託の場合であっても、通常の注意能力を有する者が同様の状況下で寄託物と同等の量、質および価値を有する自己の動産に対する同様の注意をもって、当該寄託物について注意義務を負う（151条）。受寄者は、別段の契約が存在しない限り、かかる注意義務を尽くしている場合には、寄託物の損失、滅失または毀損について責任を負わない（152条）。また、受寄者は、寄託条件に従わずに寄託物を使用した場合には、当該寄託物について当該使用から生じ、または当該使用中に生じた損害について寄託者

に対して賠償する責任を負う（154条）。受寄者は、寄託者の同意なく、寄託物を自己の動産と混合させた場合であって、これらの物が分離可能である場合において、分離に要する費用および混合によって生じる損害は受寄者が負担する（156条）。一方で、分離が不可能である場合には、受寄者は、寄託物の損失について賠償しなければならない（157条）。受寄者は、寄託の期間が終了し、または寄託の目的が達成された場合には、何らの請求に基づかなくても、直ちに、寄託者の指示に従って寄託物を返還し、または引き渡さなければならない（160条）。受寄者の不履行により、寄託物の返還、引渡し、または適切な時期における履行がなされなかった場合には、受寄者は寄託者に対し、損失、破損またはその時点からの価値の劣化について寄託者に対し責任を負う（161条）。受寄者は、別段の契約が存在しない限り、寄託物から生ずる増加または利益を、寄託者に対し、または寄託者の指示に従って、引き渡さなければならない（163条）。寄託者は、寄託者が寄託権限を有しておらず、または動産の返還を受けもしくは動産についての指示を与える権限を有していないことにより、受寄者が被る一切の損失について責任を負う（164条）。寄託者が当該動産について所有権を有していなかった場合であって、受寄者が誠実に当該動産を寄託者に対してまたは寄託者の指示に従って返還したときは、受寄者は、かかる引渡しに関して所有者に対して責任を負わない（166条）。

4　動産質

　債務の支払いまたは約束の履行のための担保として動産を寄託することを「質入れ（Pledge）」といい、この場合の寄託者を「質権設定者（Pawnor）」といい、受託者を「質権者（Pawnee）」という（172条）。質権者は、債務の支払いや約束の履行のためだけでなく、債務の利子および質入れされた動産の占有もしくは保存に関して負担したすべての必要経費のために質入れされた動産を留置することができる（173条）。

　質権者は、質入れされた動産について、質権設定者が債務の支払いまたは約束の履行を遅滞した場合、質権設定者に対して訴訟を提起し、担保として質入れされた動産を留置することができる（176条）。質権が設定された債務

第15章　契約に関する法制度

の弁済または約束の履行について期限が定められている場合において、質権設定者が期限までに債務の弁済または約束の履行を怠ったときは、質権設定者は、質物が売却する前であれば、任意の時期に質物を買い戻すことができる。ただし、債務不履行により生じた費用を支払わなければならない（177条）。

第7　代　理

1　概　要

(1)　定　義

「代理人（Agent）」とは、第三者との取引において他者のために何らかの行為を行う、または他者を代理するために委託を受けた者をいい、かかる行為がなされる者または代理される者を「本人（Principal）」という（182条）。

(2)　代理の成立

法律上成人に達しており、かつ、判断能力を有する者は、代理人に委託することができる（183条）。代理の成立のために約因は必要ない（185条）。また、代理行為の委託は、明示または黙示的により行うことができる（186条）。ある行為を行うことについて代理権を有する代理人は、当該行為をなすために必要とされるあらゆる適法な行為を行う権限を有する。また、ある事業を行う代理権を有する代理人は、その目的のために必要とされる、または当該事業を行う過程で通常行われる、あらゆる適法な行為を行う権限を有する（188条）。代理人は、緊急時において、本人の利益を保護するために、通常の注意能力を有する者が同様の状況において自己の場合に行うであろう、あらゆる行為を行う権限を有する（189条）。

2　復代理人

「復代理人（Sub-Agents）」とは、その代理業務において、原代理人により委託を受け、その支配下において行動する者をいう（191条）。代理人は、通常の取引慣行により復代理人に委託できる場合、または代理の性質により復

290

代理人が委託を受けなければならない場合を除き、明示または黙示に代理人自身が履行することとした行為の履行を他の者に適法に委託することはできない（190条）。復代理人が適法に選任されている場合は、本人は、第三者との関係では、復代理人により代理されたものとする。代理人は、本人との関係では、復代理人の行為に引き続き責任を負う。復代理人は、代理人に対して責任を負うものであり、詐欺または故意がある場合を除き、本人に対して直接責任を負わない（192条）。代理人は、その権限なく復代理人を選任した場合には、復代理人の行為について、第三者および本人の双方に対して責任を負う（193条）。代理人の権限が終了すると、その代理人によって委託されたすべての復代理人の権限も終了する（210条）。

3 追　認

ある者が、他者の認識または権限なくして他者を代理してある行為を行った場合に、当該他者は、当該代理行為を追認するか否認するか選択することができる（196条）。追認は、明示的に行うことも、当該他の者の行為をもって黙示的に行うこともできる（197条）。事実認識に重大な齟齬がある場合には、有効な追認を行うことはできない（198条）。ある者が他者のために、当該他者の権限なしに行った行為であって、権限をもって行えば、第三者に損害賠償を負わせ、または第三者の権利もしくは利益を消滅させる効果を有するものは、追認によってそのような効果を生じさせることはできない（200条）。

4 代理の終了事由

代理は、①本人がその権限の委任を撤回する、②代理人がその代理業務を拒否する、③代理に係る業務が完了する、④本人または代理人のいずれかが死亡しもしくは判断能力を喪失した状態になる、または⑤本人が破産宣告を受けることによって終了する（201条）。代理人自身が代理の目的である財産に対して利害関係を有する場合には、明示的な契約が存在しない限り、係る利害関係を害して代理を終了させることはできない（202条）。本人は、別段の定めがある場合を除き、本人を拘束する権限が行使される前であればいつ

第15章　契約に関する法制度

でも代理人に与えられた権限を取り消すことができる（203条）。もっとも、本人は、代理においてすでに行われた行為から生じる行為や義務に関しては、代理人に与えられた権限をその権限の一部が行使された後に取り消すことはできない（204条）。

5　代理人の本人に対する義務

代理人は、本人の指示に従い代理に係る業務を遂行し、または指示がない場合には、代理人が同種の業務を行う場所における一般的な慣習に従って係る業務を遂行しなければならない（211条）。代理人は、本人が代理人の技能不足を認識していない限り、同様の業務に従事する者が一般的に有する程度の技能をもって代理業務を遂行しなければならない（212条）。

6　代理人の権利

別段の契約が存在しない場合、代理行為の履行に対する報酬は、当該代理行為の履行が完了するまで支払われない。ただし、代理人は、販売のために委託された物がすべて売却されていない場合、または販売行為が完全に完了していない場合であっても、その対価として受領した金銭を留置することができる（219条）。もっとも、代理に係る業務において不正行為の責任を負う代理人は、自己が不正行為をした業務に関して報酬を受けることはできない（220条）。代理人は、別段の契約が存在しない限り、その支払った手数料、立替金または役務の対価に関して期限が到来している金額が支払われるまで、代理人が受領した本人の物品、書類その他の財産について、留置することができる（221条）。

7　本人の代理人に対する義務

本人は、代理人が代理権を行使する際に行った適法な行為から生じた結果について、代理人に対して補償しなければならない（222条）。本人は、代理人が誠実に代理に係る業務を行った場合には、第三者の権利を侵害するものであっても、それが代理人の行為から生じた結果に対して補償しなければならない（223条）。本人の過失または技能の欠如により代理人に損害が生じた

場合には、本人は代理人に対して賠償しなければならない（225条）。

8　第三者との契約における代理の効果

　代理人を通じて締結された契約および代理人によって行われた行為から生じた義務は、本人によって契約が締結され、またはその行為が行われた場合と同じ法的効果が生じる（226条）。代理人が権限外の行為を行う場合において、代理人の行為を権限内の部分と権限外の部分とに分離できる場合には、権限内の部分のみが、代理人と本人との間で拘束力をもつ（227条）。もっとも、分離できない場合には、本人は当該行為を認める義務はない（228条）。代理人であることを知らず、疑う理由もない者と契約を締結した場合、当該契約を締結した者は、本人に対して、代理人が本人であった場合と同じ権利を有する（231条）。他人の代理人であると偽って、第三者と取引した者は、その本人とされる者がその行為を追認しない場合、当該取引によって被った損失または損害について、他者に対して賠償する責任を負う（235条）。代理人が、権限なしに本人のために第三者に対して行為を行い、または義務を負担した場合、本人は言動によって当該行為および義務が代理人の権限の範囲内であると当該第三者に信じさせたときは、当該行為および義務に拘束される（237条）。

293

第16章
その他の制度・規制

第16章　その他の制度・規制

第1　はじめに

　筆者らの事務所においては、バングラデシュにおける法規制調査の依頼を受任する。そこで、過去に行った法規制調査業務に基づき、いくつかの論点に関する法規制の詳細を本章において紹介する。

第2　BIDAガイドライン

　バングラデシュでの投資は、経済特区（EZ）や輸出加工区（EPZ）等を除き、投資開発庁（BIDA：Bangladesh Investment Development Authority）が管轄省庁となっている。具体的には、支店、駐在員事務所、連絡事務所、プロジェクトオフィスの設立のほか、製造業や建設業等、通常の会社設立手続に加えて事業に関する許可が必要な現地法人はBIDAへの登録が必要である。また、BIDAは、出張者や駐在員のビザ申請に必要なレターおよびワークパーミットの発行も管轄している。

　2023年にBIDAガイドラインが発行され、支店、駐在員事務所、連絡事務所、プロジェクトオフィスの設立要件および手続、外国人駐在員のワークパーミットの取得要件および申請手続等について定めている。バングラデシュに投資を行う外国企業にとって重要なガイドラインとなるため、その概要を紹介する。

1　適用範囲

　バングラデシュで設立された支店、駐在員事務所、代表者事務所、プロジェクトオフィス（以下、本章において「支店等」という）、JVCA（JVCA：Joint Venture, Consortium, Association）の設立許可およびバングラデシュで設立された民間企業の駐在員のビザ推薦状およびワークパーミットの発行について定めている。

　プロジェクトオフィスとは、「バングラデシュにおいて、政府、外国開発協力又は公的及び民間によるファンド開発プロジェクト又はその一部の活動

実施において、選定された外国会社の事務所」を指す。また、JVCA は、2008年公共調達規則（Public Procurement Rules, 2008。以下、「公共調達規則」ともいう）54項または現行の法律もしくは規則に従い、開発プロジェクトの実施を目的とした、複数の国内・外国機関により設立される、合弁、コンソーシアム、アソシエーションを意味する。

なお、経済特区（EZ）や輸出加工区（EPZ）等、法令によって他の機関が管轄する場合は除く。

2　支店等の設立

(1)　支　店

(ア)　設立要件

設立要件として、以下が定められている。

① 親会社が、@過去3会計年度において継続的に利益をあげていること、ⓑ最低純資産が10万米ドル相当であること

② 設立申請時に、親会社が、@たとえ損失を出していたとしても利益を積み上げていること、ⓑ最低100万米ドルまたは同等の純資産を有していること

①②の条件を満たさない場合、親会社の子会社やホールディング会社が100万米ドル相当の支払能力証明書の提出等、別途設定される条件を満たしていれば足りる。

(イ)　事業内容

事業内容として、以下の事業が認められている。

① バングラデシュにおいて、親会社の代理としての売買、外国商業銀行の代理としての営業活動

② 親会社または外国会社およびバングラデシュ会社の間での技術または財政支援の提供

③ 親会社の事業内容の範囲において、専門またはコンサルティングサービスの提供、請負業者・下請業者としての活動

④ 親会社の代理として調査を含む活動

⑤ 親会社により提供された商品および／またはサービスの営業販売のた

297

第16章　その他の制度・規制

めの営業活動

⑥　外国の航空会社および船会社の代理

⑦　承認を条件とした、輸出入活動への従事

⑧　BIDA、省庁間委員会の承認を得たその他の事業活動

なお、商品またはサービスの生産に従事する支店は、設立許可を取得してから10年以内にバングラデシュにて（現地法人の設立等により）事業を行わなければならず、10年を超えた更新は承認されないとしており、支店を設立する場合は、事業計画に基づき、法人の形態を検討する必要がある。

(2)　駐在員事務所、代表事務所

(ア)　設立要件

設立要件として、以下が定められている。

①　許可を受けた事業活動以外に従事してはならない

②　バングラデシュ国内で収入を得てはならない

③　運営費用、外国人駐在員および現地従業員の給与、その他の経費は、外国（親会社など）からの銀行送金を通じた入金から賄わなければならない

④　外国から送金された資金の未使用分を除き、海外送金は認められない

(イ)　事業内容

事業内容として、以下の事業が認められている。

①　外国の親会社およびバングラデシュのサプライヤー、輸出者、輸入者間の事業に関連する事項の調整、連絡

②　BIDA／省庁間委員会の承認を得た事業範囲での情報収集、分析、頒布

③　①②以外の事業でBIDA、省庁間委員会の承認を得たもの（ただし、外国銀行の代表事務所および駐在員事務所の機能は、バングラデシュ銀行が定める機能に制限される）。

駐在員事務所および代表事務所は、バングラデシュ国内で、商品またはサービスの売買に直接的に関与してはならず、価値を付加するような活動に従事することは認められていない。

第 2　BIDA ガイドライン

⑶　プロジェクトオフィス

　従事するプロジェクトの関係省庁の推薦を受けて、BIDA に登録しなければならない。プロジェクトを実施している JVCA は、プロジェクトに関連する収入のみ受けることができるとされ、その収入は、当該 JVCA に参加している組織の間で、投資・参加の比率において、分配・移転することができる。プロジェクトを実施している JVCA は、直接、本国への送金を行うことはできないが、JVCA に参加している組織は、プロジェクト経費および必要な税金を支払った後、その残高を、個別または共同口座または自身の支店を通じて、外貨取引システム手続に従い、本国へ送金することができる。

3　支店等の設立・閉鎖および海外送金

　支店等は、設立許可を得た後30日以内に取引銀行を通じてバングラデシュ銀行に通知しなければならない。また、設立許可を取得した後 2 か月以内に、初期投資および運転資金として、銀行送金を通じて、外国から 5 万米ドル相当以上の入金が必要である。設立許可の有効期間は 3 年で、その後、最長 2 年ずつ更新することができる。

　閉鎖するときは、 2 紙以上の新聞にて債務の状況を広告し、債権者は広告の発行日から 2 か月以内に債権を受け取ることができる旨を周知するものとする。支店等の総資産から債権者に支払った後、支店等による利益の送金、支店等が親会社から受け取った借入金の返済、支店等の閉鎖に伴う残高の本国送金に対しては、外国為替取引規制が適用される。1947年外国為替管理法（Foreign Exchange Regulation Act, 1947）、2018年外国為替取引ガイドラインおよび随時発行される通知にて認められている場合を除き、海外送金は、バングラデシュ銀行の事前承認が必要である。

4　外国人駐在員のビザおよびワークパーミットの発行

⑴　外国人駐在員のビザ発行に対する推薦状の発行

　経済特区（EZ）や輸出加工区（BPZ）等、他の省庁が管轄する場合を除き、外国人駐在員のビザ申請にあたり、BIDA からの推薦状の取得が必要である。外資または JV にて、外国人駐在員を雇用する場合は、ビザの推薦状

299

第16章　その他の制度・規制

発行の申請にあたり、5万米ドルの換金証明の提出が求められる。

⑵　外国人駐在員のワークパーミットの発行

㋐　ワークパーミットの申請

バングラデシュで雇用されているまたは投資家として滞在している外国人はワークパーミットを取得しなければならず、バングラデシュ入国後、15日以内にワークパーミットの申請手続を開始しなければならない。外国人駐在員の雇用については、特別な専門性やスキルを有する技術職や専門職、特別な資格や経験を有する管理職であり、バングラデシュにおいて得られない人材の場合にのみ認められるとされている。これら外国人駐在員は、在任中に現地人材に対して技術移転をすることが求められており、5年を超えたワークパーミットの更新は推奨しないとしている。

㋑　現地従業員雇用比率の要件

ワークパーミットの申請の際に、外国人駐在員と現地従業員の雇用（役職、人数）に関する書類の提出が求められる。現地従業員の雇用比率の要件が定められており、非製造業は、事業開始時、外国人従業員1名に対し、現地従業員5名の雇用が必要となる。通常操業時は1：10の割合で、現地従業員の雇用が必要である。また、製造業は、事業開始時は外国人従業員1名に対し、10名の現地従業員、通常操業時は1：20の割合で雇用が必要である。

㋒　外国人駐在員の最低給与額

ワークパーミット申請時に外国人駐在員の給与を申告しなければならない。BIDAガイドラインには、役職に応じた外国人駐在員の最低給与額が示されており、申告する金額が最低給与額として示される額より低い場合は、申請書類が受理されない可能性が高い。さらに、インフレ率に伴い、外国人駐在員の給与は毎年昇給するものとするとされている。外国人駐在員に対するバングラデシュ国外での給与、手当、経済的利益の支払いは不可とされているが、政府とのプロジェクト契約に給与等の国外での支払いについて明記している場合は、考慮されるとしている。

300

第2　BIDAガイドライン

外国人駐在員の分類	グループC（日本人が該当）
技師／臨床検査技師／病理医および類似の役職	1500米ドル
上級技術者／スーパーバイザー／ジュニア品質管理者／ホテルおよびレストランのシェフおよび類似の役職	1600米ドル
教師／講師／ジュニア医師／ジュニアアシスタントマネージャー／ジュニアエンジニア／ジュニア化学者／ITおよびソフトウェアプログラマー／品質管理者および類似の役職	1700米ドル
助教／主任医師／エンジニア／副マネージャーおよび類似の役職	1800米ドル
准教授／コンサルタント／シニアマネージャー／テクニカルアドバイザー／シニアエンジニア／シニア化学者／各種スポーツ団体やクラブのコーチおよび類似の役職	1900米ドル
教授／顧問医師／部長／ジェネラルマネージャー／運用部門の長／これらに準ずる役職および同等の役職	2300米ドル
副学長／取締役／顧問／最高執行責任者／最高財務責任者／最高技術責任者／常務取締役／パイロット／航空整備士および類似の役職	2500米ドル
CEO／カントリーマネージャー／マネージングディレクター／会長／社長／外国人投資家／これらに準ずる役職および同等の役職	3000米ドル

　ワークパーミットの有効期限は1年で、その後、最長2年ずつ更新することができる。前述のとおり、5年を超えた更新は推奨されていないが、必要性が認められれば、5年を超えたワークパーミットの取得も認められている。更新手続は、有効期限の2か月前には開始することとされている。1か月に2回開催される省庁間委員会において承認が必要であり、タイミングを逃すと2週間手続が遅れるため、余裕をもって手続を開始することが求められる。

301

第16章　その他の制度・規制

第3　物流会社に対する外資規制

1　関連法令

　バングラデシュでは、外資企業による物流業界への参入について規制が存在する。

　2020年通関業者ライセンス規則（Customs Agents（Licensing）Rules, 2020。以下、「通関業者ライセンス規則」ともいう）にて、外資100％の会社に対して、通関業者ライセンスは（Custom Agents License）付与されず、合弁会社については、外国資本家による株の保有は40％を超えてならないと規定されている。また、通関業者ライセンス規則に基づき、要件を満たした合弁会社に対してライセンスが付与されるが、申請手続の1つとして、会社の代表者が、各港湾局（Port Authority）にて、検査官立会いの下、筆記試験を受験し、合格しなければならない。さらに、ライセンスの発行について当局に完全な裁量権があり、その発行数を制限していることから、資格要件を満たしていれば付与されるものではなく、各種調整や交渉が必要となる。

　運送業者ライセンス（Freight Forwarder License）について、2008年運送業者ライセンスおよび操業規則（Freight Forwarders（Licensing and Operations）Rules, 2008。以下、「運送業者ライセンスおよび操業規則」という）の2015年改正にて、100％外国資本会社にライセンス取得を認めていた6条(3)(a)が廃止され、6条(3)(b)の、外国資本の割合の上限が下げられ、40％以下となった。さらに、6A条として「100％外国資本の会社は、ライセンスを取得する資格がないこと、合弁会社の場合は外資による保有は40％以下でなければならない」という規定が明記された。すなわち、運送業者ライセンスの付与についても、通関業者ライセンスと同様に、100％外国資本の会社に対して認められず、合弁会社の場合、外国資本は40％以下でなければならない。

2　バングラデシュ国内の物流事業の一般的な事例

　前述のとおり、バングラデシュにおける物流事業は、外資規制があること

302

から、各社異なる形態で事業を行っており、その事例を紹介する。

(1) 種類株の発行および取締役会の構成

外国会社に、議決権を制限せずに金銭的に有利な扱いを受ける優先株を発行し、さらに、取締役会において、外国会社からの取締役が過半数を占めることで、取締役会においては一定の支配権を取得して運営している外国会社が存在する。この場合、外国会社は、取締役会における支配権および利益を確保することが可能である。他方、株主総会における議決権の過半数が合弁相手である場合、合弁相手の意向が変われば、取締役の追加選任等により取締役会における支配権の変更も可能であるため、この方法では法的には外国会社側が本当の意味での支配権を有しているとはいえない点に留意が必要である。法律の範囲内で実現可能なスキームであるが、提携先のバングラデシュ会社との相互理解および信頼関係の構築、優先株や取締役会の権限についての詳細な設計が重要である。

(2) その他

外国資本40％とバングラデシュ資本60％で会社を設立し、必要なライセンス取得後に外国会社に対して株を発行することで、外国会社の株保有率を過半数にして運営している外国会社が存在する。ライセンス取得後に外国会社に株を発行して株の過半数を保有することについて、合弁先バングラデシュ会社との間で合弁契約書等の中でその旨を規定することが必要である。

なお、現時点で、ライセンス取得後に、関係当局から株式保有率についての確認は行われていないようだが、外資を40％までと定めている通関業者ライセンス規則および運送業者ライセンスおよび操業規則の規定に反するとみなされる可能性があるため、ライセンスの更新を含め、政府関係機関の調査が行われた際には、ライセンスを取り消されたり、株式保有比率を40％以下にしなければならない事態が生じるリスクがある。

また、法律事務所、会計事務所またはバングラデシュの知人の名義を借りて、名義上の60％の株式を保有してもらい、実質的運営はすべて外国会社が行うケースもある。このスキームを利用する場合には、事前に複数の契約書を名義株主と締結し、名義株主が裏切るリスクを低下させるための工夫を行うことが一般的であり、名義上の株主が裏切った場合には、法的には対抗す

303

第16章　その他の制度・規制

ることが困難であるというリスクが存在する。

第4　労働者参加基金

1　概　要

　労働者企業利益参加基金（WPPF）および労働者福祉基金（WWF）（以下、本章では両基金をあわせて「基金」ともいう）は、会社の利益を労働者に還元するために設置されるもので、基金の設置義務がある会社は、前年度の純利益（Net Profit）の5％を、基金に支払わなければならない（労働法234条(1)(b)）。積立基金（Provident Fund）や退職金基金（Gratuity Fund）とは異なる基金である。

2　適用対象

　労働法232条にて、①会計年度最終日に払込資本額が1,000万タカ以上、または、②会計年度最終日に固定資産価値が2,000万タカ以上の企業は、労働者企業利益参加基金を設置しなければならないと規定されている。これら要件のほか、政府は、官報の通知にて、特定の会社または事業所に対し、適用することができる。また、政府は規則にて、100％輸出志向産業および100％外資企業について、基金の規約、基金管理委員会の規約、助成金額の決定、集金の方法、基金の利用および関連するその他の付随事項に必要な規定を定めなければならないとされているが、100％外資企業については、2024年10月時点で定められておらず、100％外資企業は、基金設置義務の対象外であると解される。100％輸出志向産業については、労働規則にて中央基金について定められたが、実際にはその後の具体的な通知等は確認できず、設置および運用されていることは確認できなかった。

第5　瑕疵担保責任

バングラデシュの公共工事における瑕疵担保責任に関する法令として、公

304

共調達規則および出訴期限法があげられる。

2008年公共調達規則（Public Procurement Rules, 2008）は、政府による調達の手続を定めており、3条(2)にて、適用範囲を、①公的資金を使用した調達事業体による物品、工事または役務の調達、②法律に基づき設立された政府、半政府機関、法人組織による物品、工事または役務の調達、③会社法に基づき登記された会社による、公的資金を使用した物品、工事または役務の調達、④開発パートナー、外国または組織との間の融資、信用または供与の合意、その他の合意に基づく、物品、工事または役務の調達（ただし、締結した合意書に矛盾する場合、当該合意書が優先される）、と規定している。公共調達規則4条(3)にて、瑕疵担保責任を含む項目を入札または提案書に明記するものと規定している。公共調達規則39条(7)は、かかる瑕疵担保責任期間が終了する前に、瑕疵は請負業者に通知されるものと定めているが、瑕疵が確認された場合は、修補されるまで瑕疵担保責任期間は延長されると規定している。

1908年出訴期限法（Limitation Act, 1908）は、民事訴訟の提起や刑事事件の上訴に関する時間的制限について定めている。契約書で定めた瑕疵担保責任期間が完了した後に瑕疵が発覚した場合でも、出訴期限法に基づき、損害を受けた当事者は、契約違反として相手方に対して法的措置をとることができる。書面によらないまたは登録していない契約の出訴期限は、契約違反したとき（瑕疵が発覚したとき）、（契約違反が連続している場合は）最後の契約違反のとき（瑕疵が最後に発覚したとき）、（契約違反が継続している場合は）契約違反が止まったとき（継続していた瑕疵が修補されたとき）から3年と規定されている。他方、当局に登録した場合は6年間と定められている。

第6　不法行為

バングラデシュはコモンローに基づいており、不法行為を規定する特定の法令は存在しない。不法行為という概念は存在するものの、バングラデシュの実務において、不法行為に基づく訴訟は行われておらず、憲法102条に基づき、Writによる救済措置を請求するのが一般的である。その理由として、

第16章　その他の制度・規制

バングラデシュでは、法律の実務において「不法行為」の考え方が取り入れられていない（裁判では基本的に当該請求は認められない）こと、民事訴訟は長期化するため、憲法102条（最高裁判所高等裁判所部が命令および指示を出す権限）に基づきWritによる救済措置を請求するほうが早期に損害賠償等の救済措置を受けることが可能なためである。バングラデシュにおけるWritとは、国民の基本的権利が侵害された場合の重要な法的救済権で、「特別な請求権」のようなもので、最高裁判所高等裁判所部のみが、Writの請求を受けることができ、民事や刑事という概念なく対応される。最高裁判所高等裁判所部は、Writによる請求に基づき、判断を下し、Writに記載された相手（バス運転手の運転ミスによる死亡事故の場合は、運転手やバス会社。管轄の政府機関を含めるのが一般的である）を召喚する。その後、審理を行い、最終決定を下すことになり、上訴することはできない。

306

◎執筆者紹介◎

TNYグループ

堤雄史（Yuji Tsutsumi）弁護士と永田貴久（Takahisa Nagata）弁護士が設立し、2人のイニシャルよりTNYと命名。現在、世界13か国15拠点（ミャンマー、タイ、マレーシア、エストニア、フィリピン、メキシコ、バングラデシュ、ベトナム、UAE、イギリス、インド、インドネシア、日本（大阪、東京、佐賀））約90名で各国の規制に合わせた形で日系企業に対して現地の法務サービス（M&A、知財、企業法務、労務、紛争、設立、法令調査等）を提供している。

堤　　雄史（Yuji Tsutsumi）

TNYグループ共同代表・弁護士（日本）、税理士（日本）
東京大学法科大学院卒、2010年弁護士登録（佐賀県弁護士会所属）。日本弁護士連合会国際交流委員会幹事、中小企業の国際業務の法的支援に関するワーキンググループ幹事。主にバングラデシュ、メキシコ、マレーシア、インド等海外の企業法務、M&A、労務等を取り扱う。2022年度よりジェトロ・ダッカ事務所プラットフォームコーディネーター。主な著作・論文として、『バングラデシュ投資・労務ガイドブック』（Amazon）、「バングラデシュの投資及び進出手続」（国際商事法務2022年Vol.50, No.12）等。

永田　貴久（Takahisa Nagata）

TNYグループ共同代表・弁護士（日本）、弁理士（日本）
大阪市立大学法科大学院卒、2010年弁護士登録（大阪弁護士会所属）。大阪弁護士会国際委員会委員。主にメキシコ、マレーシア、タイ、日本等の知財、紛争、企業法務等を取り扱う。日本貿易振興機構（JETRO）の特許庁委託事業「中南米における模倣品対策の制度および運用状況に関する調査」対応。主な著作・論文として、『マレーシア法務』（民事法研究会）、『最新不正競争関係判例と実務〔第3版〕』（大阪弁護士会友新会編）（民事法研究会）等。

執筆者紹介

藤本抄越理（Saori Fujimoto）

TNY LEGAL Bangladesh Limited リーガルタックスコンサルタント
英国マンチェスター大学修士修了、日本アイ・ビー・エム株式会社・JICA、TNY
グループのミャンマーオフィスを経て、TNYバングラデシュ立上げに携わり2021
年よりバングラデシュ常駐。2022年度よりジェトロ・ダッカ事務所プラットフォー
ムコーディネーター。JBCCI（Japan Bangladesh Chamber of commerce and
Industry）の理事。主な著作・論文として、『バングラデシュ投資・労務ガイド
ブック』（Amazon）等。

バングラデシュ法務

令和6年12月13日　第1刷発行

編　　者	TNYグループ	
著　　者	堤　雄史　永田貴久　藤本抄越理	
発　　行	株式会社　民事法研究会	
印　　刷	文唱堂印刷株式会社	

発売所　株式会社　民事法研究会

〒150-0013　東京都渋谷区恵比寿3-7-16
〔営業〕TEL 03(5798)7257　FAX 03(5798)7258
〔編集〕TEL 03(5798)7277　FAX 03(5798)7278
https://www.minjiho.com/　info@minjiho.com

落丁・乱丁はおとりかえします。　　　　　　　　　ISBN978-4-86556-651-2
表紙デザイン：関野美香

メキシコへの企業進出・事業展開の予測可能性を高める！

メキシコ法務
―外資規制、許認可、労務、税務から紛争対応までの完全ガイドブック―

TNYグループ　編　　堤　雄史・永田貴久・津村亜希子　著
Ａ５判・362頁・定価4,840円（本体4,400円＋税10％）

▶ 有望な投資先として注目されるメキシコに拠点を有し、多数の法務案件を取り扱う弁護士グループが、多種多様な事業の法規制対応を、法令・裁判例や担当官庁への調査に基づいて徹底解説！

▶ 世界最大の経済大国である米国と国境を接している地理的優位性に加え、製造業に欠かせない鉱物資源も豊富な一方で、文化や法制度が日本と大きく異なり、不安材料もあるメキシコ法制度への対応について、多数のメキシコ法務案件を取り扱った経験を活かして、ビジネスに関する法制度および実務上の留意点等について概説！

▶ 日本企業がメキシコで新規事業を開始するにあたり、メキシコでの新規事業の容易性や可能性を予測することを可能とし、メキシコ進出の促進およびメキシコにおける円滑な事業運営のために、民間企業のニーズの高い分野について正確な情報を収録したガイドブック！

マレーシアへの企業進出・事業展開の予測可能性を高める！

マレーシア法務
―外資規制、許認可、労務、税務から紛争対応までの完全ガイドブック―

TNYグループ　編　　堤　雄史・永田貴久・荻原星治・西谷春平　著
Ａ５判・444頁・定価4,950円（本体4,500円＋税10％）

▶ 有望な投資先として注目されるマレーシアに拠点を有し、多数の法務案件を取り扱う弁護士グループが、多種多様な事業の法規制対応を、法令・裁判例や担当官庁への調査に基づいて徹底解説！

▶ 日本企業がマレーシアで新規事業を開始するにあたり、マレーシアでの新規事業の容易性や可能性を予測することを可能とし、マレーシア進出の促進およびマレーシアにおける円滑な事業運営のために、民間企業のニーズの高い分野について正確な情報を収録したガイドブック！

▶ 会社法や労働法の条文だけでなく裁判例も多数紹介しているので、紛争リスクを想定した法務戦略に役立つ至便の１冊！

▶ 企業経営者・法務担当者、各種専門家・実務家にとって垂涎の書！

発行　民事法研究会

〒150-0013　東京都渋谷区恵比寿 3-7-16
（営業）TEL. 03-5798-7257　　FAX. 03-5798-7258
http://www.minjiho.com/　　info@minjiho.com

最新実務に必携の手引

― 実務に即対応できる好評実務書！―

2022年8月刊 内部通報制度が有効に機能するための設計・導入・運用上の基本事項、留意点をわかりやすく解説！

内部通報・内部告発対応実務マニュアル〔第2版〕
―リスク管理体制の構築と人事労務対応策Q&A―

第2版では「通報者・通報対象事実の拡大」「通報者の保護要件の緩和」「内部公益通報対応体制の義務付け」等がなされた2022年6月施行の改正公益通報者保護法とそれに伴い策定された指針等に対応して改訂増補！

阿部・井窪・片山法律事務所　石嵜・山中総合法律事務所　編
（Ａ5判・325頁・定価 3,630円（本体 3,300円＋税10％））

2021年11月刊 広範なリスクを網羅し、豊富な書式・記載例とともに詳解！

法務リスク・コンプライアンスリスク管理実務マニュアル〔第2版〕
―基礎から緊急対応までの実務と書式―

会社法、個人情報保護法、働き方改革関連法、独占禁止法、公益通報者保護法などの法改正、裁判例やＥＳＧ投資などの最新の実務動向等も踏まえて改訂！　企業リスク管理を「法務」「コンプライアンス」双方の視点から複合的に分析・解説！

阿部・井窪・片山法律事務所　編
（Ａ5判・730頁・定価 7,700円（本体 7,000円＋税10％））

2021年4月刊 会計不正の予防・早期発見と対策をＱ＆Ａ方式で詳解する実践的手引書！

会計不正のリスク管理実務マニュアル
―予防・早期発見の具体策から発覚後の対応まで―

会計不正に関する防止方法・発見方法・発覚後の社内調査や責任の明確化、経営を守るための対応策などの事後処理を具体的に詳解するとともに、実際に発生した事件を題材にして、不正の発生原因を分析し、対策のノウハウを詳細に明示！

樋口　達・山内宏光・岡村憲一郎　著
（Ａ5判・356頁・定価 4,180円（本体 3,800円＋税10％））

2018年6月刊 経営に関わる全分野を具体例を踏まえ詳解！

会社役員のリスク管理実務マニュアル
―平時・危急時の対応策と関連書式―

一歩対応を誤れば企業の存亡に関わる重大な事件・事故・不祥事に対し、経験豊富な弁護士が、役員としてとるべき行動や対応の実際、備えるべきリスク管理体制の構築など、広範な事例に迅速・的確に対処できるノウハウを開示！

渡邊　顯・武井洋一・樋口　達　編集代表　成和明哲法律事務所　編
（Ａ5判・432頁・定価 5,060円（本体 4,600円＋税10％））

発行　民事法研究会

〒150-0013　東京都渋谷区恵比寿 3-7-16
（営業）TEL. 03-5798-7257　　FAX. 03-5798-7258
http://www.minjiho.com/　　info@minjiho.com

最新実務に必携の手引

実務に即対応できる好評実務書！

2024年11月刊 訴訟上の和解の基本的な技法と実践方法を体系的に解説！

和解の考え方と実務

著者の20年以上に及ぶ裁判官としての実務経験やさまざまな先行研究を踏まえて、和解手続を担う裁判官が身につけておくべき技法や知識など、裁判官の中で蓄積されてきた「暗黙知」としての技法を言語化し開示！

武藤貴明 著

（Ａ５判・484頁・定価 5,280円（本体 4,800円＋税10%））

2024年11月刊 膨大で難解な法律・政省令・通達・ガイドラインを分析・検証し、実務で活用できるよう実践的に解説！

詳解 特定商取引法の理論と実務〔第5版〕

2021年に改正され、同年から2023年にかけて3段階に分けて施行された特定商取引法やそれに伴う政省令・通達・ガイドラインの改正に対応し、ネガティブ・オプション（送り付け商法）の保管期間の廃止、契約書面交付の電子化の手続などの改正内容を大幅に加筆して大改訂！

圓山茂夫 著

（Ａ５判・815頁・定価 8,580円（本体 7,800円＋税10%））

2024年11月刊 徴収職員からの質問を受けて新たに設例等を追加して改訂！

滞納処分による 給料・預金差押えと取立訴訟の実務〔第3版〕

第3版では、金融機関に対する任意の預金調査、給与債権の消滅時効、年金の差押禁止額、相続預金の差押え後の相続放棄や裁判所での和解のやり取り（ノウハウ）等のＱ＆Ａ、解説を追加・修正！　購入者無料特典として、書式のダウンロードも可能！

瀧　康暢・板倉太一 編著

（Ａ５判・409頁・定価 4,070円（本体 3,700円＋税10%））

2024年11月刊 小規模公益法人がどのように運営され、どのような活動を行っているかについて紹介！

小規模公益法人500ガイドブック
―現在の公益認定審査の実情と問題点・公益認定取得のすすめ―

令和6年改正、令和7年4月施行予定の改正公益法人認定法に合わせ、公益認定等ガイドラインも改訂される予定であり、より多くの公益法人の誕生を期待しての手引！　法人の概要や事業の概要のほか、より詳細な情報を調べやすいように法人コードも掲載！

公益財団法人公益事業支援協会 編　　編集代表　弁護士　千賀修一

（Ａ５判・307頁・定価 1,980円（本体 1,800円＋税10%））

発行　**民事法研究会**

〒150-0013　東京都渋谷区恵比寿3-7-16
（営業）TEL. 03-5798-7257　　FAX. 03-5798-7258
http://www.minjiho.com/　　info@minjiho.com

最新実務に必携の手引

実務に即対応できる好評実務書！

2024年12月刊 不動産関係訴訟をめぐる法理・実務・要件事実を研究者・実務家・裁判官が詳説！

不動産関係訴訟〔第2版〕

紛争解決の底流にある理論、相談から訴状作成、立証までの実務、要件事実と裁判について1冊に織り込み、紛争解決のための思考と知識を網羅！　民法(債権法)改正や財産管理制度、共有制度、相隣関係規定、相続制度など多くの法改正や判例理論の変遷を反映した最新版！

澤野順彦・齋藤　隆・岸日出夫　編

（Ａ5判・950頁・定価 9,680円（本体 8,800円＋税10%））

2024年11月刊 米国の信託実務をわが国の民事信託の発展に活かす！

10年先の日本の民事信託の姿を見据えて
─米国信託法に学ぶ理論と実務─

信託が広く活用される米国の実情を調査し、利用の動機の特徴、利用が促進される環境・要因、担い手としての専門家の役割といった観点から、わが国の民事信託のさらなる発展・可能性を探る！　米国だけでなく、中国における民事信託の実情や展望についても収録！

西片和代　編著

（Ａ5判・380頁・定価 4,400円（本体 4,000円＋税10%））

2024年11月刊 支払決済に関する問題や法律を網羅的にカバーしたトラブルの解決に役立つ至便の1冊！

支払決済のトラブル相談Ｑ＆Ａ
─基礎知識から具体的解決策まで─

クレジットやカード決済だけでなく、サーバ型電子マネー・ウォレット決済・ＱＲコード決済・暗号資産を利用した支払いなど、近年の新たな決済手段も取り上げ、複雑化している決済の仕組みや各種の決済トラブルについて簡潔に解説！

浅野永希・大上修一郎・岡田　崇・川添　圭・西塚直之・松尾善紀　著

（Ａ5判・250頁・定価 2,970円（本体 2,700円＋税10%））

2024年11月刊 著者オリジナルの図表を多数収録し、複雑な著作権法をわかりやすく解説！

著作権法〔第6版〕

新たな裁定制度の創設、立法・行政、裁判手続等における著作物等の公衆送信等可能化措置、海賊版被害等の損害賠償額の算定方法の見直し等、令和5年改正法に完全対応！　リツイート事件、音楽教室事件などの最重要判例を多数織り込み、大幅改訂！

岡村久道　著

（Ａ5判・653頁・定価 7,480円（本体 6,800円＋税10%））

発行　民事法研究会

〒150-0013　東京都渋谷区恵比寿 3-7-16
（営業）TEL. 03-5798-7257　　FAX. 03-5798-7258
http://www.minjiho.com/　　info@minjiho.com

台湾ビジネスに関する法令と実務的要点を概説！

台湾進出企業の法務・コンプライアンス
―設立・運営から紛争解決手続・撤退まで―

有澤法律事務所・虎門中央法律事務所　編

Ａ５判・379頁・定価 3,960円（本体3,600円＋税10％）

▶台湾の有澤法律事務所と日本の虎門中央法律事務所の両事務所が長年にわたって蓄積してきた企業向けサービスに関する豊富な経験を融合させ、台湾で投資を行う際によくみられるコンプライアンスに関する問題について詳しく掘り下げて解説！

▶台湾における契約法、労働法、知的財産権、営業秘密、個人情報の保護、公正取引法規、多国籍企業の合規性および紛争解決手続等のテーマを幅広く取り扱う総合的な法律指南書！

▶台湾にこれから進出する企業、すでにビジネスを展開している企業にとって、適法かつ永続的にビジネスを進めるための一助となる１冊！

本書の主要内容

序　章　台湾法概説
第１章　資金投入および会社設立段階における
　　　　コンプライアンス
　第１節　資金投入段階におけるコンプライアンス
　第２節　会社設立段階におけるコンプライアンス
第２章　会社運営段階におけるコンプライアンス
　第１節　労働法および人事管理に関するコンプライアンス
　第２節　個人情報に関するコンプライアンス
　第３節　営業秘密の保護とコンプライアンス
　第４節　公平交易法分野に関するコンプライアンス
　第５節　知的財産分野に関するコンプライアンス
　第６節　企業の腐敗防止に関するコンプライアンス
　第７節　消費者保護および商品表示分野に関するコンプライアンス
　第８節　環境保護に関するコンプライアンス
　第９節　資金洗浄（マネー・ローンダリング）の防止
　第10節　反社会的勢力の排除
　第11節　電気事業に対する規制の枠組み
第３章　上場企業におけるコーポレートガバナンスとコンプライアンス
第４章　台湾事業撤退に関するコンプライアンス
第５章　台湾における紛争解決手続
　第１節　民事紛争の解決手続
　第２節　刑事訴訟手続
　第３節　行政訴訟手続

発行　民事法研究会

〒150-0013　東京都渋谷区恵比寿 3-7-16
（営業）TEL. 03-5798-7257　　FAX. 03-5798-7258
http://www.minjiho.com/　　info@minjiho.com